选择、使用和维护

原书第 3 版

【英】约翰·威克沙姆（John Wickersham） 编著
上海商学院 友程房车（上海）有限公司 组译
符全胜 丁红波 等译

机械工业出版社
CHINA MACHINE PRESS

《房车手册》提供了非常丰富的房车实用知识和信息，包括房车概述、如何购买房车、车身结构的维护和修理、各部分的施工方法的解释、有关电器的实用建议以及房车供给系统的详细说明。此外，还对房车附件、重量限制、改装和修复工作以及自建项目进行了阐述。

《房车手册》是一本翔实地指导读者购买、使用和维护房车的图书，适合房车车主和露营爱好者阅读使用。

Motorcaravan Manual/ISBN: 978-0-85733-124-3
Originally published in English by Haynes Publishing under the title: Motorcaravan Manual written by John Wickersham, © John Wickersham 2012.

This title is published in China by China Machine Press with license from Haynes Publishing. This edition is authorized for sale in China only, excluding Hong Kong SAR, Macao SAR and Taiwan, Unauthorized export of this edition is a violation of the Copyright Act. Violation of this Law is subject to Civil and Criminal Penalties.

本书由Haynes Publishing 授权机械工业出版社在中国境内（不包括香港、澳门特别行政区及台湾地区）出版与发行。未经许可之出口，视为违反著作权法，将受法律之制裁。

北京市版权局著作权合同登记　图字：01-2017-7659号。

图书在版编目(CIP)数据

房车手册 /（英）约翰・威克沙姆 (John Wickersham) 编著；符全胜等译 . — 北京：机械工业出版社，2020.7（2022.1 重印）
书名原文：Motorcaravan Manual
ISBN 978-7-111-66256-3

Ⅰ . ①房… Ⅱ . ①约… ②符… Ⅲ . ①房车—手册Ⅳ . ① U469.1-62

中国版本图书馆 CIP 数据核字 (2020) 第 140879 号

机械工业出版社（北京市百万庄大街22号　邮政编码100037）
策划编辑：李 军　　责任编辑：李 军　谢 元
责任校对：张玉静　　责任印制：常天培
北京宝隆世纪印刷有限公司印刷
2022年1月第 1 版第 2 次印刷
184mm × 260mm・12.5 印张・2 插页・444 千字
标准书号：ISBN 978-7-111-66256-3
定价：99.00元

电话服务　　　　　　　网络服务
客服电话：010-88361066　机 工 官 网：www.cmpbook.com
　　　　　010-88379833　机 工 官 博：weibo.com/cmp1952
　　　　　010-68326294　金 书 网：www.golden-book.com
封底无防伪标均为盗版　机工教育服务网：www.cmpedu.com

推荐序

　　《房车手册》中满是有用信息，我们房车露营俱乐部很高兴能够推荐这种教育读物。本书是一本备受推崇的指南，以一种通俗跨界的方式介绍了房车知识。

　　毫无疑问，本书将成为我们房车露营俱乐部6万名成员的最爱，同时我们也确信它会引起整个房车行业的兴趣。

罗伯特·劳登
英国房车露营俱乐部

　　《房车手册》初稿问世14年后，迎来了海恩斯出版社出版的新版本。它是房车爱好者为房车爱好者所写的，解决了他们一直以来最感兴趣的问题，并且提供了别处不容易得到的独家信息。大约有四分之一的房车俱乐部成员使用房车，这种市场价值不能被低估。随着车型设计、维护需求和系统更新的发展，以及法律和法规的变化，《房车手册》的更新版本对所有的房车爱好者来说都是无价的。

尼克·洛马斯
英国房车俱乐部

　　最近7年间，房车在露营领域增长最快，约翰·威克沙姆在此书已经更新了这一点，他因翔实的写作手法而出名，擅长用真实的描述和摄影照片来告诉读者该如何做。

　　现在，房车的功能和设备比以往任何时候都多，而且有更多的布局选择，有的可能并不适合你，所以购买和维护房车对我们都是一种挑战。房车自驾俱乐部成立于1960年，由一群爱好者倾情创立，成员数量在继续增长，我们俱乐部很荣幸能与大家一起迎接挑战。

里克·惠特克
英国房车自驾俱乐部

前言

能够编著第 3 版《房车手册》，主要得益于行业专家提供的帮助、数百名房车车主的建议以及实际操作项目的经验。自 1998 年本书第 1 版出版以来，我们一直如此，从未改变。

房车作为一种特殊的交通工具，让我们能够学习到很多不同型号及其零配件的知识。我非常感谢马丁·斯宾塞，他同意编写关于标准和法规的部分内容。坦白地说，我不太愿意花太多的时间来浏览网站，而马丁作为房车俱乐部的技术经理参加了无数重要的委员会，这已成为他工作的一部分。因此，他提供了丰富的实践新变化和法规变化等信息，这些信息为本书中反映现实情况奠定了良好的基础。

推掉一些工作让我有时间去做更多的汽车测试杂志报道，也让我能有时间去处理另一个自建项目。我的前两辆自建房车都是用大巴改装的。我急切想要用面包车来进行改装，所以我购买了一辆二手的大众 T5，然后与一位前同事进行了 12 个月的细心改装，这个项目现在已经完成了。

诸如此类的实际操作有助于了解产品和制造方面的知识，并且拥有观察它们如何操作的机会。因此，在本手册的最后一章中概述了这些零配件及流行改装。不过，由于在 2004 年手册出版之后我被海恩斯出版社邀请写《房车改装快速入门》（这本书已成为改装房车的参考书，并已经由机械工业出版社引进出版），这导致我在这版《房车手册》中介绍这些流行的零配件及自己改装房车方法的篇幅没有增加。

通过引入近 20 页的改装房车实例介绍（20 页是出版社允许引用的极限），我可以自信地告知各位读者，本书是现在能提供的最全面的房车使用手册。其中插入了许多能帮助理解技术内容的图片，想必大家喜欢。

约翰·威克沙姆

目录

推荐序
前言

第 1 章　房车设计　6
驱动特征　6
发动机的选择　6
底盘型号　7
日常使用　7
房车类型　7

第 2 章　购买房车　18
房车杂志　18
英国房车露营俱乐部　21
年度房车奖　21
质量和性能调查　22
基础车辆的选择　22
配件替换　23
使用性能　29
购买须知　30
其他问题　34

第 3 章　车身结构、维护和修理　36
车身结构　36
清洁和维护　42
车身密封　46
复原丙烯酸窗户　48
更换丙烯酸窗户　48
渗漏和潮湿问题　49
车身修复和替换　51
分层　56

第 4 章　底盘、悬架、牵引支架和轮胎　58
底盘改装　59
底盘维护　66
悬架系统　66
减振器　71
牵引支架　73
拖车和 A 形支架　74
轮胎　78

第 5 章　电气系统　80
低压系统　80
备用蓄电池　88
充电装置　94

电源系统　98

第 6 章　燃气供应系统和加热设备　104
燃气特性　104
供应　106
储存　110
压力调节　110
管道工程和安装　116
烹饪设备　119
取暖设备　121
热水设备　123

第 7 章　供排水系统　128
供水系统　128
净水补充和污水处理　134
管道工程　134
水泵　138
更换水泵　142
过滤系统　143
水龙头和淋浴系统　144

第 8 章　冰箱　146
操作　148
安装　152
维修　157

第 9 章　家具和装修　160
室内清洁　160
改善软体家具　164
家具施工与维修　172

第 10 章　配件与项目　176
平板电视支撑臂　176
安装英国 530 型定向天线　177
卫星电视设备安装　180
专为房车设计的地板下储物盒　182
太阳能电池板的选择和安装　184
盒式马桶的维护和修理　186
自行车和摩托车车架　188
自建工程　189

附录 A　生活区保养　192
附录 B　长期停放前的工作　197
译者后记　199

第1章　房车设计

目录

驱动特征

发动机的选择

底盘型号

日常使用

房车类型

虽然我们使用"房车"这个词，但这个词包含了各种各样的休闲车。在这开篇一章中，我们比较了各种各样的设计，并将注意力集中在不同类的优缺点上，无论是上路类的还是营地类的。

露营车、轿车、休闲车和货车改装后成为特殊类型的房车，其中还有拆卸、高顶、低线、A类和很多让人困惑的词，本章解释了所有这些术语的含义。不同类型的房车都有各自的优缺点，本章对它们之间的区别也作了强调和点评。

驱动特征

"完美"的房车不仅提供宽敞舒适的起居空间，还要具备作为汽车的驱动特征。过去，房车的设计有很多都用了轿车零部件，包括发动机、传动装置、仪表和悬架系统。例如，瑞克曼牧场是基于福特Escort的Mk1或Mk2（译者注："福特Escort"是一款经典老爷车）改装的。类似地，自建的星际争霸（Starcraft）使用了一款完全改良的福特Cortina。尽管起源于汽车元素，但这些少见的改装并没有以良好的动力特性而闻名，而且在今天的道路上也难觅踪影。

一些制造商成功采用了另一种策略——"Wheelhome"，这会涉及多用途的家庭客车。这种车辆是"类汽车式"的驱动，用一个紧凑的厨房取代了一些后排座位，还有一台微型制冷设备和一个折叠的睡眠设施。然而，这种车辆的改装成本高昂，因此目前这种车型在路上很难见到。

相比之下，大多数中型房车都是基于轻型商用车，现在看来，驾驶这些房车比20年前的车型要容易得多。大型房车改装是以重型商用车辆为基础的，驾驶室里比许多人想象的更舒适，诸如动力转向、弹簧座椅和平顺的变速器等功能都能提升人们的驾驶体验。另一方面，如果觉得它是"类汽车式"的交通工具，那就大错特错了。它们不是，如果你在享受旅游假期，去英国西部农村地区或苏格兰高地等偏远地区，这种大型车辆在很多地方是不适合道路行驶的，即便美国房车拥有豪华内饰。这种类型的房车在高速公路上行驶比在欧洲的乡间小路上更舒服自在。

发动机的选择

任何买家都要考虑的一个关键因素是房车的发动机。许多20世纪90年代和更早时候自建房车爱好者使用的是商用车改装的房车，这种房车的行驶速度都很缓慢，在崎岖的道路上和山丘上只能缓慢行驶。此外，许多型号的发动机没有涡轮增压功能。例如，一些小型客车建造的房车使用了1.9L无非涡轮增压柴油机，并且应用满载的居住设施，行驶速度会非常缓慢。虽然速度不是一切，但无法跟上高速公路上的交通流量令人担忧，这将会是很危险的。

然而，自进入21世纪以来，这方面已经取得了巨大的进步。发动机更安静，电子

下图：这辆瑞克曼牧场Rickman Rancher是少数几辆使用汽车零部件改装的房车之一。

第1章 房车设计

系统性能有所提升，而且经济效益显著。更重要的是，它们的排放特性也得到了很大的改善。

除了技术上的改进外，在汽油和柴油驱动的动力装置方面也出现了偏好的转变。多年来，汽车媒体和房车测试人员经常表达出对汽油发动机的喜好。他们活跃的表现在辩论中起到了一定作用。再加上柴油在英国比在欧洲大陆大多数国家都要贵得多的事实。然而，现在这种观点已经有了一些改变，如果你喜欢柴油发动机的低转速牵引力，那么增加涡轮无疑会增加更多的动力。虽然涡轮增压器可能会缩短柴油发动机的寿命。但房车行驶里程不会超过一般运营的商用车，所以不用太担忧这一点。

选择最好的发动机来满足你的特殊需求当然是很重要的，在某种程度上，这也会受你的驾驶风格影响。任何人购买房车时不进行多种道路驾驶测试都是不明智的。在你购买之前，你应考虑选择正确的发动机，下一章会讨论"先租后买"这个模式。

底盘型号

另一个重要的因素是底盘，这将在本章房车类型和第4章中继续讨论。许多潜在的购买者会忽略这个因素，但是，当准备购买房车时，这就是一个关键的设计特征。房车的底盘类型对驾驶特性、悬架、生活区域和内部净空高度都有影响。

日常使用

另一个需要考虑的因素是是否必须将房车用于日常运输，例如，开车去上班。货车改装的房车可以很好地完成这个转换，而客车改装的房车则远没有那么多用途。高度通常是一个障碍，一些公共停车场在进入时会限制高度。

在资金允许的情况下，毫无疑问，最好是在日常用车之外购买第二辆车作为房

上图：小型房车可以经常进入公共停车场；较大的房车车主则不太可能享受到这种便利。

车。与此同时，一辆房车需要经常使用，所以尽量避免长时间闲置。长时间闲置，不仅仅蓄电池会受损，机械零部件也会失灵，轮胎侧壁甚至会恶化等。

房车类型

尽管房车类型众多，但从改装和建造的角度无外乎分为两大类别：

- 原车改装类：就是在现有上路车辆的车身基础上进行改装，例如，有窗或无窗的货车、MPV等。
- 底盘加装类：就是在某个底盘基础上加装车身。有的保留驾驶室，有的则加装一个全新的、全封闭的车身外壳。

以上分类虽显宽泛，却反映了房车设计和建造两种完全不同的技术路线。每类都有很多细分，但也包括少数无法归类的。

铰接单元就是一个很好的例子。在美国，五轮房车相对来说比较常见，但对于英国较窄小的道路来说，它们的整体尺寸太大了。在英国建造了较小的版本，灵活性是其吸引人的地方，但却没有大量生产。

除了像五轮房车这样的特殊情况外，房车通常会在房车改装和底盘加装两大类别下进行细分。

小的房车经常可以进入公共停车场，大型房车车主则不能享受这个待遇。

> **术语**
>
> 越来越多的制造商将他们的产品称为"motorhomes"。还有一些人继续称他们为"motorcaravans"。大多数人认为这两个术语是近义词，在法律相关的出版物和欧洲类型的批准文件中，使用的还是"motorcaravans"。

右图：20世纪50年代的大众T2面包车，配有简单的住宿设施，至今仍在使用。

多大

买房车时，切记，大小不能决定一切！重要的是在小的居住空间里也能够让你尽享舒适和便利。根据这个因素来比较车型，你选择房车会考虑其功能性而不是盲目地只看空间大小。

1. 原车改装类

（1）固定车顶

有窗或无窗面包车对房车改装者来说是很好的改造车型。这种改造过程通常被描述为"改装"，尽管有些制造商并不喜欢这个称呼。对于自建者来说，"面包车改装"肯定比重新开始建造一辆客车房车更简单直接。

许多固定车顶的车辆都存在一个问题，就是车顶太低无法站立，后面的章节会讲到改装车顶以解决这个问题。有些面包车会更高，但还是没有客车那么高。实际上，这就引出了两个不同的主题——低固定车顶改装（包括微型露营车）和高固定车顶改装。

（2）低固定车顶改装

20世纪50年代，当大众T2面包车被改装成简单的休闲车时，这种使用小型车提供简单住所的想法很流行。厨具可以安放在座椅上，将座椅放下来，内部就可以创造一个简单的睡眠空间。

如今，这些车辆中仍有一些被改装并以这种方式继续使用，也有使用现代的面包车改装，有时被称为"微型露营车"。

其他低固定车顶的车辆是用MPV改装的，有的车辆被设计成移动办公室，用于接待客户，还配备一台小型冰箱和用于准备热饮的设施，有些都设计成座位，没有睡眠设施。

优点

- 容易驾驶和停车。
- 良好的燃油经济性。
- 适合每天上下班通勤。
- 可以放在家里的车库里。
- 可用于商务人员的移动办公。
- 很少会遇到高度限制障碍。

缺点

- 储存设施很少。
- 用于长假时不实用。

右图：这辆标致小型露营车是由其合作伙伴Young Conversions公司制造的，很容易驾驶，应该适合标准的车库。

最右图：虽然一辆固定车顶的小面包车有优势，但坐在座位上做饭并不适合每个人。

第1章 房车设计

- 使用单层玻璃意味着冬冷夏热。
- 室内无法站立和伸腿。
- 多功能车辆成本非常高。

最近的例子

一些制造商改装了以低矮的固定车顶的面包车为原型车的房车，包括Bilbo's、Murvi和Young的改装，Wheelhome也用MPV改装微型房车。

（3）高固定车顶改装

轻型商用车被改装成房车的大多是高车顶和长轴距的车型。例如，一辆未经改装的菲亚特Ducato LWB Maxi车高1.88米，尽管在安装时会占一些空间，但它仍然可以为车主提供站立的空间。因此，一些英国制造商选择了高车顶的厢式车，比如，奔驰Sprinter、雷诺Master，以及菲亚特的车型。这些都不太可能吸引身高较高的用户，但像Murvi Morello这样的车型已因其舒适性和驾驶特点而获奖。

事实上，如果不进行任何改装来改善车顶的空间，可能会节省钱。但在一个封闭的隔间里工作，内部装修比较缓慢，工人必须把家具安装到弯曲的表面。许多制造平面客车模型的过程需要由一个使用预制结构的工人团队完成，很难找到这么多工人。这就是为什么相对较小的货车类型

的房车改装价格惊人的原因。从好的方面来说，货车的金属外壳在其生命的后期阶段不太可能产生破漏，但在一些接缝处确实容易漏风漏雨，正如后面几章所描述的那样。

优点

- 易于驾驶。
- 合理的燃油经济性。
- 良好的天气适应性。
- 比较高的客车更容易进入服务中心。
- 后门和滑动侧门更容易进入，对腿脚不便的人更为方便。

缺点

- 不适合个子高的人。
- 室内面积有限。
- 完成改装成本高。
- 内部宽度限制了人数。

最近的例子

英国制造商包括Autocruise、Auto-Sleepers、Devon Conversions、East Neuk、IHMotor Campers、Murvi、

上图：在英国南德文郡制造的Morello是Murvi中最成功的一种车型，自20世纪90年代推出以来，它已经赢得了许多奖项。

下图：亚德里亚的Twin是第一个在车里使用铰链式双人床的面包车，双人床放下时，可以与车辆的宽度相匹配。

Romahome、Timberland 和 Swift。进口车辆包括阿德里亚（斯洛文尼亚）、莱卡（意大利）、特里加诺（意大利）和拉斯特拉达（德国）。

（4）换顶改装

50多年前，大众房车开始普及，更换原厂配置的钢车顶成为一种常见的做法。在追求更大的室内空间的过程中，展示了各种各样的独创性。毫无疑问，玻璃增强塑料（GRP）的使用在大多数改装结构中都很突出。车顶出现了两种不同类型：提升车顶和固定的高顶。

当然，替换钢筋加固的原始钢顶将会破坏车体外壳的硬度，除非使用更好的增强剂。汽车制造商提供了在其车顶面板被移除后如何稳固结构的指导，并且指出严格遵守规范措施至关重要。

不幸的是，一些不专业的安装者完全忽视了汽车制造商规定的强化措施，在最近的一次事故中，一辆劣质廉价的房车在伦敦北部的M25公路上行驶时，车顶结构从车上掉落了。增加厢式货车的车顶空间所涉及的远不止是用切割工具移除一块钢板，并将一个脆弱的盖子粘上去那么简单。改装操作涉及严格的程序，要使用经过批准的黏合剂，以及安装结实的改装结构。口碑好的改装商是不会在这方面省钱的，会提供货真价实的保障安全的改装产品。

（5）升顶改装

利用升高车顶改装的房车仍然很受欢迎，并且能够进行这一改装的几个车型也享有盛誉。马自达Bongo的车顶提升是在汽车生产出厂时就完成的。汉诺威附近工厂制造的大众汽车，车顶也是出厂时完成的。

在许多情况下，改装车顶要注意先后次序。例如，房车的自建者通常会请有经验的改装者完成升顶后，才开始在车内部进行安装工作。

毫无疑问，车辆的提升车顶是可以收回的，此时就会享受到

右图：基于菲亚特的 Scudo Panorama 改装，2009 年获奖的"Wheelhome. Panache"有一个细长的上升车顶。下降时，车辆高度仍然只有 1.91 米。

几个好处。车辆高度较低，特别是在强风中，道路性能肯定更好；在停车场入口遇到高度限制时，也有更好的通过性。

升降系统的主要功能是改善内部的头顶空间，但这种车顶系统也能容纳高层床。这可能只是用来让小孩睡觉的担架式结构。另一方面，一些设计师巧妙地将成人大小的双人床融入了他们的车顶结构中。

毫不奇怪，这种车顶也有缺点。例如，这种结构面的产品在冬天不保温，夏天不凉爽，尤其是停在一个没有遮阳棚的场地上。另外，如果下雨或顶部面料湿透时，收起后高度就会降低，但可能潮湿折叠起过一天就因硬成形而无法打开。

从改装的角度来看，一个可升高的车顶比下面将要描述的固定高顶更复杂。因此，一个升高的车顶成本通常高于固定的高顶。

另外，要注意有几种不同的设计。一个升高的车顶部分通常在它上升的时候部署一个附加的织物面板，而有些组件是用铰链的坚固的边来建造的。织物模型也有不同的铰接排列，尽管大多数都有一个匹配颜色的GRP"盖子"做车顶。

任何考虑购买装有这种系统的房车的人都必须仔细观察它的机械装置，并多次测试升降装置。有些设计需要比你想象的有更高的强度，而伸缩的气弹簧，升高很容易，但关闭往往会异常费力。

优点
- 可转换为低车顶，更容易驾驶、停车和进入车库。
- 良好的燃油经济性。
- 适合通勤上下班。
- 室内比固定车顶的小货车舒服。
- 大多数车型采用滑动侧门。

缺点
- 不是所有的升降机械都容易操作。
- 车顶织物潮湿后很容易损坏。
- 车顶降低时，高的装置不能使用。

- 冬天室内很冷，夏天很热。

最近的实例

许多改装车都配有升降车顶的配置，还有一些车型则把这种改装作为一种选择。总的来说，这类车型还是挺多的，下面举一小部分例子：Auto-Sleepers、Bilbo's Design、Danbury、Devon Conversions、Middlesex Motorcaravans、Murvi、Reimo、Romahome、VW California、Westfalia、Wheelhome 和 Young Conversions。

（6）高顶车型

正如前面提到的，一些较大的厢式车会有更多的净空高度，因此称它们为"高顶车型"是合理的。然而，在房车行业中，被归类为"高顶"的车辆通常是小型货车，GRP模压车顶取代了原来的金属车顶。

高顶房车很受欢迎，GRP的使用有助于防止这种结构头重脚轻。在道路上行驶，强烈的侧风会对其不利，但是转弯时几乎不受影响。

当你走进这种房车，净高空间较高，室内也是出奇地宽敞，车顶的双层玻璃窗或玻璃板起着重要作用，这种整体效果有助于隐藏车辆的货车车型出身。

很多改装商把高顶车型纳入到产品系列中，也有很多个人改装者自己加装高顶的。房车杂志上的广告，包括独立的屋顶部分供应商，比如，米德尔塞克斯房车公司(Middlesex Motorcaravans)，该公司还在车主提供的货车上安装GRP车顶模具。例如，Young Conversions公司提供了完整的车顶安装服务，其中包括顶衬和通风设施。在完成了这项改装工作后，许多有抱负的自建爱好者就可以按照个人需求装修内饰。

由专业人士制造的高顶房车的价格往往高得惊人。如前所述，因为改装一个小的内部设施要比建造一个大的更费力，后者是使用生产线组装完成的。显然，这是许多潜在业主开始自己装修项目的原因之一。一些较小的改装厂家也愿意帮助做一些更专业的改装任务，如安装天然气供应系统。不论你选择什么样的房车，带有颜色匹配的高车顶模具都有多种选择性。虽然内部空间狭小，但内部有几种不同的布局可供选择。

值得一提的是，汽车制造商提供短、中、长轴距车辆，这有助于确定可以包括的内部设施。一些专业的改装公司，比如

上图：这是一辆基于大众窗口货车改装的房车Auto-Sleeper Trooper，采用独特的立体升降车顶。

最左图：这是根据米德尔塞克斯房车改装的，配备了一个高顶棚车型，以满足用户要净空高度超过1.83米的要求。

左图：图中的Murvi Mallard在大众厢式货车基础上配备了一个颜色匹配的高顶，后面的细节考虑了一个凸起的掀背门。

房车手册

> **床的设置**
>
> 对于高顶房车来说，要仔细观察床的不同安装方式，有些是采用多个床垫拼成一张床，这样拼成的床垫舒适性比较差。Murvi Meteor 和 Morello 配置的是"摇摆式"可折叠座椅放倒后变成床。

Auto-Sleepers Symphony 和 Romahome New Dimension，甚至还提供包括一个宽敞的洗手间和卫生间。

较小的车型没有这种设备，而且卫生间设施相当简陋。有的车内的便携式马桶就放在起居空间用帘子遮着。这种"回归原始"的方法并不是每个人都喜欢的。

优点

- 驱动特性一般都很好。
- 适合通勤上下班。
- 室内比低矮的固定车顶更舒服。
- 大多数车型更方便通过出入。
- 有些长轴距的车辆有卫生间和淋浴器。
- 小型改装车主要是满足特殊要求的顾客的需求。

缺点

- 强烈的侧风会影响驾驶体验。
- 有些改装费用高得惊人。
- 相对底盘加装房车来说，储藏空间不足。
- 以面包车为基础的车型冬冷夏热。

最近的举例

这是一个竞争激烈的市场，大多数改装车已经在"提升车顶"部分中列出固定的高顶车辆。名单上的一些列入大型的英国国家房车协会(NCC)的成员，如 Auto-Sleepers，不过也有小规模的"定制"改装车，生产高质量的房车。

可拆卸式

这种设计（也归入拖挂式房车D型房车。——译者注）有时被称为"驮挂式"，这种设计在美国特别流行，在那里皮卡车比较常见。驾驶室有双排座椅，特别适合拖挂上这种房车。

这个概念很简单，车厢拖挂在皮卡车上，可以在需要的时候分离，既保证了安全性，还可以四处独立行驶。

当你回家时也会有同样的优点，分离的"活胶囊"在美国许多后院是常见的景象，因此皮卡车是日常的负载载体。

可拆卸式房车的多功能性很吸引人，一些车辆直接从美国进口，还有一些在英国建造。例如，阿波罗系列已经流行了好几年，经常在户外展览中展出。Ranger可拆卸式房车也在这些展览中展示。

这个想法在实践中还有几个缺点。假设你有一辆合适的皮卡车，安装的车厢经常会有头重脚轻的感觉。车顶可折叠有助于改善重量分配的难题，却不常见。在弯弯曲曲的道路上驾驶一辆可拆卸的房车无疑会让人感到不安，而根据欧洲法律，那些远远超出车辆宽度的部件很可能是非法的。

优点

- 皮卡车可以单独使用。

左图：大型室内展览很少能看到像 Ranger 这样的可拆卸产品；它们大部分会在户外展览中展出。

下图：一旦与皮卡车分离，这个可拆卸的单元提供了宽敞的生活空间和一个车边帐篷的"延伸"卧室。

- 住房布置非常整齐。
- 驾驶室上方的吊舱常可用于固定双人床。

缺点：
- 需要合适的皮卡车。
- 驾驶室不是居住空间的一部分。
- 在曲折道路行驶时，未经固定的东西会摇晃和滚动。
- 上、下坡速度都很慢。

最近的举例

虽然阿波罗和Ranger汽车公司的产品有时会在户外展览会上展出，但英国制造商生产可拆卸式房车的数量并不多。此外，英国的一些经销商也从北美进口这样的房车。

2.底盘加装类
（1）带驾驶室的底盘加装

使用"底盘驾驶室"的基本车辆，底盘加装类经过改装后就可以提供宽敞的住宿。有时，汽车制造商的原始底盘会被保留下来，就像最近的 Auto-Trail房车一样。或者，使用替代的AL-KO Kober轻型单底盘嫁接到驾驶室(就像许多Bessacarr车型一样)。最近，AL-KO Kober还生产了双底盘平台，能够支持水箱和地板服务的安装处于一个受保护的空间。不同类型底盘相关的其他特性在第4章中会有更详细的讨论和评估。

原车型的驾驶室，包括车门、车窗、发动机舱盖、车灯、仪表和其他设施，这些可以在房车中保留，这是它们的突出特点之一。通常最初的轿车座椅也被保留下来，虽然在一些更高档的车型中，高质量豪华座椅可能会取代这些普通座椅。

另一个特点是驾驶室结构的后部没有被保留，因此生活区和驾驶区之间有通道。在一些室内设计中，可旋转的驾驶室座椅能够满足在车辆停下时，为驾驶室区域提供额外的空间。此外，居住空间可以根据车辆的大小来布局各种设施和床等的设计。然而，大型房车的驾驶性能不会像小型房车那样，这一点应该考虑在内。大型房车并不适用于日常的公共运输。

在底盘加装时使用的构造策略，在第3章会有更详细的解释。这里需要提到的一个事实是，一个装备精良的制造工厂生产速度快、效率高、经济性好，生产一辆房车要比改装露营车要容易得多。有时候，一组安装人员同时在光秃秃的地板上安装家具、电器和供应系统。车辆的侧壁和车顶通常特意放到较晚的时候装修，以免影响施工队的进入施工。这种对劳动力的高效利用是一些中型客车改装成本与比其小很多的货车改装成本相当的主要原因之一。

左图：在这款 SEA New Life 中，这种人为改装的超出驾驶室的床看着宽敞、方便。然而，从外部来看，这种结构并不能有助于节油。

当然，并不是每个人都想拥有或驾驶像底盘加装类这样的大型房车。这种房车的使用受到高度限制、路边停车问题、储存问题等因素的影响。事实上，特别是关于高度的问题，导致了一些轿车类型版本的产生。

（2）不带驾驶室的底盘加装

多年来，几乎所有英国的底盘加装类房车都有一个很大的驾驶室，通常被称为"鹅鼻房车"。一般来说，驾驶室上方的空间是用来储物或睡觉的。然而，许多鹅鼻房车，外形笨拙，会影响车辆的空气动力性，也会影响燃油经济性。此外，也有一些用户不希望通过梯子爬到一个过高的床铺，他们更喜欢夜间不爬高，这样去附近的厕所和厨房比较方便。

优点
- 提供了大量的储存空间。
- 鹅头上方的床铺可供随时休息。
- 考虑到规模和价格时，性价比较高。

缺点
- 虽然容易驾驶，但是样子不像一辆车。
- 一个过高的车型，虽然会有较大的储存空间，但相对地也会发生侧倾、不稳。
- 在窄道上驾驶时，没有面包车改装车那么轻便。
- 停车可能有问题，太容易撞到突出的障碍物。
- 不适合每天通勤上下班。

最近的举例

超高驾驶室房车的制造商包括Auto Sleepers、Auto-Trail、Bessacarr、Buccaneer、Dethleffs、Elddis、Granduca、Hymer、Knaus、Laika、Lunar、Mobilvetta、Pilote、Rimor、Roller Team、SEA、Swift和TEC。其他不再生产或不再进口的产品包括Avondale、Compass、Autocruise CH、Benimar以及其他许多产品。

尽管大鹅鼻房车有一些好处，但欧洲大陆的几位设计师也开始研究"低车头"的房车。他们的想法在20世纪90年代末取得了成果。

（3）低车头房车

在英国，一开始并没有像欧洲大陆这样很欣赏低车头房车，后来态度转变，英国制造商也生产这种低车头房车。如今，也开始寻找低车头改装车型，例如，2011 Auto-Trail Tracker。

优点
- 低车头能实现更好的燃油经济性。
- 转弯时，低车头能够减小车身侧倾。

下图：Knaus Sun Ti是一个典型的低车身房车的例子。它没有驾驶室上方的储物空间，但驾驶室里有一个大天窗，保证了明亮的内部空间。

第 1 章 房车设计

- 不容易撞到低垂的树枝。

缺点

- 对高个子用户来说，内部净空高度不足。
- 储存设施会减少。
- 失去了在头顶设置床的机会。
- 不适合每天通勤上下班。

最近的例子

低车头房车制造商包括：Auto Sleepers、Auto-Trail、Bessacarr、Dethleffs、Elddis、Hobby、Knaus、Laika、Pilote、Rapido和Swift等。

上图：2007 年 Auto-Trail Grande Frontiere A-7300 房车的豪华内装，展现的是升降床在升起后驾驶室的可用空间。

（4）A型房车

这种车拥有商用车底盘、动力装置、座椅和仪表，但没有独立的驾驶室。这种配置被称为"底盘罩"，第4章会有一个典型的例子介绍。在没有独立的驾驶室的条件下，房车设计师不得不创建一个完全封闭的车身结构，生活区需要包含驾驶区。该项目包括安装一块大型风窗玻璃以及所有其他功能的窗户，通往生活区和驾驶区的门等。

从头构建整个车身无疑是一项重大任务，做得好时，这种房车在路上会给人留下深刻的印象。然而，错误可能会发生，有几个信誉良好的制造商制造的A型房车安装的发动机舱盖，会出现舱盖太小，无法接触发动机舱的关键部件，甚至像更换空气滤清器这样的日常工作都难以实现。

接下来是通行问题。钢结构的电动门窗建造是一项艰巨的任务，许多制造商通过安装一种传统、轻便、敞篷式的门来代替。在某些车型中，这意味着驾驶人到达驾驶区的唯一途径就是通过通向生活区的同一扇门。这种结构对底盘类型的房车来说会更好。

还有风窗玻璃的问题。开车时，总是有石头飞起来砸破玻璃的可能性。因此，任何打算购买A型房车的人应该都会注意新玻璃的价格和可替换性。在一些实例中，设计人员指定了货车或小型巴

下图：2010 年的 Burstner 房车展示了现代 A 型房车整洁的线条和整体的吸引力。

15

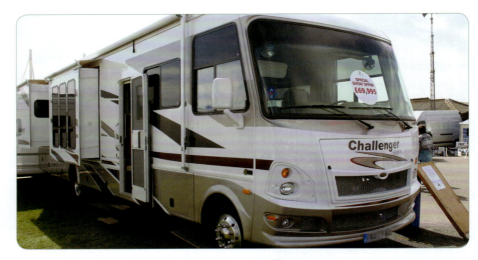

右图：观看和比较美国房车最好的地方之一是由杂志社组织的户外展览。

士可能安装的标准商业玻璃，更换这样的玻璃应该不会花太长时间。

尽管存在这些潜在问题，欧洲也正在生产一些豪华的A型房车。例如，许多室内设计在驾驶室区域有一张可以随时使用的下拉式双人床。当然，这些豪华的房车价格不菲，而且有些车型还达到很高的标准。

然而，英国制造商不愿意从事这样的项目。诚然有Elddis在20世纪80年代制造了一款外观"四四方方"的房车。Machzone多年来也生产了A型房车，但该公司已不再进行销售。1998年，斯威夫特房车公司(Swift Motorhomes)创立了Bel Air。2005年，Auto-Trail推出了一款梅赛德斯基础车型的Grande Frontiere A-7300的房车。它因坚固的GRP车门而出名，能满足进入驾驶室获得你想要的时尚感。改装这些车型花了很多时间，但英国的A型房车生产没有持续很长时间。因此，如果你想购买一款新的A型房车，你可以考虑购买法国、德国、意大利或斯洛文尼亚生产的车型。

优点
- A型房车车身提供了干净整洁、有吸引力的线条。
- 储存容量大。
- 内部构造都非常好。
- 升降床在白天不占空间。

缺点
- 进入驾驶室的门通常比其他房车门轻。
- 风窗玻璃可能非常昂贵。
- 不太适合在狭窄的乡村道路上行驶。
- 一些露营地不接受大型房车。
- 燃料消耗率大。
- 修理损坏的地板花费巨大。
- 有些车型的发动机舱盖很难打开。

最近的例子

许多A型房车都是由德国制造商制造的，Hymer就有很多车型。像法国的Pilote系列，意大利的Laika，通常在英国经销商处有售。至于更昂贵的品牌，像Carthargo和ClouLINER这样的车型也值得关注。在威尔士，满足客户定制需求的车型由MCL生产，制作精良的要花费约25万英镑。

（5）美式房车

以每平方米的价格计算，美式房车价格是令人难以置信的物有所值(通常所指的北美术语"房车"是RV)。例如，9.5万英镑可以购得一辆配备8升发动机的大型房车。典型的例子是，提供了大量坚固的外部储物柜，一台内置的带仪表板控制开关的发电机、一个固定双人床、一个浴缸、一台大电视、一台带自动变速器的强大的涡轮增压柴油发动机以及许多额外的辅件。但另一方面，里面的家具不可能符合每个人的爱好，因为家具的标准有英美差异。

毫无疑问，这些大型房车被跟风模仿，美式房车是理想状态的，它们是否适合英国的道路，留给读者去决定。同时，有数以百计的美国露营地提供"免下车"的硬立架，配有专门为净水、废水（灰水）和污水（黑水）设计的联轴器，这样的设施在欧洲很难找到。

第 1 章 房车设计

左图：登比郡 Rhuallt 的五轮房车公司制造的凯尔特漫步者 Celtic Rambler，是英国制造这种类型房车中历史最悠久的一种。

优点：
- 如果以建筑面积和设备来衡量，它的价值是惊人的。
- 适合群居生活，有些车型最多能睡8个人。

缺点：
- 维修费用可能很高，能够进行维修的专家相对较少。
- 维修工作需要的配件可能会出现问题。
- 许多露营地没法入内。
- 燃料和一般的维护费用都很高。
- 停车和通行限制影响使用。
- 有些美式房车的家具装饰得很差。
- 安装了许多非标准件。
- 清洗有很大的问题。

最近的例子

进口的车型经常会发生变化。ABP休闲出版的美国房车杂志是一个很好的指导来源。

（6）五轮房车

直到最近，五轮房车才在美国销售和使用。尽管这些五轮房车通常太大，无法在欧洲使用，但偶尔有很少的英国公司会进口五轮房车。作为回应，总部在英国威尔士登比郡的五轮房车公司开发了一种专为欧洲人设计的GRP车型。从 Celtic Rambler 引进到现在已经超过10年了。最近，一个更小的版本Dream Seeker也加入进来。

这些英国产品的设计和完成都非常出色。制造商全年在室内外进行展览。这些产品通常会在英国房车俱乐部(Caravan Club)等组织举办的活动中获奖，不过它们不太容易被归入一般车辆类别。与前面提到的可拆卸类产品一样，这些产品也依赖于一辆强劲的皮卡车，而日产公司的皮卡通常与五轮房车公司的产品一起使用。

左图：虽然拖挂房车本身的价格与一辆中型房车的价格差不多，但内部完成是一个非常高的标准。

下图：必须购买一辆强劲的皮卡车，高质量的家具和电器需要一辆能够承受这些拖车重量的汽车。

17

第 2 章　购买房车

如果想要购买一辆属于自己的房车，首先应当尽可能多地收集和了解相关信息。以下有一些建议，也许会对你有用。

目录

- 房车杂志
- 英国房车露营俱乐部
- 年度房车奖
- 质量和性能调查
- 基础车辆的选择
- 配件替换
- 使用性能
- 购买须知
- 其他问题

生产厂家大力宣传它们的产品，因此有必要了解一些更加客观公正的信息。本章力图对不同类型的房车进行清晰明确的介绍。

购买房车的方式很多，具体的购买流程将在后续部分进行讨论。潜在购买者也必然不能忽视保险、驾驶证、季节性库存量和分销方式等。然而，这些问题，尤其是法规问题，都在不断调整和改动。为了能够了解最新动态，掌握诸如过路费、排放税、部件或车型的升级换代等，房车杂志是不错的信息来源渠道。

房车杂志

目前英国有四种关于房车的月刊杂志。此外，还有三种服务于英国房车俱乐部的杂志。因此，总共有七种房车杂志。这些杂志包含了大量有帮助的房车文章、服务、游览景点，以及最新的房车车型信息。此外，优质、准确的房车广告也会有所帮助。

房车类型列表、型号和价格

房车杂志经常会公布最新的房车信息，包括了基础型号、荷载量、外观尺寸、床位数和价格等。在相关网站上也会有相似信息。由于很难基于老款型号对新型号房车给出指导价格，因此《房车月刊》杂志（Motorcaravan Motorhome Monthly，简称MMM）定期为消费者发布六个类型房车的指导价格：

- 一类：升顶厢式房车。
- 二类：高顶厢式房车。
- 三类：低车头房车。
- 四类：鹅鼻房车。
- 五类：A 型房车。
- 六类：美式房车。

Practical Motorhome（Haymarket 出版社）和 MMM（Warner 出版社）都会公开购买者的使用建议和其他补充内容，这些都可以在网络上搜索到。其中，Warner 的建议可以在 www.outandaboutlive.co.uk 和 www.practicalmotorhome.com 网站上查询。同时想出售房车的个人也可以免费在上述网站发布广告。在网站中有一个购买或销售按钮，点击后会转向到一个链接。为了使用该项服务，可以通过添加邮编、地址和其他购买需求，然后给出更详细的所需车型信息。毋庸置疑，英国杂志及其网站可为那些想要购买房车的人提供宝贵的服务。

测试报告

房车杂志每个月都会发布包含图文的测试报告，详细展示最新款房车的使用情况。特别是那些将两三个款式和价格相似的车型进行对比的测试报告，这非常有用。

老款房车同样也会偶尔测评。因此，

右图：《房车月刊》杂志上有出售的二手房车价格指南，包括车顶固定和车顶可升降的房车。

第 2 章　购买房车

左上图：与"现场"报告不同，技术测试报告更倾向于装置的功效，例如水循环系统。

有时候你也能看到杂志编辑写一些老款房车的测试文章。

尽管文章内容中对不同房车的点评结果会有较大的差异，但大部分房车文章还是全面客观的。一些编辑十分重视房车的舒适性，但也有一些编辑很重视车体结构缺陷、底板装置或配置的不合理性。这部分内容主要集中在第8章中，例如，冰箱有时候会因为没有按照厂商的指导安装而出现问题。同样，还存在一些技术缺陷，例如，车体细节瑕疵。此外，还有一些问题可能在短短的两周测试期内难以发现。

如果房车杂志编辑能够有更长的时间测试房车，那么对于该款房车的长期阶段的测试，结果将会更加准确。这会让更多的编辑能够在不同的情形下测试，也会更加准确地评价房车性能。例如，通过夏天和冬天两个季节的测试，能够更好地反映出被测试类型房车的性能。但是，对于专门定做的车型和限量版款式的房车，则难以实现这种测试。

在众多的房车生产商中包含一些规模较小的企业，他们同样也生产一些很不错的产品。但是，因为年产量相对较小，通常难以向房车杂志编辑提供一批房车进行测试。因此，大多数的房车杂志测试报告都是针对大型房车生产商的产品。

房车生产商也已经认识到房车测评报告对于开发潜在顾客的重要性，因此房车生产商有时也会提供以前的房车测评报告。例如，MMM杂志把1966年以来所有的关于房车的测评报告全部提供给读者，在网站上同样也能够查到。

上图：在这个技术测试中，Swift Sundance车上的脱沙装置很容易就能取下来，这是一个很不错的功能。

左图：斯廷森越野车（Stimson Overlander）有一些很出色的设计细节，但是这种车型很难获得认可。

网站信息

近年来，网络快速成为获取房车相关的重要来源。大多数房车生产商建设了网站，那些定制房车生产商也同样利用网络获取了利益。配件、装备、基础车型、房车俱乐部、房车杂志、车友俱乐部和房车场地等信息也同样会显示在网上。例如：

- 英国和欧盟的营地信息会显示在 www.alanrogers.com 这个网站上。
- 英国国家房车委员会（The National Caravan Council）的工作信息能够在 www.nationalcaravan.co.uk 这个网站上查到。
- www.sbmcc.co.uk 这个网站作为自建爱好者和潜在的自建房车爱好者提供了网上交流的地方。
- www.wickyworld.co.uk 提供了第三方技术咨询和购买指南。
- www.worldofmotorhomes.com 提供了房车和配件信息查询。

19

上图：在最近的一次室内展览中，展示了一辆贝利（Bailey）房车的剖面图。

右上图：一些论坛经常有很有帮助的介绍，涵盖了广泛的汽车旅行主题。

下图：在杜塞尔多夫举办的盛大夏末车展上，许多英国人都来了。

右下图：这是在彼得伯勒举办的户外展，在每年的4月份会有数百名房车车主在此停留一个漫长周末。

展览日历

很多杂志都会发布展览信息，在展览会上可以看到许多房车和相关配件。尽管房车宣传手册和测评报告非常翔实，但亲自看看房车是十分有必要的。参加展会是看到房车的方式之一。例如，在伯明翰的英国国家展览中心（NEC）举办的汽车、房车展。

这里占据了伯明翰机场附近的一个大场地，NEC有很好的公路连接。该展览为游客提供了许多服务，包括免费的场地驾驶指导和舞台展示，在那里提供各种各样的房车建议。

该活动还得到了房车俱乐部的一个临时露营地的支持，并安排了免费的巴士服务，将游客送到附近的展厅。地区性室内展览也在伦敦、曼彻斯特和格拉斯哥举行，尽管它们的场地偶尔会发生变化。

在更远的地方——杜塞尔多夫举办过一个夏末的展览，据说这是欧洲最大的展览。这当然是一件大事，许多英国人驾驶房车穿过荷兰到达这个毗邻莱茵河的德国城市。这是该类型的最大的展览，介绍了设备齐全的现场停车场露营设施。露营场地还提供免费巴士服务，白天到展览中心的主要入口，晚上到历史悠久的"老城区"杜塞尔多夫。

室内展览是一件大事，但也要注意英国各地举办的许多户外展览，其中多数是在温暖的月份举办的。这些露天活动通常在农业展示厅举行。不仅当地经销商会在这里展出新车和二手车，游客们还能从现有的房车车主那里得到建议，他们会把车带到这里，并在那里过夜。

在户外展览中，也有小型房车制造商以及许多配件供应商，但是，在更正式的室内展览会上，展台价格过于昂贵。

户外展览也为房车车主提供现场住宿。通常情况下，露营地被划分为特定品牌的区域，因此观察者可以很容易地在"现实场景"的户外环境中判断特定类型的房车。

第 2 章　购买房车

无论是室内展览,还是室外展览,都有很大的区域被经销商租用,他们会展示新的和二手的车型出售。后面关于购买新车的章节提供了在展会中购买房车的建议。

房车俱乐部地址一览表

一些房车俱乐部专门从事特定品牌的活动;其他俱乐部则专注于与房车有关的领域。目前,这份名单在《房车月刊》杂志上公布,提供了90多个俱乐部的信息,其中有4个俱乐部是为美国房车之家提供服务的。甚至还有一个为自建爱好者而设的组织,称为"自建房车俱乐部"。俱乐部秘书的讲话偶尔会刊登在房车杂志上,这些组织在英国各地定期举行活动。

一旦你列出了一个符合你车型的候选列表,与使用者交谈是一个很好的方式来发现一个产品到底是什么样的。诚然,一些会员表现出对制造商的忠诚,并以极大的热情为他们选择的车型辩护。另一些人则更加公正,愿意透露他们在使用过程中遇到的问题。这些俱乐部无疑是一个重要的信息来源——特别是如果你对一个已经不再生产的二手车型感兴趣的话。

英国房车露营俱乐部

与露营和房车有关的两个全国性的俱乐部有50多万个会员。它们的历史发展赋予了它们独特的个性。房车露营俱乐部欢迎各种相关用户,包括帐篷制造商,也有专门的爱好小组,例如独木舟、攀登者、摄影师等。然而,房车俱乐部主要是为房车和房车车主服务的,尽管在一些房车俱乐部管理的场所,帐篷是可以接受的。

撇开差异不谈,两家俱乐部都为会员提供度假预订服务、保险计划、驾驶技能指导课程、咨询服务和技术帮助。

第三个俱乐部是房车自驾俱乐部,顾

左图:参加户外展览的经销商出售了大量的二手房车,通常都是物美价廉。

技术文献

- 房车自驾俱乐部出版了一本36页的小册子,名为《房车的选择和使用》。
- 房车露营俱乐部为会员发行技术宣传单;其中一个有用的部门是房车部,其会员拥有驾驶多种车型的经验。
- 房车俱乐部出版了一本小册子,关于房车车主的生活小窍门,可供会员和非会员使用。此外,会员还可免费索取一份名为"选择房车"的宣传单,以及一些有关电视接收和供水系统的相关技术宣传单页。免费的小册子《开始学习——房车初学者指南》也很有用。

名思义,它更具体。这个俱乐部的成员比两个主要的俱乐部少,但是同样有一本会员杂志,里面讲述关于技术问题的建议,关于选择一款房车的指导等。

这些俱乐部的出版物,提供了关于选择和使用房车的建议,正如在上面的方框(技术文献)里给出的那样。

年度房车奖

英国全国房车俱乐部、行业杂志、房车产业和露营营地经营者以及消费者杂志组织了奖励计划来评估设计和施工中的良好实践。例如,"房车奖"(Motorhome Awards)是一个一年一度的合作奖项目。

房车俱乐部还在1996年推出了房车设计奖。

评奖工作进行得非常彻底,第一名是穆维·莫雷洛改装的。

左图:在 Warner 杂志组织的 2011 年房车奖中,伯斯特纳·伊克斯奥(Burstner Ixeo)以 585 分的成绩获得总冠军。

21

在接下来的几年里，穆维一直以令人印象深刻的节奏赢得奖项。

然而，这种评奖只评判了处于静态位置的房车，因此忽略了一个关键因素——驾驶体验。考虑到在道路上的表现是一个重要方面，该奖项的评奖方式和名称发生了变化，从2000年起，驾驶体验已被纳入评判内容。现在房车俱乐部的设计和驾驶活动在一个提供不同类型的公共道路的场所举行，评判过程更加彻底。毫不奇怪，制造商和公众自然都很重视这个结果。

尽管这些活动对潜在的购买者有价值，但必须认识到，许多小规模制造商的产量有限，无法为这些评奖提供车辆。来自德文郡的小型房车改装专家穆维赢得了"房车俱乐部"的许多年度大奖，这一事实证明，小型改装厂生产的产品有时比大规模生产的竞争对手更好。然而，一些厢式货车改装厂的房车年产量甚至比穆维的年产量还要少，它们中的一些制造商生产的房车中包含了客户特别要求的元素。当然，这些产品不符合设计评奖的参赛标准，但它们的质量是首屈一指的。

尽管奖励计划信息丰富，但不应被视为是识别高质量产品的唯一途径。

质量和性能调查

2001年，房车俱乐部委托休厄尔信息与研究公司对房车的质量和可靠性进行了首次调查。2000多名6年驾龄以上的房车车主被问及一系列问题，包括交付条件、长期质量和可靠性、经销商经验、维修和保修。该研究结果于2002年发表在一份159页的文件中，研究结果的摘要刊登在2002年8月的会刊上。第二次调查是在2008年进行的。这类调查无疑在一段时间内凸显出房车行业的问题。例如，经常有报告说，为某些类型的修理工作取得零件可能需要等待许多个星期。这是非常不方便的，特别是当一辆房车在夏天的高峰期离开道路。

毫无疑问，一些制造商的售后服务比其他制造商更好，现有的车主和房车俱乐部的成员将会在这方面提供很好的建议。显然，房车俱乐部的质量和可靠性调查揭示一个深刻的现实：购买和驾驶房车时，会借鉴一些房车车主的经验。

在2002年的调查中，59个不同车型的车主提供了他们所拥有车型的质量和可靠性信息。

右图：2006年Mobilvetta Kimu 122上使用的雷诺dC140在驾驶室提供了类似轿车的舒适性。

基础车辆的选择

在第1章中，我们学会选择不同的发动机，认识到选择动力和经济的车辆来满足你的要求的重要性。你需要考虑的其他因素包括燃料选择、排放水平、乘坐质量以及自动变速器等。事实上，大多数轻型商用车现在都提供类似轿车的舒适性。另一方面，像依维柯这样的重型商用车往往保留了货车驾驶室更为坚固的特点。

如果你想了解更多的信息，请注意，不仅仅是房车类杂志会发布关于轻型商用车和其他车辆的报道，贸易类杂志也会经常发布关于轻型商用车的报道。

首要考虑的是驱动方式（是手动档还是自动档），大多数英国制造的房车都安装了手动变速器，在本质上是商用车上很少需要自动变速器。但也有例外。例如，Tiptronic全自动六速变速器已经作为大众运输车系列的一些车型的选择。类似地，一些福特全顺车型指定使用Durashift系统，连接传统的手动变速器与自动离合器以实现电子换档；这意味着既没有变速杆，也没有离合器踏板。奔驰的Sprinter提供了可选的Sprintshift系统，这是一台自动变速器，而不是装有变矩器的自动变速器。然而，Sprintshift系统并没有获得普遍认可，一些准备测试报告的记者称它是一种"后天养成的习惯"。这再次强调了为什么购买房车的人必须进行试驾才能作出个人判断。

2011年，菲亚特Ducato系列的发展包括了舒适的自动变速器，但最初只能在最大的180马力发动机上使用。对于那些想要一个大的车厢但又不想为一台大的发动机支付更高价格的人来说，这样的限制是令人失望的。对于任何喜欢手动变速器的人来说，菲亚特有5速变速器(在写作的时候)，而一些福特全顺有6速变速器。当然，这些规范在不断变化，为了获得最新的详细信息，可以在制造商的网站上找到

第 2 章 购买房车

明确的信息。

另一个担忧是排放问题,尤其是随着伦敦低排放区(LEZ)的建立。广义上来说,LEZ几乎包括了M25中的整个伦敦。自2012年1月3日起,总重超过2.5吨、不符合LEZ标准的柴油车如果想在该区域行驶,每天必须支付几百英镑的费用。这一费用受到了房车车主的严厉批评。此外,该地区的居民目前也拥有不符合规定的车辆,他们对把自己的房车开到自己居住区域附近的道路上的成本深感不满。

排放超过可接受水平的车辆,其发动机是在2005年或更早时安装的。当然,从技术上讲,对不符合要求的车辆进行改装是可能的,但改装费用昂贵。工作包括安装一个经过批准的滤清器,这也需要定期测试。任何拥有一辆房车或准备购买一辆房车的人都可以通过访问www.tfl.gov.uk/lez或致电0845 607 0009来确定车辆是否需要支付每日的LEZ费用。在网站上输入车辆登记号码,就会得到一个明确的答案。

英国排放惩罚非常严厉,媒体曾暗示,英国其他城市可能效仿伦敦的交通方式。不用说,新车型避免了这些问题,在撰写本书时,基础车型正安装符合欧盟V排放标准的发动机。梅赛德斯、大众和雷诺的基础车型在2010年符合了欧盟的标准;菲亚特Ducato以及标致的车型在2011年实现了这一目标。

基础车辆的例子

近年来,五种基础车辆已广泛应用于大多数欧洲房车。这是菲亚特Ducato、福特全顺、奔驰Sprinter、标致Boxer、大众T4和T5。

注意,菲亚特Ducato和标致Boxer是合作开发的,在意大利北部的同一家工厂建造。除了非常小的差异,车辆几乎是相同的。然而,这些产品的销售是独立而有

左图:有成千上万辆的舒适的露营车是用大众面包车作为基础车辆改装而成的。

竞争力的。雪铁龙Relay也是一个Ducato那样的"徽章工程",虽然房车制造商很少使用它。

其他的制造商、车型和徽章工程的数量较少,例如,雪铁龙Berlingo、Dispatch(重新命名为菲亚特Scudo)和Synergie,大发Hijet,菲亚特Scudo,依维柯Daily和Eurocargo,LDV Convoy Pilot和Cub(重新命名日产Vanette),MAN 4.6,马自达SGL5;梅赛德斯-奔驰Vito,日产Vanette,雷诺Master、Kangoo和Trafic,铃木Carry,丰田海狮,大众LT。

最新的基本车辆清单经常发表在房车杂志上,偶尔成为特别增刊的主题。大众英国公司(Volkswagen UK)也发布了清单,列出了在该公司的基础车型基础上建造的英国制造的房车。

如果你对老式的二手车(如1994年以前生产的)感兴趣,它们的基础车型包括Talbot Express/菲亚特 Ducato(1994年推出的菲亚特Ducato/标致 Boxer的前身),早期的福特全顺、雷诺Trafic、大众运输车(T2、T3和T4)、Bedford CF和Leyland Sherpa。

确认了可供选择的产品,并认识到不同型号之间的差异,强烈建议未来的购买者再次安排试驾。只有当你在路上开车时,表现和驾驶体验的微妙方面才会显现出来。

配件替换

在比较房车时,经常提到它们的底盘。然而,货车改装不是建立在传统的底盘上,它主要由重钢构件组装而成。取而代之的是一

左图:2006年Knaus Sun Ti房车赢得了几项大奖,其雷诺发动机表现非常出色。

> ### 生产批准
>
> 一些基础车型制造商对改装厂家的专门技术是官方认可的。例如，大众每年都会出版一本小册子，介绍由"大众专业改装车厂家"生产的汽车。在过去，已经有公认的改装车(通常是大型制造商)和设计兼容的改装车，其中许多都是小批量的厂家生产的。1999年，大众汽车实现了改装认证的概念，正式地确认，一个改装厂家可以增加不冲突的设计并改装基础车辆。

种被称为底板的东西，这种东西用焊接在大梁上的钢箱来加固。

一些底盘加装的房车使用GRP外壳，如CI Carioca 15和Romahome Duo Outlook。这些车型建立在一个叫作"平台驾驶室"的结构上。这就像一辆没有钢制侧壁板和车顶的货车，第4章给出了一个例子。在法国建造的Chausson和Challenger low-line Coach Building中也使用了这种结构，但这种改装方法并不经常使用。大多数的四轮房车都是在所谓的"底盘驾驶室"上改装的。

底盘的类型连同变速器、悬架和制动系统在第4章被更详细地介绍。一些底盘离地面相当高，这给了用户在进入驾驶室时明显的"提升"感。其他的房车是建立在低水平底盘上，更容易进入，当在曲折的道路上穿行时，较低的重心也是一个优势。

最有名的低底盘由AL-KO AMC专门设计。第4章中讨论的这些镀锌结构很轻，经常安装在前轮驱动车辆上。奇怪的是，底盘和悬架的细节有时会被房车杂志在数据列表中省略，尽管它们的重要性显而易见。

当比较房车改装中的一般特征时，请查看以下元素：

布局和睡眠安排

这在很大程度上取决于个人喜好，但检查一下床的制作是必要的。如果有一张高级的床，检查床头物品和衣物存放的通道和准备情况。如果要用坐垫来做一张床，看看这是不是一幅复杂的拼图。同样要注意的是，当坐垫用作座位时，腿部活动(在第9章

中讨论)是可以的，但当坐垫用作床时，它会形成一个不方便的凸起驼峰。固定的床避免了每天晚上转换座位的麻烦，但它们占用了很多白天的生活空间。最后，检查在夜间是否可以把形状不太合适的座位部分藏起来。

旅行的安全

检查有多少后座有安全带，并将其与载客的数量联系起来。一些房车的载客人数少于系着安全带的"旅行座椅"数量，制造商现在会公开，他们销售的车型提供了多少旅行座椅。

厨房

看看可用的工作台空间，是否有足够的食物储存？有烤箱吗？一些进口车型既没有烤箱也没有烤架，许多英国汽车制造商认为这是一个严重的疏忽。有垃圾箱吗？许多英国房车厨房的设计师过去常常忽视这一问题，而进口车型通常会配备一个垃圾箱作为标准配置。在最近的英国车座中，这一问题已基本得到解决。

存储

寻找存储潜力，包括内部和外部储物柜。装滑雪板或钓鱼竿的高储物柜很有用，侧裙上的储物柜也很有用，但要检查它们的重量限制。有些购买者需要车顶架和后梯，但有些车辆的车顶不够结实，无法承载很重的物品。

右图：在2007年的CI Mizar精英作品中，一张固定大床是一个选择，这意味着为了晚上睡个好觉，白天要牺牲空间。

最右图：全系安全带的旅行座椅现在在家庭房车中使用，尽管儿童座椅在柔软的泡沫底座上不太稳定。

第 2 章　购买房车

上方最左图：后行李舱为家庭度假装备提供了宝贵的空间，但当用于重型装备时，它们会导致后轴超载。

上方左二图：背部的一个短悬垂和一个磅秤检查证明了这款轻型摩托车可以很好地装在一个安装良好的车架上。

上图：遗憾的是，在制造的时候，更多的房车没有安装预装的车架固定点。

自行车和踏板车车架

　　许多车主喜欢把自行车放在他们的房车后面，但添加一个悬挂系统常常会带来问题。为了改装一个安全而坚固的结构，钢板和固定螺栓通常需要穿过房车后壁。过去发生过系得不好的行李架掉下来落在路上。如果你打算悬挂一辆摩托车，使用一个稳固的车架系统就更重要了。在这种情况下，你还需要确认它的重量不会超过房车后轴的负重极限。为了方便后续安装车架，就在出厂前预先做了结构设计。

　　令人高兴的是，报告说一些房车制造商已经在房车内部安装了预先成型的结构，使后来添加的车架成为一个快速的操作。例如，在车后壁上的关键位置加固了胶合板，并且许多厂商都在图纸上标明位置。20世纪90年代房车就留的坚固位置适用于市面上的多数车架的坚固位置。这一策略也在2008年被Mizar采用，在2011年由Bailey推出Aproach车型的时候开始实施。考虑到有大量的房车驾驶人使用车架，很遗憾没有更多的制造商采用这种做法。

备用轮胎

　　检查拆卸车辆的备用车轮是否容易。有些位置很容易取舍；其有些位置则是真正可怕的，特别是车底外置式的。

　　在一些型号中，比如2009年的Excel车型，不提供备胎，只提供紧急补胎的工具，如胶水补胎工具包。

手册

　　当你购买一辆房车时(尤其是一辆二手房车)，会被要求看说明书。一本手册通常被称为"车主手册"。一部分用于基础车辆，另一部分用于生活设施。许多车主手册涉及房车本身的内容非常少，改装商并不提供除汽车厂商介绍单页以外的文件资料。

价格与隐性成本

　　检查总价，确保包括运费和所有"隐性成本"。大多数新车型没有任何零配件。另一方面，像Murvi Morello这样的车型则配备了包括气罐、餐具、厨具和休闲蓄电池在内的全套上路工具包，但这不是很普遍。

最左图：对于备用轮胎的取用方便性，很少有车型能超过2011年的Auto-Trail，它的备胎几分钟就取出来了。

左图：快速修补工具包可能有好处，但在轮胎中注入密封胶水不能安全地修复某些类型的刺穿。

25

右图：Romahome不是一家大型房车制造商，但这本车主手册比其他许多房车制造商提供的手册更有用。

载重的指导

比较车型时，应查看它们所标明的用户有效载重，并将其与您打算度假的人数联系起来。一个粗略的经验算法是，每位乘客的重量为75千克，两个人的物品为100千克，这包括餐具、厨具和炊具以及每位乘客的个人物品为25千克。另外还有一些配件的重量，你可能想要在你的房车上安装，有些配件的重量大得惊人。这只是一个粗略的估算，所以检查一下附带的关于载重术语和磅秤使用的建议册子。

自1999年以来，BS EN 1646-2标准已经覆盖了房车，它规定了重量和有效载荷的计算方式。

不幸的是，制造商经常以不同的方式标识出厂车辆的重量（如：上路的总重量还是净重量）。有些包含了75千克的驾驶人、装满了90%的油箱、工具和一个备用轮胎。另一个让人困惑的事实是，一些型号的房车都配有"豪华"套装，其中可能包括外层遮阳棚、电视机和合金车轮。这些附件的添加不可避免地意味着净重量的房车载重并不适用于附加包的豪华版本。

因此，这些相同的车型的有效载重也将会不同。

然而，房车的最大承重的重量限制是没有争议的。超过这个限度不仅危险，而且是严重的违法犯罪行为。当涉及制造商对有效载荷的索赔时，问题就出现了。在一些小册子上公布的信息是令人愉快的；在其他情况下，这也是离谱的。因此，当作者对杂志报道进行测试时，总是将空车装满燃料，然后在公共磅秤上进行检查。一个计算将适当地揭示了声称的有效载荷数字是准确的还是被乐观地夸大了。

不准确的标识并不多见，但这个问题也被房车俱乐部注意到，当车辆列入年度设计和驾驶比赛时。通常情况下，每个车

载重条款和用户责任

目前的重量单位是千克(1千克约等于2.2磅)。一个英制吨是2240磅，一个"公制"吨，也就是所谓的"吨"，是1000千克，即2204.62磅。更多信息，例如美国的"吨"，请参阅第4章的技术提示。

最大技术允许负载质量(MTPLM)：指车辆的总允许法定重量，由基础车辆制造商定义。它以前被称为最大载重量(MLW)、最大授权重量(MAM)、总车辆重量(GVW)和最大授权重量(MAW)。

实际载重量(ALW)：这是一辆房车的总重量，包括驾驶人和乘客，其个人物品，燃料和所有其他物品（包括固定配件）。应在磅秤上检查ALW，以确认它不超过车辆的MTPLM。

净重量(MIRO)：这是一辆未装载（出厂）车辆的重量。通常情况下，它会考虑到油箱加满、基本液体、以及在一些制造商的文献中，一个驾驶人(通常是75千克)的估算重量限额。

最大用户有效负载(MUP)：有效负载是车辆的最大承载能力，通过从车辆的最大技术允许负载质量(MTPLM)减去净重量的车辆质量(MIRO)来计算。在MIRO数据中由于算法的不一致，包含（或遗漏）一个75千克的驾驶人算法不一的，当比较公布的有效载荷信息时，可能会导致不规范。

最大轴重(MAW)：前后轴也有最大的净重限制，这些数字不能超过。在有前后车轴的车辆上，可以通过在称重板上每次驱动一个车轴，在磅秤上检查各自的负载情况。

列车总重量(GTW)：指房车与拖车一起载运的最大重量。当牵引诸如支援车之类的重物时，注意这个重量限制是很重要的。GTW有时被称为"总重量"。

信息板：与重量有关的数据显示在永久固定在发动机舱内的信息板上或安装在门周围的信息板上。

左图：这张数据贴纸贴在2005年雷诺公司的 Knaus Sun Ti low line 型号房车的门框上。

型都会被带到秤台进行检查，然后由评委开始评估。检查载重时，经常发现异常和意外的数字。

警方在路边对一些房车进行的检查也同样显示了严重超载的例子。虽然拖挂房车过去曾受到更多的关注，但现在人们的注意力也转向了自行式房车。

当然，驾驶人和其他乘客在逻辑上代表了车辆有效载荷的一部分。其他项目可分为不同类别：

■ 必要的设备，如气瓶和厕所化学品。

■ 可选设备，如太阳能电池板、自行车车架和空调系统。

■ 个人用品，如衣服、食物和假日用品。

不幸的是，房车行业的分类系统经常变来变去，这导致人们的认知不一致。实际上，这个问题非常简单：

首先，一辆房车有规定的最大重量限制和每个车轴的最大重量限制。

其次，一辆房车有一个实际的负重，它包括居住者的重量，固定的配件和所有其他在旅行中携带的东西。只要实际载重量(通常在磅秤上检查)，加上乘客的重量(通常在一些秤上检查)，只要不超过规定的总重量限制，车辆就是安全和合法的。

考虑到安全性和合法性的重要性，房车制造商现在公布了销售手册中可选的额外物品的重量，这是有帮助的。只有那么多的东西允许你的车辆携带，如果你坚持要运输一些东西，比如一辆大型摩托车，或安装一个大型空调设备，你可能不得不减少一些其他的东西，以保持你的车辆的总重量限制。让我们面对现实吧！一辆摩托车的重量要远远大于一堆鞋子、衬衫、袜子、裤子和短裤的重量。

使用一个磅秤

要确认一辆房车没有超过它的最大技术允许负载质量，有必要在磅秤上承载一辆满载汽油的房车。乘客重量可分别用磅秤计算，稍后加到磅秤总重量上。即使这个检查显示MTPLM没有超过，您还需要确定有没有超过单个轴所承受的重量限制。

另一个策略是，当你的房车空载时给它称重。从MTPLM中减去它的净重量，可以清楚地显示现在可以装载多少设备，以及可以安装哪些额外的附件，同时不要忘记在计算中包括它的使用者的重量。让我们检查一下使用磅秤时实际涉及了什么。

■ 先找出附近可供使用的磅秤的地址。通常情况下，给当地权威机构打电话，向计量部门咨询是一个很好的开始。

■ 联系你喜欢的磅秤，检查你的房车是否可以称重，并查询费用。除非有准确性的需要，否则大多数车主可以得到：总重量和后轴重量。从总重量中减去后轴重量，就得出前轴所承受的重量（如果车主坚持严格精确称重，前轴则作为第三次重量检查）。

■ 确认包含日期的打印件，车辆登记号码作为服务的一部分可以一起发放。

■ 确定磅秤附近是否有加油站。在记录车辆的重量之前，最好是让油箱尽可能加满。然后你就会知道这个特定的重量是不能超过的。如果在添加假日用品之前要称重，还要记下所有留在车内的物品。例如，记录是否有水在净水箱或马桶冲水箱(如果那是分开的)。车上有多少个气瓶?它们的充气量是多少?很明显，这些圆柱体可以在家里的一些秤上单独称重。你是否把自行车放在车架上由你决定，但要注意这些细节。

■ 磅秤必须经过当地相关部门强制性的精确检查。

在收集了所有重要的数据后，要准备好应对一些意外，特别是在比较磅秤信息与广告和车主手册中的数据时。另外，在你的手套箱里放一份打印出来的信息。如果你被警察拦下进行道路检查，你就可以表明你不仅注意到了安全装载的重要性，还努力保持在车辆的限制范围内。

顺便说一句，在购买二手车型时，应问问经销商或供应商，车辆附带的文件是否附有磅秤证书。如果没有，一些买家要求在进行购买交易前进行重量检查(费用自理)。让我们来看看现实生活中的情况。请参阅第28页的"案例历史"。

提高房车的最大技术允许负载质量

如果在磅秤上检查一辆房车之后发现，如果显示它的最大技术允许负载质量可以增加，就意味着可以增加更多功能，这有时是可以做到的。例如，在第4章中会介绍，像SvTech这样的商用车公司能够计算出一辆汽车的最大技术允许负载质量是否可以增加。例如，可以将一辆轻型商用车的最大技术允许负载重量从3500千克改装为3850千克。在实践中，这个价格可能是昂贵

案例历史：AVTO-TRAIL TRACKER EKS 2011款

用装满油的油箱、两个13千克的气瓶和空水箱进行重量检查。气瓶上标注的重量仅指其储存气体重量，不包含气瓶的重量。最大的重量限制如下：

- 最大技术允许负载质量：3500千克。
- 过磅秤时的净重量（MIRO）：3160千克。
- 在手册中的净重量为：3215千克。
- 实际有效载荷（3500千克减去3160千克）：340千克。
- 最大后轴载荷限制：2000千克。
- 过磅秤实际后轴载荷：1780千克。
- 后轴可承受的额外载荷：220千克。
- 最大前轴载荷限制：1850千克。
- 过磅秤实际前轴载荷(计算)：1720千克。
- 前轴承受的额外载荷：130千克。
- 规定的列车总重量限制：4750千克。

要计算一辆拖车的实际重量和它所负载的货物可能有多重：

- 当它满载上路时，再计算它的总重量。
- 将约70千克的拖车前端重轴承的重量加到牵引球上。
- 从4750千克中减去这个总数。

关于EKS2011款车型的评论如下：

很高兴找到了一辆真正的净重量比制造商标识的净重量轻的房车。这是一辆车内只有两个系安全带座椅的汽车，340千克的有效载荷就足够了。太多房车所提供的有效载荷远远低于使用者所希望的，所以路边检查发现严重超重的房车也就不足为奇了。要知道，如果你没有先去磅秤检查你的房车在一次旅行中装载了多少负载，就去安装重型配件是非常错误的。

至于此款房车前轴的有效载荷潜力(130千克)，这是正常的。毕竟，很少有私人物品可以直接放在房车前面。反而是房车的后轴经常超载，尤其是在后悬突出的房车上。它的作用就像一个长的杠杆，特别是当装载重型自行车或摩托车的车架的重量。就TRACKER而言，在后轴上再增加220千克的重量是合理的。然而，这在一定程度上是因为备胎安装在后壁上一个非常容易接近的位置。如果超载的话，你可以暂时把这个备胎取下，放在车内靠近前面的地板上。如果你想在后部负载比平时更重的话，这在某些特殊情况下会很有用。

右图：将车辆开到称重板上；驾驶人下车站到一侧。

最右图：车辆完全离开地秤；然后倒车将后轮倒在地秤上。

右图：在秤台中查询信息，并付款和打印。

最右图：检查安装在发动机舱盖下的菲亚特标牌和车型数据。

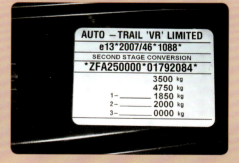

的，因为它可能需要升级轮胎，加强后轴颈，改变悬架，改进制动规格等。

也要知道，当车辆的最大技术允许负载质量超过3500千克时，会有一些缺点：
- 自1997年1月起，英国的驾驶证持有人挂拖车时最多只能驾驶3500千克车辆或4250千克的车辆。
- 在英国，许多车企不会回收超过3500千克的房车。
- 在英国，驾驶3500千克以上车辆的最低年龄为18岁；驾驶3500千克以下车辆的最低年龄为17岁。
- 当70岁以上的驾驶人申请续领驾驶证时，如果申请人希望在英国驾驶超过3500千克的车辆，则需要额外的视力和健康测试。
- 具有某些既往病史的驾驶人不得驾驶超过3500千克的车辆，这包括糖尿病患者。
- 在一些国家，尤其是德国，超过3500千克的车辆被归类为货车，对于货车的限速较低，而且会有不同的超车规则和周末使用车辆的限制。
- 在瑞士，一辆超过3500千克的车辆必须在边境缴纳重型货车附加税才能在高速公路上行驶。

毫无疑问，将最大技术允许负载质量保持在3500千克或更低的水平有几个好处。事实上，一些最大技术允许负载质量为3850千克的房车车主会减载，并相应地调整发动机位置。

降低最大技术允许负载质量

有几个有资质将最大技术允许负载质量降低的专业厂家，并且能够为车子选装一个正规的车架。SvTech也可以在这方面提供建议。

这不是一个困难的操作，它避免了上面列表中描述的一些约束。当然，降低的最大技术允许负载质量限制要求在配备个人装备时采取更严格的方法。但这样做有几个好处，特别是在避免对驾驶证分类、70岁以上驾驶人的健康和视力测试以及速度限制方面。

英国全国房车协会（NCC）批准的车型

许多在英国生产的车型都带有NCC认证标志。

> **房车要求**
>
> 代表英国房车制造商的两个组织——汽车制造商与贸易协会（SMMT）和全国房车协会（NCC）合作制定了关于房车健康和安全要求的NCC/SMMT房车生活功能要求201。在运行了几年之后，BS EN 1646-2出台了，制定了健康和安全标准。
>
> 今天，所有NCC会员制造商都被要求提交每个新车型的样车，由NCC工程师进行检验，以验证其是否符合BS EN 1646-2的要求。实际上，NCC测试超过了英国/欧洲标准规定的最低要求，涉及约600个需要进一步检查的项目。它包括紧急逃生装置、供电系统、防火措施、燃气、手册、暖风、绝缘、安全、通风、有效负载和安全通知等元素。当完全符合规定时，被检查类型的后续车辆允许显示NCC批准标识。
>
> 当然，许多制造商，主要是较小的、不是NCC的成员制造商，因此他们的产品没有提交测试，也没有显示批准标识。然而，如果认为非品牌产品必然不能达到相关标准，那就大错特错了。一些非会员以非常高的标准生产房车——房车俱乐部的设计奖项已经证实了这一成就。
>
>
>
> 国家房车协会制造商成员被要求建造符合英国和欧洲标准的房车。

使用性能

一些车主将一辆房车用于日常驾驶，一些只用于天气温暖的假期，还有一些则全年使用，即使天气很冷。因此，在比较房车时，必须考虑到不同的使用模式。

冬天使用

如果房车要在寒冷的条件下使用，它的设计和规格标准就需要考虑在内。例如，如果水箱安装在外部，温度低于0℃可能导致净水箱和废水箱结冰。有些车型比其他车型更适合全年使用，第7章讨论了与供水系统有关的问题。

然而，水并不是唯一的"防冻"问题。一些专为在寒冷条件下使用的房车配备了暖风系统，在床垫下有出风口，比如1988年的Laika Ecovip；或者在床周围有出风口，比如2000年的Mobilvetta TOP Driver 52。还有与隔热水平有关的问题。

例如，当贝利在2011年建造第一辆房车时，公司采取了"四季皆用车"的定位。为此，有必要安装比正常情况下更厚的隔热面板，这一策略最近也被Auto-Trail公司采用。进一步考虑到这一策略，后轮壳和入口门的底盘周围也安装了刚性隔热材料，热成像摄像机随后被用于识别其他不受保护的薄弱点。经过对这些材料的仔细评估后，决定在贝德福德郡国际知名的米尔布鲁克试验场提交最大的冷室测试模型。

其目标是实现保温隔热的III级(EN1646-1)，这是迄今为止很少有英国房车能达到的水平。相关测试专家小组测试后得到通过的结论，贝利设计团队的坚定努力得到了奖励，米尔布鲁克的专家测试团队宣布实现了III级认证。

夏天使用

良好的保温隔热的重要性经常被考虑在冬季温度的背景下，但这是错误的。当一辆房车停在明媚的夏日阳光下时，它的内部温度会上升很多，以至于变得过热。在这种情况下，外部结构的隔热效果越好，室内的舒适性就越好。换句话说，一辆已达到III级隔热等级的房车，无论是在夏季还是在冬季，都能在室内提供更好的舒适性。

残疾人房车

许多房车杂志经常刊登文章描述为老年人和残疾人用户提供的特殊产品。

为了帮助残疾人消费者，有关部门多年来一直在实施一项计划，一些注册残疾人士可以以零税率购买带有增值税的房车。这一计划不仅适用于新车型，也适用于已经改装过的二手车型。要想从这项优惠中获益，必须符合若干条件，而该计划主要以轮椅使用者为对象。在购买前应先商定免税安排，一旦付款再抵扣税就难了。

有关详情请见增值税通知701/59"残疾人机动车辆条款"。这是可以从英国海关、慈善和医疗、伦敦SE1 9PJ处获得（电话:08450-109000，网址：www.hmce.gov.uk）。

购买须知

考虑到一辆新房车的巨大成本，第一次购买的人可能会被建议从一辆二手房车开始，以确认房车符合预期。有时，一个二手房车在出售时配合齐全百叶窗、餐具、厨具、水平仪等。

相比之下，如果你买了一辆新的房车，这些东西中的很多都不包括在内。

保温隔热(EN1646-1)标准

要达到保温隔热的III级等级(EN1646-1)并非易事。要测试热性能，需要10个小时才能将一辆房车的室温降低到-15℃。然后把房车的供暖系统打开，在4个小时内把内部温度提高到20℃。当安装在整个车辆上的传感器确认温度已经稳定时，即使外部温度仍然是-15℃，供水也应该是正常的。没有多少英国房车能达到这个认证标准，但对全年使用的用户来说，III级是一个基准的要求。

购买二手房车

房车杂志上的分类广告显示可供购买的车辆很多。使用状况良好，里程数小的车辆并不少见，许多汽车驾驶人非常小心地使用着他们的车辆。

经销商也有库存的二手车，而且比较新的车型可能会有保修。此外，展示场地提供了可以比较各种车型的机会。

最后，还有拍卖的情形。有些是在当地举行的，通常以仓库为场地。在英国全国范围内，英国汽车拍卖公司(BCA)有一个房车部门。定期拍卖计划在全国范围内进行，Brighouse和Measham中心通常能提供许多车型的选择。房车历史的信息固定显示在出售过程中的每个地段的屏幕

右图：在米尔布鲁克冷室测试设备中，Bailey Approach SE 760 的原型车实现了隔热等级III级。

最右图：有经验的房车制造商会为了方便轮椅使用者的上下车，设置了可收起的连接板。

第 2 章 购买房车

最左图：购买二手房车的好处之一是，很多重要的配件经常包括在其中。

左图：大型房车经销商有很多车型可供比较，但要确保你有机会测试你计划购买的车型。

上，购买过程并不是部分人想象中的"赌博"。为了帮助潜在的竞标者，在BCA总部提供的小册子中解释了买卖程序。

很明显，任何打算从私人卖家那里购买二手房车的人都会接受"买家负责"的条款。"房车买卖"免责声明强调了买家彻底检查产品的重要性。这涉及两个要素：基础车辆和居住设施。关于基础车辆：

- 检查二手车性能检测和服务凭证：两者都有助于验证记录的里程。
- 查看轮胎：前轮胎不规则的磨损可能表明转向系统有问题。
- 在驾驶室查看磨损的脚踏板：这肯定是高里程的标志。
- 检查油尺上有没有油污。
- 在驾驶室地毯下面寻找潮湿的地方：这可能是车窗密封不严重或散热器泄漏造成。
- 坚持让车主带你去试驾。如果所有文件都准备好了，可以自己开车试车。
- 咨询一下手续中是否包含磅秤报告证书。
- 检查一下车主手册和保养维修记录。

任何一个机械知识有限的人都会被建议寻求一个汽车组织的服务，或者更好的是，可以寻求一家专业公司的服务，比如汽车维修服务公司，在工程师的检查完成后会发布一份详细的报告。

对于生活设施，应进行进一步的检查。例如：

- 打开烤炉和其他炊具。
- 确认暖风系统工作正常。
- 试一下冰箱，但要记住开始冷却需要时间。
- 看看靠垫、座椅靠背和底座。
- 检查墙壁或内部储物柜是否有潮湿迹象。
- 检查有关居住服务的文件。

一辆二手车出售与下列文件一起，才构成一个可靠的销售状态。

- 含日期的居住区域保养证书。
- 含日期的冰箱维修证书。
- 含日期的燃气和电气工程师出具的证明，确认这些系统处于安全工作状态。
- 一份最新的潮湿测试报告，上面有一张图表，会显示了大约50个检查点。
- 车主改装部分的说明书。

不幸的是，其中一些重要文件会经常丢失，在有资格的服务专家进行检查和服务工作之前，将系统(如燃气供应)投入使用是不明智的。同时也要知道，一些房车从离开工厂的那天起，就没有进行过维修工作。

购买新车

购买一辆新的房车不涉及购买二手房车的不确定性。但需

最左图：英国汽车拍卖公司在一些场地举办了房车拍卖活动。

左图：房车的拍卖有时在当地举行。

31

右图：在二手房车中，检查一下室内装潢，如果更换可能会很贵。

要检查任何保修的范围和保修程序。例如，如果你参观了一个展览，并接受了一个离你家很远的经销商的一个有吸引力的销售提议，可以询问一下与改装相关的保修问题（相对于基本车辆），需要遵守哪些程序。通常您可能不得不一路开车回到经销商那里询问，以纠正错误。同样地，询问如果基础车辆有问题，必须遵守什么程序，这通常是较少的问题，因为在英国机械故障通常可以通过基础车辆特许经销商进行保修。

可以通过多种方式购买一辆房车：
- 在大型展会上可以下订单。例如，制造商的展位通常由全国各地经过批准的经销商的销售代表和制造商（或进口代理）的人员组成。
- 或者你可以在经销商处购买，那里有许多久负盛名的房车专家。
- 通常情况下，也可以从制造商直接购买房车，它们经常会参加户外展览。

注意：一些潜在买家考虑直接从其他国家购买。这并不是一件简单的事情，尤其是想购买一辆右舵驾驶的房车。其他规格特性在直接进口时也有所不同。刊登在杂志上的文章显示，这种购买可以是"一帆风顺"，也可以是充满延误和困难的"令人沮丧的经历"。在生活设施上的保修工作可能也是一个问题，而低于正常的折价价格是另一个需要考虑的问题。然而，随着施工方法、操作规程和部件的选择越来越标准化，这种采购策略可能会变得更容易。

无论你选择哪种购买方式，一定要坚持路试。有时候，卖方缺乏信心，不敢同意这种做法。然而，在不确认车辆驾驶特性和行驶状态的情况下，就付出大笔资金显然是不可取的。

定制房车

另一种途径是购买一辆定制的房车。像Young Conversions公司这样的小型汽车制造商，以没有两辆相同的房车离开工厂为傲。尽管该公司列出了固定车顶、升高车顶和高顶车型，但实际上大多数客户都对标准规范进行了修改。一些客户甚至自己安排提供一辆新的或二手的基础车辆，还有一些人请车主迈克·杨(Mike Young)代表他们找到一辆合适的二手车。一些客户提交他们所需要车型的图

右图：Middlesex房车可直接从制造商那里购买；有些是在几乎全新的基础车辆上改装的，售价极具竞争力。

纸，一位客户甚至提供了一款木制模型，展示了他想要的布局。最后，有些客户只希望专业地完成部分改装工作，因为他们打算亲自动手完成改装。

其他提供这种个性化定制的制造商包括Edgware的Middlesex Motorcaravans、Wigan的Nu Venture Campers以及Wisbech的Rainbow Conversions。个人需求的满足当然不是大型制造商都能做到的，但在前往这些工厂查看产品的样品之前，一定要先预约。

左图：在布莱切利（Bletchley）一家名为Young Conversions工厂的开放日，一位顾客正在咨询一辆房车改装的创意。

自建和翻新房车

房车爱好者采取的其他策略包括：
- 翻新一辆二手房车。
- 改装一辆面包车。
- 从零开始改装一辆房车。

许多自己动手改装房车的人加入了自建的房车俱乐部（SBMCC），并参加了在英国全国各地举行的众多活动之一。各行各业的人都参加了，还有一些意想不到的改装车辆可供比较。此外，还有一些是装备精良的货车，甚至还有一些军用卡车或以前的公交车辆也能提供豪华的居住空间。

在自建和翻新房车之后，其中的一些人开始经商，Elddis公司是已故的Siddle Cook在自建房车之后成立的，Auto-Sleepers公司是在Calverly Trevelyan改装了一辆厢式货车，带家人去度假之后成立的。

从自建的方法中可以学到很多东西，即使是一位"扶手椅制造商"，也可以通过了解其中的内容来得到有用的信息。自建房车的案例研究的简要参考在第10章中会有介绍，更多关于自建房车的更多建议，请参阅机械工业出版社出版的《房车改装快速入门》一书。

先租后买

作为购买前奏的租车有很多值得称赞的地方。英国全国大约有40家公司有租车

上图：这是Night Owl Conversions 公司的 Peter Anson 的第四辆自建房车，它的质量与专业制造的车型相当。

左图：所有的车辆都是由 SBMCC 成员建造或改装的，就像俱乐部网站上的图片所显示的那样。

左图：这辆车从外观上看可能是一辆陆军用车，但它的内部是豪华的自建改装。

右图：评估车辆最好的方法之一就是租一辆。英国有很多租赁公司。

业务；出租者经常在房车杂志上刊登广告。

有些出租者是专业公司，而另一些则是经销商的一个部门，车辆通常在出租一年之后才会出售。有时会有与购买相关的优惠，比如如果一个客户租用了一辆房车，随后购买了经销商的一辆房车，那么原始租金的一部分就会得到补偿。

大多数的出租房车都是自行式房车，你会发现也会有货车改装版。即使是历史悠久的大众Campervans有时也是可以租用的。

在购买之前先租车是很有意义的，而且大多数房车都配备了用户需要的大部分物品。然而，请记住，夏季高峰期的租车费用比冬季要高得多。

其他问题

选择和购买是一回事，持有是另一回事。这里有一些需要牢记的问题。

二手车性能检测测试

当一辆房车要进行二手车性能检测测试时，这种检查被称为IV级测试。虽然载重在3000~3500千克的货车必须进行Ⅶ级测试，但房车例外。在这种情况下，无论重量如何，它们都与普通汽车的分类和测试程序相同。

这很好，除非许多为车主进行IV级测试的二手车性能检测站点没有足够的通道或高度来容纳一辆大型房车。像升降坡道这样的设备可能也没有足够的提升力来应付一个非常大的车型，而且用于制动测试的滚动路面可能也不合适。

由于这些原因，许多车主把他们的车辆带到货车检测站，这也是一个很好的方法，只要管理人员熟悉房车检测标准。

二手车性能检测测试有关的事宜由车辆及操作员服务机构(VOSA)负责处理，有关详情可从www.vosa.gov.uk的网站查询。此外，如果您想检查车辆的二手车性能检测状态，可以访问www.motinfo.gov.uk或致电0870 3300 444。您需要将车辆的注册标记和V5C注册证书上的参考编号，或者是新样式的VT20 二手车性能检测测试证书上的测试编号告知工作人员即可。

现在，在VOSA的数据库中记录二手车性能检测测试通过结果，出于法律目的，使用它而不是VT20的纸质证书来证明您的房车确实通过了必要的测试。

自行式房车和拖挂式房车的驾驶证
70岁以下的驾驶人：

如果驾驶人在1997年1月1日前通过考试：

在1997年1月1日前取得英国B类驾驶证，准许驾驶人驾驶没有拖车的房车，只要最大技术允许负载质量不超过7500千克。如果驾驶人想拖挂一辆拖车，只要满载的拖车和满载的房车的总重量不超过

右图：尽管有很多检测站提供IV级二手车性能检测，但很少有足够的空间或设备来应对大型房车。

最右图：菲亚特Ducato Maxi 前照灯检测程序需要相关设备和更大的空间。

第 2 章　购买房车

上图：驾驶人的驾驶资格有时取决于拖车的重量及其通过考试的时间。

8250千克即可。

如果驾驶人在1997年1月1日或之后取得英国B类驾驶证：

驾驶人可以驾驶最大技术允许负载质量不超过3500千克的房车。如果驾驶人想在房车后面拖一个小拖车，只要满载的拖车不超过750千克，并且房车和拖车的最大技术允许负载质量不超过4250千克，就不需要通过进一步的测试。然而，如果驾驶人成功地通过了大型货车驾驶考试，就有资格驾驶一辆最大技术允许负载质量最高可达7500千克的房车。

如果拖车的重量超过750千克，但重量比房车要轻，并且房车的最大技术允许负载质量不超过3500千克，你需要通过进一步的E类考试。因此，如果你想在拖车上拖一辆支援车，即使没有考虑到拖车的重量，Smart for Two的重量也会超过750千克。

如果车主想把重量超过750千克的拖车拖挂到最大技术允许负载质量超过3500千克的房车后面，必须通过E类考试和大型货车驾驶证考试。

如果驾驶人想驾驶超过7500千克最大技术允许负载质量的房车，就必须通过C类考试。

70岁以上的驾驶人：

如果驾驶人在1997年1月1日前通过考试：

如果房车的最大技术允许负载质量小于3500千克，那么在驾驶人重新申请驾驶证时，B类和B类+E类组合的驾驶资格通常会被保留，这类驾驶证将在驾驶人70岁之后持续3年。如果房车最大技术允许负载质量大于3500千克，驾驶人还必须提交由医生填写的D4医疗表格。这涉及一个视力测试来验证驾驶人的视力达到所需的标准为20.5米。有关医疗要求的更多信息，请登录DVLA网站：www.dvla.gov.uk

如果驾驶人在1997年1月1日或之后通过考试：

只要驾驶人的身体状况良好，只要驾驶的房车最大技术允许负载质量不超过3500千克，就可以凭B类驾驶证驾驶该房车。然而，如果驾驶人的房车最大技术允许负载质量超过这个重量但不超过7500千克，驾驶人将不得不接受进一步的考试以获得C1类驾驶证；这是"中型商用车"驾驶人所需要的资格。顺便一提，驾驶人也可以降低房车的最大技术允许负载质量。

如果驾驶人想驾驶超过7500千克最大技术允许负载质量的房车，就必须通过C类考试。

欲知详情，可在英国各邮政局订阅"驾驶证须知"小册子D100。但这本小册子的一些版本似乎没有就70岁以上人群的医疗认证方面提供大量的建议。

在家停车

这有时是困难的，并且社区公约会限制。因此，有购买计划者需要决定是否将房车停在专门的停车场。一些房车中心也为房车提供停车场。

第 3 章　车身结构、维护和修理

目录
- 车身结构
- 清洁和维护
- 车身密封
- 复原丙烯酸窗户
- 更换丙烯酸窗户
- 泄漏和潮湿问题
- 车身修复和替换
- 分层

爱护一辆房车不仅仅使发动机保持良好的状态，外部车身也应该定期维护，有时还需要修理。

了解房车的建造方式，并能够识别在建造中使用的材料，对于应对清洁等常规问题，以及事故修理等问题具有重要意义。

车身结构

由于房车种类众多，用不同的方式来建造也就不足为奇，有三个有趣的地方值得注意。

厢式车改装式、单体式和客车结构式

厢式车的整个车身由钢板组成，可以使用普通的汽车清洁产品清洁。同样，修理程序和重新涂漆通常由车身专家进行。车辆发生渗漏问题是不常见的，漏水只会在组件安装不当时发生，如车顶灯、通风机和丙烯酸（亚克力）窗户等组件。通常，厢式车改装后耐候性比较好。

相比之下，大多数由客车改装的房车采用完全不同的方式。通常车身会用非常多的材料来进行改装，这些对维护和修理工作都会造成影响。当使用单体式玻璃钢（GRP）车身时，情况就会不一样。这种外壳材料通常也被称为"玻璃纤维"，经常被用作小船的建造材料，这就意味着泄漏不会成为问题。单体客车结构改装车型包括Auto-Sleepers、Esterel、Romahome和Wingamm，它们的车身曲线非常吸引人，但是这种类型的房车的价格也很昂贵。

扁平的车身改装更为常见，而且组装的方式这些年也已经发生了很大变化。在传统的车身改装工作中，工作开始于使用木制支柱制作的骨架和框架。装饰面胶合板被固定在这个框架上，形成天花板和内墙。一旦这些面板到位，合成纤维通常被放置在支柱之间以提供隔热。最后，在外部加入覆层材料，例如预涂铝板。这种组装技术在20世纪90年代仍被一些英国制造商使用。最后一个使用这种方法的是Buccaneer，但当这家企业成为探险者集团（Explorer Group）的一部分时，建造方法发生了改变。如今，大部分由客车改装的房车都是用预制绝缘板建造的。

夹层结构

预制绝缘板的使用有时被称为"夹层结构"。三层组件包括：
- 内层是3毫米装饰面胶合板。

右图：20世纪80年代首次推出的由Auto-Sleepers生产的无缝单体式车身迅速获得了广泛好评。

下图：有吸引力的设计和值得注意的耐候性是最近在意大利建造的Wingamm单体式玻璃钢车身车型的一个特点。

第 3 章 车身结构、维护和修理

保温隔热

任何人购买房车主要在冬天时间或炎热地区使用的，要关注厂商对于隔热材料的介绍。别忘了好的隔热板绝不仅在寒冷季节里保证车内暖气机出来的暖气跑不掉，也帮助房车停在炽热阳光下避免车内变成火炉。

当然，不同车辆的隔热水平不同，有的侧面只装了25毫米厚的泡沫。最近Auto-Trail生产的房车中，从台阶处看见车门口附近的隔热层要厚一些。

注：保温和隔热测试的信息情况见第2章。

左上图：在一些车型中，墙板隔热材料采用聚苯乙烯；地板面板通常更厚，而这个例子是蓝色的聚苯乙烯泡沫塑料。

上图：这里在意大利的高档 Giotti Line 车型中安装的绝佳隔热墙板。

- 中层是泡沫绝缘材料，如苯乙烯或聚苯乙烯。
- 外层是预涂铝板或一块薄而柔韧性高的玻璃钢板材。

这些材料在单独使用时强度不大，但是当它们用高规格黏合剂涂覆，并在工业压力机中黏在一起时，所得到的复合板就具有显著的力学性能。同时，它们也非常轻。门和窗的孔是在面板进入压力机之前准备的，每个开口必须用木框架来加固，以提高刚度。这个木制环绕物还提供了铰链和抓钩的固定点，这将在后文补充说明。作为进一步的创新，布里斯托尔的贝利现在正在为他的客车结构式房车建造"夹心结构"的面板，使用塑料支柱而不是软木板条来建造。在进水后，这些塑料支柱不会像软木板条那样变形。

三明治黏结结构提供几个优势，而且像Auto-Trail、Elddis和Swift这样的车身制造公司使用预制板已超过20年，然而情况发生了变化，现在越来越受欢迎的是用一层薄薄的预制玻璃钢板代替铝合金包覆车身外部。Swift集团在其部分Bessacarr车型以及一些Swift Royale和Kon-Tiki车型上使用这种材质。玻璃钢薄板覆层也用于Bailey Approach SE型号。

其他使用GRP板材进行外壳覆层的制造商包括Auto-Sleepers（在Ravenna, Pescara和Pollensa等车型上）和Auto-Trail（所有最新车型）。在停止销售之前，Avondale还在Seascape和Seaspirit车型上使用了GRP覆层。

通常，GRP板材不能达到在涂漆铝上看到的高光泽度。但是，如果发生轻微

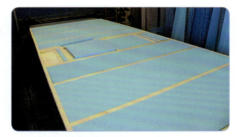

左图：这个地板面板是用木材板条和聚苯乙烯绝缘材料，一旦表层的胶合板和黏合剂被加入，它就会进入黏合机。

左图：布里斯托尔的贝利最近开始使用塑料化合物制成的支柱来代替木制板条。如果它们变得潮湿，也不会变形。

最左图：夹层结构开始从内部帘布层开始，木材框架围绕周长和大孔径建造，如窗户和门。

左图：大多数由客车改装的房车是用预制墙板建造的，这些都为装配线生产的面板。

37

上图：一些Bessacarr和Swift车身采用薄玻璃钢板材（GRP）做外壳，有时也会采用铝板。

的事故损坏，可以使用聚酯树脂作为填料修复GRP表皮。而铝合金的凹痕，特别是如果包层具有纹理表面，使用贴片修复效果非常差。铝合金有凹陷时会被拉伸，但它不能很好地黏附在某些汽车车身填料化合物上。因此，侧壁损坏或者需要在原始包层顶部粘合一层完整的新铝皮，或者如本章后面的照片所示（参见第55页），更换整个面板。这是一项重要的工作。

装备策略

前面提到过，一些底盘加装类的车型采用单体玻璃钢板材（GRP）成型。以这种方式制造的外壳通常很坚固，但它可能非常重。与平坦的预制夹层板相比，形状好看的"面板"也需要更多的时间进行隔热处理。内部胶合板壁不易组装，因此实际在操作上与必须在厢式货车改装中进行的耗时的衬里工作几乎没有区别。不可避免的是，尽管模制的单体车厢看起来往往比"平板式"更具吸引力，但这是一种劳动密集型的建造房车的方式。

为了改善棱角分明的平板状外观，制造商通常采用装饰后壁的方式来改善线条。此外，ABS塑料模制件安装在后轮周

右图：损坏的车身外部面板用一个全新的铝板对中间部分进行粘贴。之后，房车将停在靠近墙壁的地方，黑色床垫将被充气，以便在黏合剂凝固时对整个区域施加一致的压力。（照片由Crossley Coachcraft提供）

铝制包层的局部修复

一些熟练的车身专家能够在光滑的铝制包层上修复补丁。然而，困难在于找到一种与铝形成永久黏合的填充化合物，这当然不像在钢制面板上使用"填充物"那么容易。这就是通常在旧的覆层顶部黏合一层全新的覆层来处理更大面积的损坏的原因。

纹理铝面板更难以修复，并且大多数尝试复制其原始表面的方案都是不成功的。特别是凹凸状铝表面不容易修复，一些购

买者因此会避免购买带有凹凸状装饰的房车。然而，几年前引入了丹麦的技术，其中柔性模具由一小部分纹理皮肤制成。然后将该模具用于生产黏合的复制品，并在局部损坏区域上"羽化"。该过程需要几种特殊工具，需要知识和技能。虽然一些车身修理工可能仍然使用这项专利技术，但更换一个全新的面板通常是首选的修复方法。不用说，这是一项昂贵且耗时的操作，如果损坏区域仅仅是拳头大小的凹痕，则更会令人烦恼。

围，GRP模压车顶板进一步增加了视觉效果。事实上，最初由受人尊敬的汽车设计师威廉·唐斯（William Towns）创造的独特的单体车身建造方式一定会被装修成本较低的车型所取代，Auto-Sleepers的人员已经意识到这一点。因此，他们也在寻求更高效的建造方法，并推出了一系列新型号，例如Pollensa和Ravenna。这些采用平面夹层车厢壁，但继续巧妙地使用GRP材料，包括车顶和驾驶室外组件，其外观与单体壳车型的外形相似。

但是这些不同的车型是如何组装的呢？在装配面板式厢式货车单体壳舱的情

第3章 车身结构、维护和修理

况下,该过程通常被描述为"从外到内"的方法。工作从添加诸如窗户或车顶通风设备等任务开始,然后专注于内部。当内壁已经做好隔热和衬里时,可以安装预装配的家具组件。在此程序完成之后,车内空间减少,这限制了可以同时在车内工作的人数。

当使用预制车身面板时,这种缺点就不太严重。如右图所示,当这些Elddis车身模型正在组装时,车辆后部完全打开,这极大地改善了通道问题。然后可以将预制的家具组件安装到内部,并为施工团队提供了一个宽阔的入口。在这种情况下,有意将后面板的安装放到最后。

当然,制造商之间的组装方式各不相同,Auto-Trail采用完整的内部组装方式。 Auto-Trail 底盘加装类房车的组装从一个平台基座开始,以此作为基准点,然后将预制的家具组件和器具固定、安装和连接在一起。这样组装进展很快,因为组装团队可以从各方面进行工作。 此外,这种技术可以在每个辆房车成型时提供高度的准确性和复制。当内部的关键元件就位时,完成的组件就可以通过起重机提起并降落到底盘上。随后将Auto-

Trail强大的GRP车顶等元件降落到位,在外面搭建的高层人行道上即可进行外部修整工作。本页下方4张插图显示了这些施工阶段。

将面板连接在一起

当将一系列外部面板放在一起形成外壳时,固定方法必须既坚固又耐候。在大多数情况下,密封剂有助于防水黏合,机械连接通常使用螺钉。以类似的方式,螺钉通常用于固定通风口、车身装饰件、电视天线、太阳能电池板等。但是,每个螺钉在外部面板上形成一个孔,有时会发生泄漏。

毫无疑问,使用密封胶非常重要,后面的部分将介绍房车制

上图:在前探险者集团(Explorer Group)工厂中,车顶、侧面和地板都已组装完毕,但后部保持打开状态,直到家具和电器安装完毕。

最左图:Auto-Trail房车组装在一个木质平台基座上,这确保了一个完全平坦的底座。

左图:预组装的通风装置连接在一起,因为有足够的空间,家电设备也易于安装。

最左图:关键组件的预制允许被复制。这个组件是驾驶室上方吊舱的内部形状。

左图:组装好的内部组件安装在底盘上后,可以使用在外面搭建的高层人行道轻松地在车顶上进行操作。

造商首选的密封胶类型。在整个结构中使用不锈钢螺钉会很有帮助，但是一些制造商会使用更便宜的标准钢螺钉，但不可避免的是，这种钢螺钉很快就会生锈，并且不断变形的螺纹很快就失去了将部件牢牢固定到位的能力。有一种柔韧的密封胶可以防止这种情况发生，但是随着时间的推移，它会变干、破裂并失效。当破裂的干燥密封胶碎片脱落时，雨水就会顺着裂缝流进来。

Alu-Tech系统

Bailey of Bristol公司开发了Alu-Tech系统，并首次应用于2009年推出的新型旅游房车。以这种方式建造的产品可以获得了10年的防水保修支持，这表明该公司对这种建造形式的信心。当该公司在2010年开发出第一批客车结构的房车原型车时，使用Alu-Tech系统就并不会让人感到奇怪了。

Alu-Tech系统使用如下图所示的夹紧装置，而不是使用螺钉、装饰件和密封胶将面板连接在一起。

在采用Alu-Tech系统的外壳上，只使用大约20个螺钉固定点，而不是根据房车的大小达到250个。在未来几年内，Bailey的Alu-Tech系统在房车大众化背景下的重要性将日益明显。

装饰模制件

不论车厢主体的构造方式如何，通常都会有额外的小型模制件由塑料材料制成，例如ABS或GRP。这些可用于尾灯外壳、车轮挡泥板、低于地板的低水平整流罩、小型外部储物柜盖以及升降车顶前面的扰流板。

ABS和GRP通常都可以修复，但产品和工艺不同。虽然许多维修人员知道如何修补GRP模制件，但似乎很少有人试图修复ABS模制件。关于如何进行修复的指导将在稍后介绍，但在开始之前，您需要能够识别这两种类型的塑料。

密封胶和胶粘剂

在炎热的条件下，不同材料的膨胀程度不同，在寒冷的条件下，它们又以不同的速度收缩。与此相伴的是，当在恶劣的路面上行驶时，车厢受到严重的机械应力。当不同材料紧密配合在一起时，这种现象变得很明显；由于温度变化或受力不均，不同材料之间的间隙可能会打开或关闭。当发生这种情况时，房车车身的防风雨的效果会变差。

如前所述，随着房车越来越旧，许多车身开始有裂缝。尽管厢式货车改装成房车后不太可能产生裂缝，但如果某些配件安装不当，也可能会出现问题。只要允许弯曲而不会损失黏合力，密封剂的应用有助于填补这些裂缝。

有几种类型的密封产品可供选择，并根据其预期功能进行分类。例如，一些被描述为"非固化密封胶"，而另一些被称为

右图：这个提供给经销商的模型显示了如何使用钢板和螺纹接头将三个面板紧密对齐。

最右图：粉末涂层的铝制连接件设计用于将面板固定到位，有些还用于遮阳棚附接的沟槽。

右图：专用塑料接头用于Alu-Tech 通道的耦合长度；其他部分采用柔和的曲线状物制作。

最右图：将绝缘材料插入Alu-Tech 部分以减少热量损失，完成的外壳可实现高水平的热效率。

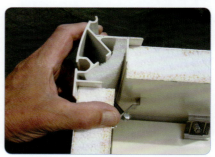

第 3 章 车身结构、维护和修理

辨别 ABS 和 GRP

GRP 通常被称为"玻璃钢或玻璃纤维"。一些 GRP 是自身着色的，因为它含有颜料，其他 GRP 模制件是后来才涂的颜料。

ABS 是丙烯腈-丁二烯-苯乙烯的简称。

丙烯酸树脂 ABS 具有丙烯酸表面涂层，使其具有高光泽度。

用于模制车身板的这些独特类型的塑料易于识别。GRP 模制件的背面通常是粗糙的，您通常可以在其层压结构中看到用作增强黏合剂的玻璃丝束。相比之下，ABS 模制件尽管具有纹理外表面，但其表面是光滑的，通常用于车辆保险杠。亚克力 ABS 在两面均有光泽，通常用于竞赛摩托车上的整流罩、车辆颜色搭配的车身保险杠，或车身面板（如一些车型上的尾翼）。

GRP 和 ABS 破裂或分裂后都可以修复，但所需的化学品非常不同。这就是为什么您需要非常清楚哪些材料已用于受损组件。否则，即便修复程序有很多共同之处，但也容易出错。虽然许多车身专家熟悉 GRP 修复，但很多人不太愿意修复损坏的 ABS 面板，反而更愿更换整个面板，因为修复成本可能非常昂贵。

左上图：车身尾部由 GRP 材料制成，易于维修。

上图：轮拱的两个表面非常光滑，表明它由 ABS 材料制成。

"黏合密封胶"。后一种类型可能需要长达 24 小时才能完全固化，但此后的黏合特性是显著的。事实上，有些黏合密封胶也能够将不同的材料黏合在一起，效果很好。当将风窗玻璃安装在车辆上时，可以证明这一点。使用特制的黑色黏合密封胶将玻璃黏合到其周围的金属上。然而，黏合密封胶通常需要几个小时来进行正确配置，这就是为什么在路边更换的频率远低于以往。

黏合密封胶的卓越黏合效果为房车建造者和修理工提供了巨大的好处。例如，在 GRP 驾驶室上方构造中，如车厢车顶的前部，通常使用黏合密封胶而不是螺钉那样的固定件连接到驾驶室的钢制顶部。这类产品唯一的问题是它的耐用性。由于粘接非常有效，以至于去除使用黏合密封胶固定的配件或面板可能是一项艰巨的任务。

密封胶可用于执行各种不同的工作，下一页的表格提供了可能用到的产品类型和操作指导。

对于房车的外部工作，通常不会像室内使用有机硅类型产品，如密封洗脸池的后部。相比之下，外部垫层密封胶将用于安装诸如车顶通风设备之类的附件的工作。这包括多年来保持其黏性和柔韧性的非固化的丁基橡胶基密封胶。垫层密封胶（通常称为"胶泥"）的优点是，即使不同材料的膨胀和收缩速率不同，也能让它们之间保持紧密对齐。

然后自建安装人员有了制作决策。一种选择是使用以筒装形式出售的垫层密封胶，并且经常由专业维修人员通过令人羡慕的技能进行使用。另一种选择是使用以带状形式出售的丁基垫层密封胶。带状产品的优点在于，它在使用时可确保厚度一致，如果将它放置在某个部件的边缘或一定长度的铝制装饰条上，这将特别有用。

色带密封胶通常易于涂抹，但某些产品与 W4 配件销售的色带密封胶不同，如果稍微不准确，可以轻松切割、揭起和重新密封。其他如 Caraseal 303 更黏，并具有更大的"抓取"特性。Caraseal 303 是一种很好的密封胶，但是如果您试图将其移除或进行调整，这种类型的黏性色带不太可能重复使用。无论哪种方式，如果您需要在边缘处插入一些螺钉以实现机械固定，请在密封胶带上制作小的穿孔，否则当螺钉插入并拧紧时，它们很可能会在轴周围缠绕密封胶。

左图：安装这个 Remi 车顶窗时，在基座周围涂上带状密封胶。

41

类型	示例	可使用的地方	可使用的方式	可购买的地方
硅酮密封胶	道康宁785卫生型乙酰防霉硅酮密封胶	密封卫生洁具，如淋浴盆、洗手盆和无孔表面	适合标准自用点胶枪的筒装式	建材商店
垫层密封胶	Carafax Caraseal IDL 99型非干燥垫层密封胶	可安装外部配件，如通风设备、遮阳棚导轨和装饰条	适合标准自用点胶枪的筒装式	房车配件商店
带状垫层密封胶	W4胶泥密封条	用于房车配件的密封和重新铺设	以5米（约）卷出售，带有粘贴衬纸	房车配件商店
黏合密封胶	Sikaflex-512房车型，技术黏合密封胶系统	用于在不同材料之间产生永久性黏合，以获得高水平的黏附性和防水性	适合标准自用点胶枪的筒装式	汽车专营店和精选房车配件供应店

硅酮密封胶有多种颜色可供选择，主要用于密封卫生洁具，如淋浴盆或洗手盆。

非干燥的垫层密封胶用于防风雨的部件，这些部件将来有可能从车身上移除。

以带状形式出售的非固化密封胶有时比类似筒装式点胶枪这样的产品更容易定位。

Sikaflex-512房车型密封胶用于密封灯具，但其黏合性能也可用于粘接车身面板。

诸如Sikaflex-252或Sikaflex-512房车等黏合密封胶并未在许多家用自建商店中销售。但是，筒装的密封胶可从房车配件商店和邮购订单供应商，如Caravan Accessories Kenilworth（CAK）那里购买。由于要求相邻的表面应无污染，因此Sikaflex还提供预备清洁剂，而洗手液也是必需品。

在房车行业中销售的Sikaflex产品为黑色或白色。如果不小心将这些密封胶弄到手上，黑色版本的密封胶会到处留下痕迹。其制造商还强调，相邻材料之间的间隙至少需要4毫米厚。换句话说，如果你手抖或拧紧接头，使密封胶渗出来并留下小于4毫米的间隙，粘接强度将大大降低。

请注意，黏合密封胶需要一些时间才能完全固化。因此，您需要将安装在垂直表面上的产品暂时固定到位，可以使用胶带或临时螺钉。实际上，尽管大多数黏合密封胶需要大约24小时才能完全固化，轻型部件很少在安装后1小时内移动位置。

虽然像Sikaflex-512房车型这样的产品主要是由于其黏合胶的优点而被使用，但请注意，可以使用"小珠子"来实现已经安装在非固定胶泥上的部件的防风雨功能。

材料概要

制造商采用不同的建造方式，选择不同的材料，导致了车身改装的差异很大。房车车身可能有涂漆钢板体、GRP模制件、ABS塑料模制件、预涂光滑面铝包层、纹理面铝包层或有色（预着色）GRP薄板层。当考虑塑料通风设备、模制保险杠、丙烯酸窗户和驾驶室风窗玻璃时，材料的多样性就显得更加明显。这在购买清洁产品时特别重要。毫无疑问，清洁一辆房车肯定比清洁一辆普通轿车更重要。

清洁和维护

大多数车主喜欢让他们的房车保持清洁。这有助于保护房车，当房车被出售时也很有帮助。但是，您必须使用正确的清洁产品。

右图：在一段时间内，未固化的密封胶经常渗出装置；但是，当使用 Sikaflex 黏合密封胶时，请将其厚度保持在 4 毫米以上。

第 3 章　车身结构、维护和修理

清洁产品

毫不奇怪，一些专有的汽车清洁产品也可用于房车。无论你开什么车，轮胎修整处理和塑料保险杠清洁剂都是一样的。但是，如果在某些房车组件上使用这些清洁化学品，就会对房车产生严重的破坏性影响。例如，甲基化酒精已作为风窗玻璃清洗器储存器中的添加剂使用多年。甲基是一种很好的汽车玻璃清洁剂，在冬天，如果甲基化酒精与水混合，汽车清洗剂就不容易冻结。然而，可悲的是，一些汽车驾驶人也在他们的丙烯酸塑料窗上使用了含甲基的清洗剂。最初它产生的光泽令人印象深刻，但几周后车窗上会出现了细小的像发丝一样的裂缝。这个问题没有办法解决，而更换一套窗户需要耗费大量的成本。

制造汽车清洁产品的化学工厂意识到，房车是使用功能强大的不同材料制造的，这给汽车清洁产品的制造带来了艰难的挑战。不可否认，一些一般用途的清洁方法效果出非常好，但是不可能生产出能够处理所有材料的全效清洁剂。您将始终需要将一些额外的材料做特定处理，例如橡胶调节剂，保险杠清洁产品和焦油去除剂。

事实上，一些清洁产品公司最近的研发成果已经满足了房车车主的特殊需求。例如，Farécla，一个成熟的游船产品供应商，现在营销"房车之光"（Caravan Pride）。这种化合物配方用于去除丙烯酸窗户的划痕，然后恢复它们的光泽。该公司还销售GRP表面翻新机，以恢复暗淡褪色的车身面板。此外，Farécla最近接管了从德国进口的

左图：这个滑动式车顶窗采用非固化密封胶，但为了增强其防风雨性能，在边缘附加了一层薄薄的Sikaflex-512 房车型用胶。

卫生间清洁剂

一种特殊的清洁产品，原名为Thetford浴室清洁剂，于2004年作为Thetford塑料清洁剂重新推出。专门用于清洁浴室和卫生间组件，包括橡胶密封圈和开启叶片。

Mer汽车清洁产品的英国分销渠道。

然后是像Fenwick这样的房车产品众所周知的老牌公司，以及来自CarPlan的特定颜色的保险杠和修复套件，CarPlan是历史悠久的T-Cut产品的制造商。轻型商用车上的保险杠很大，如果修复后的颜色不统一则会令人不愉快。

Arnchem公司还提供一系列的房车清洁产品及使用方法，可以专业清洁您的房车，以减少您的麻烦。许多户外汽车展都提供Arnchem代客泊车服务，让参观者

最左图：虽然甲基化酒精有时用于清洁风窗玻璃，但永远不要让它接触到房车的丙烯酸窗户。

左图：虽然Auto Glym 生产的房车清洁剂可用于擦拭很多组件表面，但您仍需要额外的产品来处理轮胎等。

右图：不加选择地使用高压水枪会损坏房车上的部件，例如不要直接指向冰箱通风口。

最右图：专业抛光工具可以低速运行以防止积聚热量。普通自用抛光工具的钻头速度太快，有时会造成部件损坏。

可以在参加活动的同时清洁车辆。

毫无疑问，还有许多其他好的清洁产品可以考虑。但是，如何知道一个房车使用什么样的清洁产品？然而，对清洁化合物进行严格的检测并不容易，并且在许多情况下，车主只能通过他人推荐和自身经验来发现哪些产品适合自己的房车。易于使用的特性通常会影响车主的选择，价格也会起到一定的作用。不要忘记，我们正在处理的是化学品，因此要避免将不同的产品混合在一起，否则可能会发生意外，例如前面提到的甲基化酒精问题。

清洁技术

本指南遵循车辆代客公司提供的建议，并包含完整的清洁制度。不过，代客培训课程只提供给在各种环境中使用各种工具和设备的专业操作人员。房车车主通常在家中或停车场中清洁车辆。

高压水枪和抛光机

高压水枪和抛光机在经验丰富的专业人员手中可以成为清洁房车的有用工具，尤其是对于大型房车。然而，在未经训练的人的手中，高压水枪可以破坏干燥密封胶，砸碎塑料徽标，通过其通风口损坏冰箱的操作系统，并引起其他意外问题。很多情况下，在首次使用高压清洗机后不久，房车会出现意外的潮湿现象。当然，这可能是巧合，但毫无疑问，水射流的绝对力量可以损坏密封胶，特别是当它开始失去黏性时。

请注意低速专业抛光工具和一般自用抛光工具之间的区别。如果钻头速度太快，积聚的热量很快就会导致部件损坏。但在许多情况下，使用抛光工具是让车身外部具有光泽的最佳方式。

手动工具和配件

有几种产品使清洁房车的工作变得更容易和更有效，例如水桶、海绵、皮革和梯子没有任何问题，但这里有一些让事情变得简单的物品。

去除污渍

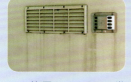

使用 Auto Glym 发动机清洁剂可以有效地直接清除在通风设备、车门和类似附件下污染车身的黑色碳滴。这是一种多功能产品，除了可以清洁发动机外，还可以清除轮胎上的油脂，清洁塑料盖、变色的通风口、燃料污渍（特别是柴油）、排气痕迹、车门、烤箱，甚至是在炖锅外部的污渍。

安装在伸缩式合金杆上的软刷在大多数房车展中有出售，在清洁大型房车时非常有用。

在配件商店出售的车轮清洁刷，用于处理复杂的轮辋，而且它们的刚硬刷毛不易变形。

装饰店出售的曲柄刷用于清洁散热器的后部，但它在清洁房车时也非常有用。

多年来，窗户清洁工使用刮刀来清除表面的水迹。这款由 Auto Glym 出售的超级灵活的版本也可用于一般轿车。

麂皮仿制料的性能现在大大改善。微型纤维布也变得流行。

清洁布不得含有棉绒；使用 100% 纯棉布，以便清除磨料表面的斑点。

第3章 车身结构、维护和修理

清洁程序

在一个完整的代客操作中，清洁程序是从非常脏的地方开始，然后转向更精细的地方并完成操作。这里的程序描述了一个完整的时间表，尽管你不太可能在每次清洁操作中都按这样的过程来做。

代客公司推荐以下工作顺序：
1) 发动机。
2) 车轮/轮胎。
3) 车门。
4) 车身洗涤剂。
5) 内部清洁。
6) 焦油斑点。
7) 车身抛光。
8) 风窗玻璃/丙烯酸窗户。
9) 完成包括轮胎修整在内的工作。

左图：使用通用清洁剂后，应使用软刷或海绵搅拌产品，然后用清水冲洗干净。

1. 发动机

如果您想保持发动机及其内部清洁，请先解决此问题。请注意发动机清洁剂附带的说明，并记住将塑料袋系在关键电器件上，包括电子警报器。对于大多数产品来说，发动机应保持冷却并关闭的状态。该程序包括使用清洁剂，用刷子搅拌，然后用清水轻轻地、有条理地清洗它。专业人员会使用高压水枪，但没有经验的车主使用带有缓慢水流的一般软管更明智。

2. 车轮/轮胎

确保它们处于冷态，因为热的制动盘与一些清洁化学品会产生反应。大多数清洁剂应及时清除，不允许自然干燥，因此最好一次清洁完一个车轮。清洁完轮辋或轮盖后，也要清洁轮胎。应该去除润滑脂，一些发动机清洁剂适合这种情况。用刷子和软管搅拌清洁剂。但是，在清洁操作结束之前，要使用轮胎翻新处理方法。

3. 车门

应该在车门和轮拱上使用除油器，发动机清洁剂在这里也是有效的。

4. 车身洗涤剂

使用专门设计的产品，如Auto Glym房车清洁剂或洗涤剂。对于真正顽固的污渍、斑纹、藻痕或鸟粪，一些发动机清洁剂能够在不造成损害的情况下清除这些痕迹。根据用户说明检查产品的适用性，通常这种类型的清洁剂应用于变色区域，用曲柄刷搅拌，然后用水冲洗掉。另一方面，如果您决定使用洗涤剂，请记得冲洗干净，但不要使用高压水枪。这将"反弹"使用洗涤剂后留下的调理膜。温和地冲洗金属面板可以使一些化学成分在表面产生静电结合，从而提供最好的保护作用。

5. 内部清洁

现在开始内部清洁工作。一些制造商销售适用于处理坐垫面料和车辆座椅的清洁产品。当然，首先在小型检测区域试用产品总是明智的。通常情况下，不要进行擦洗，特别是在丝绒等面料上。使用具有中等强度刷毛的尼龙刷进行点画动作会更好。当用干净、潮湿的白色棉布擦拭表面时，清除掉的污垢会令人惊讶。最好在温暖的天气进行室内装潢清洁，以便在室外干燥垫子。您可能还需要打开许多窗户，因为在密闭空间中工作有可能会感觉不适。

6. 焦油斑点

再次开始外部工作，在开始抛光工作之前，应从车身上除去焦油斑点。几种专用产品专门用于处理焦油沉积物。

7. 车身抛光

车身处理方法的选择取决于材料。如果你的房车是用铝板包覆的，比如灰泥或凹凸状表面处理，那么单独进行清洁处理是明智之举。铝板上使用的一些涂料可以用抛光剂清除，因此能对洗涤剂留下的光泽感到满意最好。

然而，在涂漆钢、丙烯酸树脂ABS和GRP材质上，良好的抛光涂层将提供可能持续六个月或更长时间的保护性涂层。在进行处理时请注意产品说明，注意不要使用黑色塑料部件，如房车的门把手和保险杠。这些应该在之后使用专用清洁剂进行清洁工作。

45

右图：除了清洁塑料窗口表面外，建议您对橡胶密封件进行专业处理，以防止它们粘连。

最右图：大多数清洁产品系列包括凝胶型产品，适用于黑色塑料部件。通常用小块海绵轻轻地擦拭。

右图：最后使用轮胎修整产品完成这项工作。像图中这样喷涂，沿着轮胎向下流动，然后它失去了它的白色。

最右图：死虫通常积聚在风窗玻璃上方"难以接触"区域。现在使用一些产品可以很容易清除它们。

8.风窗玻璃/丙烯酸窗户

请记住，丙烯酸窗户容易划伤，在某些情况下，配制用于风窗玻璃或驾驶室侧窗户的产品可能不适合在塑料装置上使用。虽然有很多产品可用于清洁安全玻璃，但很难找到用于房车丙烯酸窗户的产品。然而，Seitz销售丙烯酸玻璃清洁剂，保证不会引起张力裂缝，并由Dometic提供给房车配件商店。另一种可用于干净无尘窗户的产品是Auto Glym的"快速玻璃"（Fast Glass）产品。必须用其特殊容器喷洒到窗户上，可以用纸巾擦拭窗户表面，并用另一张纸巾再次快速地擦拭。

9.完成包括轮胎修整在内的工作

现在要解决整理工作，例如塑料处理的应用。有几种产品用于处理黑色配件，保险杠处理方法通常可用于恢复门把手或镜子的黑色外壳上的光泽。

最后，轮胎修整处理方法的应用完成了代客泊车的服务工作。请注意，橡胶基轮胎涂料现在不太受欢迎。Auto Glym的"即时轮胎敷料"（Instant Tyre Dressing）等产品要好得多，只要您按照应用说明操作即可。当这种轮胎护理剂喷涂到橡胶上时会形成白色条纹，最初看起来很不舒服，此时不要碰到轮胎。将敷料干燥10~15min之后，效果最佳。乳白色条纹慢慢会消失，轮胎看起来像新的一样。

注意：房车车主的一项令人不快的任务是清除被压扁的苍蝇和其他在空中到处飞却不小心撞在风窗玻璃上方的昆虫。这些东西在浅色车辆上看起来很明显，而且难以清除。最近推出了名为"Fly"和"Insect Remover"的喷涂产品，并且安装在杆上的软刷可以摇动清洗掉这些污物。

车身密封

传统的清洁技术可以产生极好的效果，但是针对大型喷气式飞机、铁路车厢或大型发动机，任何人都希望找到一种替代的清洁策略。这就是开发面板密封产品的原因，A-Glaze是在英国销售的产品。

像A-Glaze这样的油漆密封产品已被用于包括英国航空公司机队在内的大型飞机上。阿斯顿·马丁、保时捷或法拉利等汽车的购买者也可选择类似的处理方式，因此这些产品很有销路，A-Glaze将油漆密封套件出售给房车车主。本产品可由车主自己使用。类似的产品可从Paintseal Direct获得，但只有公司员工可以申请。

请记住，这些处理方式既不是抛光剂，也不是清洁化合物。它们有一个更好的描述——油漆保护系统，在有色GRP上也能发挥作用。这是一种自制的GRP材质，而不是一种已涂漆的GRP。当使用表面密封胶时，它可以保护车身免受环境危害，如酸雨、鸟粪、氧化引起的表面光泽的褪色和磨损。

如果你拥有一辆大型房车，最开始的处理工作可能需要一整天，但一旦表面已经做过清洁和涂层，处理效果可以持续

第 3 章 车身结构、维护和修理

最左图：难以触及的区域可以使用 A-Glaze 产品在伸缩式平板拖把的帮助下进行处理。
左图：雾化器喷出的水雾有助于 A-Glaze 密封胶在涂抹过程中扩散。

数年。所需要的只是偶尔的洗涤，即使是淋雨也有自我清洁的效果。最初持怀疑态度，当第一次应用于旧车时，它们的效果可能不那么令人印象深刻，但经验表明，密封胶毫无疑问会符合要求。

与传统的抛光剂相比，这些护理品价格昂贵，但其效果可能令人非常满意，特别是如果您在冬季将车辆停放在树木附近，绿色沉积物和黑色条纹不像通常在未密封的表面上那样坚固，这些护理品的清洁护理功效非常好。

A-Glaze声称实现了其应用目标，即采用凹陷铝板、普通铝、GRP板、GRP或ABS模制件制成的百叶窗。

第一项任务是彻底清洗车辆，然后用A-Prep表面清洁剂处理所有金属表面和光滑的塑料模制件。但是，不得对塑料保险杠和门把手等纹理饰面进行处理清洗。使用清洁剂是"硬移除"阶段，因为必须除去所有污迹、黑色条纹和清洁蜡的残余物。然后，房车看起来令人印象深刻，但需要A-Glaze密封胶的所有重要涂层才能实现长期保护。

密封胶装在一个令人惊讶的小容器中，因为它必须非常谨慎地使用干净的软布，以画圈的方式擦拭。然而，在车顶等大面积区域，A-Glaze通常使用伸缩式平板拖把进行清洁，如左上图所示。

一旦车辆涂上了密封胶，就可以使用干净的湿抹布擦拭所有表面。在较大的面板上，雾化器（在花园中心出售）可以喷出雾水；这使得未固化的密封胶能够在表面上流动。最后，使用柔软干燥的抛光布覆盖所有物品，擦拭出令人愉悦的光泽。

在接下来的几个月里，只需要快速清洗即可重新产生光泽，而且产品在18个月或更长时间内保持其有效性并不罕见。当车身最终失去其光泽表面时，表明空气沉积物在表面上沉积留下了一层薄膜。

但是，可以使用A-Glaze套件中包含的洗涤剂将其除去。该操作包括：①软管向下；②非发泡洗涤剂的应用；③冲洗；④皮革脱落。这项操作不应该花费很长时

密封服务

A-Glaze的产品以车主自己应用的形式出售，而名为"Paintseal Direct"的专业公司现在为房车车主提供专业的车身面板处理服务。

该公司可以通过经销商或个人得到新车型和二手车型。该过程也包括室内装潢处理，车内外完成的工作有五年的保障。

温馨提示：窗口划痕清除

- 在丙烯酸窗户上使用干湿纸时，在最终抛光之前不要使用打圆方式，而用直线式擦拭，一个方向上6~8次，然后是直角方向用相同的次数。如果你看到一个新的划痕，这种技术可以让你识别是哪一种砂纸造成了新的痕迹。没有必要只在原始划痕上进行清除工作。
- 如果开始用1200级别的干湿纸去除划痕，请继续使用1500级别的，这样更精细。如果这样太精细，请尝试1000级别的或800级别的。
- 请务必经常更换纸张，否则会对表面造成新的损伤。

- 如果机器与泡沫拖把一起使用，水是至关重要的，并具有以下四种功能：
1）它使清洁化合物远离拖把的深孔。
2）它使丙烯酸窗户表面保持凉爽。
3）它起到润滑剂的作用。
4）它延长了拖把的寿命。
- 无论是手动还是通过机器清除划痕，都应使用干净的抹布，并采用打圆方式抛光表面。

47

去除丙烯酸窗户上的划痕

1 通常从安装在小块上的1200级别的干湿纸开始去除深度划痕。用水充当润滑剂。

2 使用由100%棉布制成的湿编织布。花园喷雾瓶可喷于抹布上保持其湿润。

3 在整个抹布表面上涂抹除垢剂,并务必仔细地从喷雾瓶中将新鲜的水雾重新涂抹在抹布表面上。

4 机器更快,但请确保您只使用特制的抛光机。这比配有拖把附件的钻头旋转要慢得多。

间,如果它有所帮助,可以分两部分清洗房车。可以说,使用密封产品是使房车保持焕然一新状态的一种非常不同的方式。另一方面,对于像全纹理式的黑色塑料门把手和保险杠这样的部件,密封产品并没有什么作用。要在这些部件上保留深色缎面,您仍然需要使用传统的塑料处理产品。

复原丙烯酸窗户

即便是最谨慎的驾驶人也会有不得不靠近树篱的时候,例如在窄巷时,为了避让迎面而来的车辆而不得不靠边,那时荆棘很可能会在丙烯酸窗户上留下深深的划痕。

窗户制造商的说明书清楚地表明,清洁丙烯酸窗格时不应使用磨料。然而,这种情况需要的不仅仅是清洁,为了消除深度划痕,您肯定需要研磨纸和特殊的化合物。Seitz和Farécla均提供去除深度划痕的产品。

例如,来自Farécla的"房车之光"(Caravan Pride)刮除剂是一种优质的摩擦化合物,可以使用慢速旋转抛光机或手动涂抹。为了进行翻新工作,不需要移除窗户,尽管使用已经拆卸并转移到工作台上的单元显示了相应的顺序。可以说,最初叫作"轮船之光"(Boat Pride)的产品已经在船窗上成功地使用了很多年,而在房车的效果同样令人印象深刻。

更换丙烯酸窗户

如果需要更换丙烯酸窗户,通常这是一个简单的操作。有时最令人沮丧的是要等待数周才能更换替代品。

虽然一些双层玻璃丙烯酸板安装在一个框架中(如Seitz S4组件的例子),但其他的没有框架,并且需要使用固定条进行固定悬挂在顶部或将其安装在作为连接点的孔中。无论哪种方式,第一项任务是移除用螺钉固定的支撑杆,可能还需要拆下保持固定的锁扣,使装置能够自由地打开和关闭,同时使铰接保持在顶部。当面板向上移动到极限时,会发现它可以脱离其轨道路线。对于一些窗户组件来说,如果不这样做,只需将它们滑动到铰链导轨的一侧即可拿下来。但是,在完成该操作之前,必须拧下并移除导轨上的固定限位挡块。

如果你的房车很旧了,更换窗户可能会成为一项不可能完成的任务。幸运的是,一家名为EECO的制造商可以通过网络订购,为您制作所需尺寸、形状和色调的窗户复制品。即使在夏季高峰期,也可以在四周内将制作的产品快递给您。客户所要做的就是向EECO发送原始材料,如塑料窗格或其残余物,以便在制作复制品之前识别出正确的色调和规格。在《房车改装快速入门》一书中给出了厢式货车和客车改装房车的切割孔以及窗户的安装。

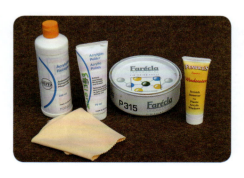

右图:几家制造商提供抛光丙烯酸窗户划痕的处理方法,包括Seitz(现在是Dometic的一部分)、Fenwick和Farécla。

第 3 章　车身结构、维护和修理

最左图：在移除窗户玻璃之前，必须断开并移除其固定支撑和锁扣。

左图：当 Seitz S4 窗口朝向其最大打开位置升起时，塑料窗格可以从其轨道上拆下。

渗漏和潮湿问题

在本章的前面部分，详细描述了进水问题。密封胶劣化被认为是雨水渗进车体结构的众多原因之一，但也存在其他弱点。即使是灯具等组件也会进水，特别是如果橡胶垫圈失去弹性。此外，还有一个众所周知的单壳体车身制造问题，雨水会透过矩形窗框角的斜面接缝渗入。早期的描述提到了传统的车身外壳，并将其与现在使用预制黏合板制造的车型进行了对比。从逻辑上讲，似乎用预制黏合板构造的车壁不会像传统制造的非黏合部分那样发生渗漏。但实际并非如此。无论材料是否黏合，雨水都会渗透到核心部件中使用的绝缘泡沫。更重要的是，在内壁层有明显的潮湿迹象之前，你可能发现不了这些变质情况。

防患于未然，车主应该让经销商每年进行一次湿度检测。如果外部封套中存在薄弱点，则需要提前进行修复。修复过晚的后果在附图中清楚地显示出来。如果您准备进行湿度检测，请确保所有储物柜都已清空。所有准备参加房车工程城市行业协会考试的学员现在都被教导打开所有内部储物柜并让它们保持打开状态，以便使整个车辆的室内温度稳定。

然后使用检查仪器，一些仪器会发出电流，可以检测水分区域。通常这些仪器具有尖锐的金属探针，将其轻轻压入生活区域的内壁和天花板层。如果使用不当，探针可能会在内部胶合板上留下微小的针孔。为了不留痕迹，可以使用射频湿度计进行检测。

一些针对自建爱好者的商店提供价格低廉的湿度检测仪，但可能不像专业的湿度检测仪那样精确。例如，一些便宜的产品使用红色、琥珀色和绿色指示灯来显示潮湿程度，但是这太模糊了。专业设备一般会以百分比来表示潮湿程度。

必须正确使用检测仪，并且主管检查员将不断寻找错误的读数。导致信息错误的一个原因是，一些房车厢将金属板放置

左图：每年进行一次湿度检测，确保可以避免严重损坏。

最左图：这个射频湿度计在读数时不留痕迹。

左图：在开始检测之前，应打开所有储物柜并保持一段时间，以便使房车内温度稳定。

49

房车手册

右图：服务专业实习生将探针推到橡胶窗周围，尽可能少留下表面痕迹。

最右图：这个射频湿度计用于窗户周围的开口处，这样就可以在每个孔周围读取十几个读数。

技术贴

湿度检测仪配有电池。它们通常具有两个探针，将这些探针置于提供房车内部的关键点处，特别是在窗户周围，在遮阳棚轨道附近靠近光束的地方等。如果检查区域存在问题，则小电流将通过阻尼部分从一个探针流到另一个探针。

下图：这个螺钉已经生锈，这意味着雨水会渗透到这里。

在夹层中，用于连接橱柜、安全带安装件和其他部件。如果这些是镀锌钢板，则通常会导致读数不准确。类似地，有时还会出现冷凝现象，特别是如果最近使用过房车车厢，这也会产生误导性的信息。

通常读取数据的地方有40~50个，例如车窗、门和车顶灯的周边。它也被用于检测墙壁和天花板之间的交界处。这些检查点记录在设计图纸中，并且应在完成测试操作时将其副本提供给客户。如果您打算在不久的将来出售您的房车，由测试人员正式注明日期并签名的检测证明会很有帮助。

检测完成后，测试人员必须解释检查结果。由于木材具有天然水分含量，因此在湿度测试仪上的预期零读数是错误的。英国房车委员会向服务专家提供的建议在解释百分比读数时提供以下指导：

0~15%表示可接受的水分含量。

16%~20%表示需要进一步调查。车主应在测试后三个月左右进行重复检测。

21%~30%表示需要及早进行补救的区域。

超过30%表示房车结构可能正在发生损坏，需要紧急补救。

注意：水分污渍或霉菌这些可见现象有时可以解释百分比读数，但您不能总是依赖它。

当确定潮湿区域时，下一个任务是确定水分来自哪里，这并不总是那么容易。

进水情况很严重的话，就需要立即进行重建，大多数车主会将此委托给专业公司。Leyland的Crossley公司和多塞特郡Wimborne的Autovan Services公司都有经验丰富的车身维修人员，他们承担了重大的重建工作。核准工作坊计划的大部分成员亦会具备进行破损程度性调查及大修的能力。

有些修补难度较低，一些车主自己就可以解决，比如拆除和修复装饰铝条、墙壁通风设备和车顶窗等组件。通过使用新的柔性密封剂重新固定这样的配件，可以大大提高耐候性。

在涉及铝装饰条的情况下，该工作需要移除塑料盖条，让螺钉头露出来。卸下固定铝挤压件的螺钉后，检查其中是否有生锈现象。如果螺纹形状不好，这就表明水已经通过装饰条后面悄悄渗透到这个特殊的螺钉结构中了。

如果迫切需要更换不锈钢螺钉和新的柔性密封胶，可以将所有原始孔进行密封并钻出新孔。但还有另一种方法可以考

第 3 章 车身结构、维护和修理

重新铺设遮阳棚轨道

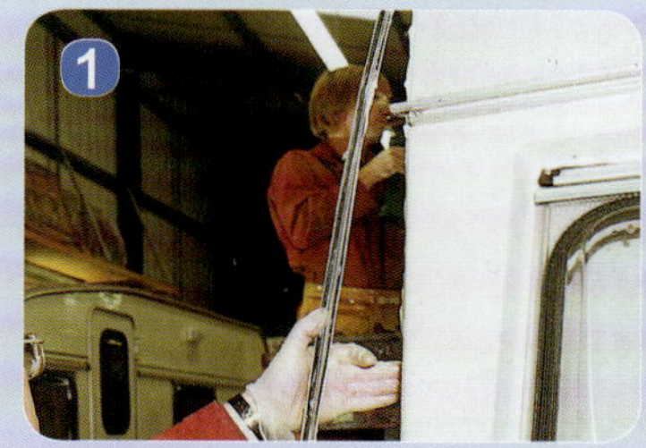

1 拧下螺钉后，将导轨整体拆下。

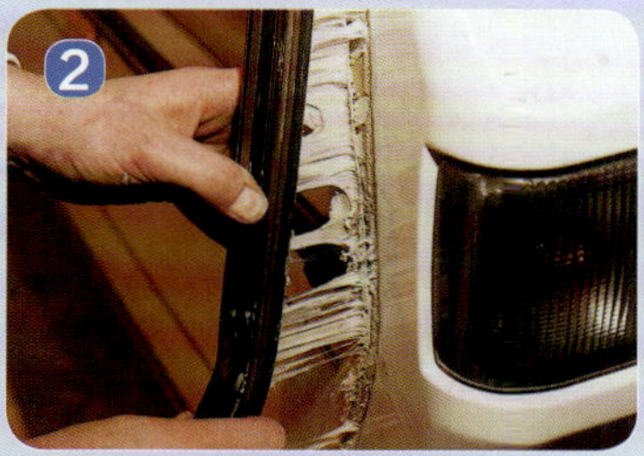

2 这里显示的胶泥仍处于相当良好的状态，但有些地方覆盖性较差。

3 用清洁剂除去旧胶泥的残留物；白酒通常是有效的。

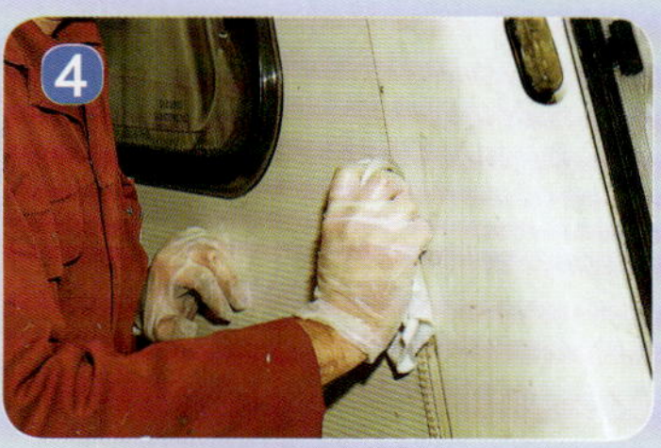

4 铝接缝也经过精心清洁。

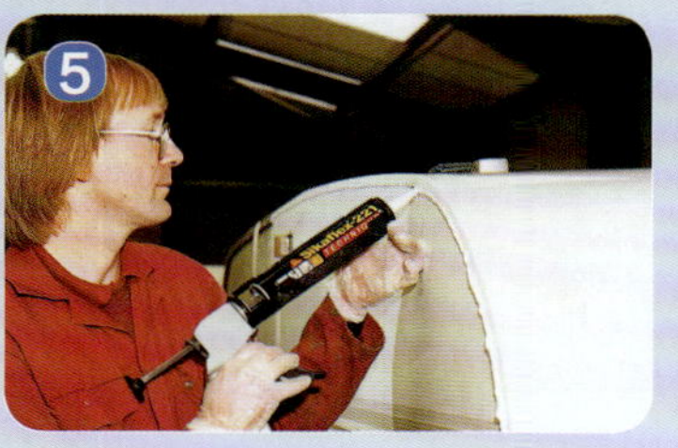

5 一旦所有残留的旧密封胶被移除，将Sikaflex-221 或 Sikaflex-512 房车密封胶围绕墙周边进行施加。遮蔽胶带可用于显示导轨的位置。

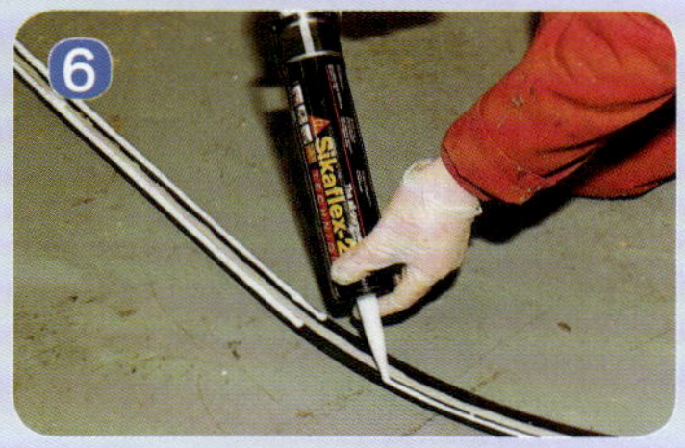

6 Sikaflex-221 或 Sikaflex-512 房车密封胶同样注入导轨背面；当密封胶固化时，可以用胶带或一些图片中所示的 Sika 螺钉提供暂时固定。

虑，也可以使用高黏合密封胶而不是使用螺钉来连接装饰条。

本章前面提到了Sikaflex黏合密封胶及其使用方法。尽管附带的图示显示了在房车上执行的程序，但是当将装饰条重新固定在房车上时，操作没有太大区别。

车身修复和替换

在解决事故损坏之前，首先需要确定需要注意的材料类型。显然，如果您正在处理客车改装车型驾驶室的钢板或更换厢式货车改装车身，那么对应程序和产品与修理汽车大致相同。

除了本章前面提到的包层材料外，房车车身制造的材料通常还有GRP、ABS或丙烯酸树脂ABS的模制件。这些材料用于小型物品（如车灯外壳）和大型物品（如车顶板）。由于修复方法不同，您的首要任务是确定损坏组件中使用的材料。

修复受损的GRP

GRP的一个显著特点是它相对容易修复。外层的表面损伤称为"胶衣"，可以通过使用新鲜的自身着色胶衣，甚至使用汽车修补体填料来补救（不过在这之后需要涂漆）。附带的照片序列显示了如何修复替换胶衣。

如果您更愿意使用自己制作的房车维修产品，请注意有两种不同的版本。

P40原子灰（贸易版U-Pol B）

这种聚酯浆料含有短切玻璃纤维束的混合物，这增加了薄弱的或受损的面板的强度。第一阶段操作可用于修复GRP中的小裂缝，从而在稍后添加精加工表面填料之前为断裂的部件提供强度。要修复GRP成型中的小裂缝，您需要从其反面着手，因此您可能需要拆下该部件。然后做以下工作：

1）用凿子或锉刀在粗糙的表面划出深的划痕。

2）在组件的光亮面上涂抹Sellotape或棕色包裹带，以保持组件稳定，并对裂缝处有所支撑。

3）用装饰刀将催化的P40原子灰混合物涂到部件的粗糙面上。

这种类型的修复产品可以在胶合板废料上制备，通过向聚酯/玻璃化合物中加入催化剂来达成目的。在温度约为16°C的情况下，混合比是P40的块状，尺寸为高尔夫球的大小，其中三个块状的

51

使用彩色胶衣修复受损的GRP表面

1. 使用钢盘或凿子从这个大型成型车身上除去损坏的、破裂的凝胶涂层的松散残余物。
2. 将损坏的组件表面切割成玻璃纤维增强垫，将聚酯浆料与催化剂（即"硬化剂"）混合并施加在上面。
3. 浆料完全固化后，用砂纸或用砂纸覆盖的手持块擦拭表面。
4. 在这次维修中，维修人员能够从房车制造商处购买一些色彩缤纷的胶衣。这避免了对受损区域进行涂漆的工作。

注意：建议佩戴防护眼镜，以防脆性胶衣的碎片会弹到您的脸上，还应该做好手部保护。

安全小贴士

- 聚酯产品易燃，会对人身安全造成伤害。
- 护肤霜可以提供保护。
- 催化剂会对人体组织造成严重损害，尤其是在接触眼睛时。
- 必须遵守产品说明中的所有安全建议。

右图：当混合P40时，一个高尔夫球大小的块状混合了三个'豌豆'大小的块状。

催化剂糊状物与豌豆一样大。

这两件物品必须在胶合板上彻底混合，许多人会使用装饰刀操作，应立即使用催化混合物，并用装饰刀将其涂到部件的反面。

可以从GRP产品供应商处以适中的价格购买丙酮清洁剂来清洁搅拌刀，也可以使用昂贵的丙酮指甲油清洁剂，这种清洁剂可从名牌箱包商家那里获得。

P38原子灰（贸易版U-Pol Extra）

这是一种填充膏，用于在GRP的受损区域重建光滑表面。它缺乏P40的强度，但是当应用于面板的外侧并且打磨后，它会产生无瑕疵的表面。

在开始修理工作之前，必须清除损坏区域的碎片和杂散玻璃束。接下来，填充物的制备方法与P40产品的制备方法大致相同，然后用装饰刀将其涂抹到位。当它固化（术语上指硬化）时，可用研磨的干湿纸擦拭填料，逐渐降低粗糙度等级。一旦表面光滑并且边缘整齐地羽化到周围区域，填料最终需要涂漆。

聚酯树脂和短切原丝毡

通常可以用制作原始GRP模制件的材料制作的产品来修复更大面积的损坏。例如，结构损坏通常必须使用聚酯树脂浸渍的短切玻璃纤维毡。然后，处理过的垫层必须用刷子刷好并用层压辊压下。有关GRP产品及其使用的进一步指导可从Trylon处获得，Trylon是您需要的材料的专业供应商。

注意：Trylon等专业供应商可提供安全指南、产品说明、用户信息以及必要的预防措施和程序。

即使原始产品用含有着色颜料的聚酯树脂模制的，GRP中的面板也可以重新涂漆。汽车涂料供应商将油漆与所需的精确色调混合，并可在气溶胶喷雾罐中提供制备的产品。但是，您还需要一种蚀刻底漆，以确保涂料黏附在GRP面板上。

第 3 章 车身结构、维护和修理

修复受损的ABS

由丙烯酸树脂ABS制成的车身部分也是可修复的，并且Gramos和Bradleys等公司开发了修理工具包。因此，当了解到许多经销商车间工作人员不熟悉维修程序时，这令人相当失望。

原本的损坏只是表面的，一些车身专家却非常希望客户更换一个全新的面板。替换车身面板可能需要六周以上时间。当塑料保险杠受损时，会出现类似的问题。当维修价格很低时，那些工作人员通常会让客户安装昂贵的更换件。当相关专家还向客户提供特殊配方的"纹理"涂料用于车辆保险杠时，这更加不可原谅。下页的插图显示了修复ABS面板时所涉及的内容。

更换完整的侧面板

有些事故需要更多的大修工作，这里展示的大型车身模型遭受过严重的冰雹灾害。这在欧洲大陆的部分地区并不罕见，这种车辆在车顶板和其中一侧都有非常大的凹痕。这是一项由距离彼得堡不远的V&G房车维修公司进行的保险维修工作。一个新的侧面板需要花费数周时间才能从德国的Hymer工厂获得，而单独的零件成本需要几千英镑。夹层板还在侧面内置钢制部分，为乘客安全带的安装提供连接点。 序列照片简要介绍了苛刻的安装工作。

追踪潮湿的来源

前面提到过雨水入口和追踪问题根源的困难。遗憾的是，内部脏污的面板通常距离漏雨点很远。当雨水进入一辆汽车的织物时，它可以在其结构内沿着曲折的路线行进，然后留下一些痕迹。装饰条、外部灯具和窗户围栏只是要检查的三个地方，还应仔细看看车顶。

如果房车车顶设计得很好，那么当车

玻璃纤维增强材料增强模塑强度，该产品被称为"Chopped strand mat"或CSM。

测量催化剂并将其加入树脂中以活化它。如果不小心溅入眼里，会造成严重伤害，因此必须佩戴护目镜。

需要一套旧秤来测量所用树脂的量；重量表示需要多少催化剂。

为了用催化树脂浸渍一层CSM，操作者使用刷子，然后使用辊子将其拉过股线。

上图：这辆房车的后部在倒车操作中被损坏了，而且挡板和后车灯都坏了。

配色漆

专业汽车涂料供应商将油漆与您需要的精确色调混合，并装在气溶胶喷雾罐销售。

左图：选择直接更换这个替换件，但是交货时间可能需要六周以上时间。

修复丙烯酸树脂ABS面板中的裂缝

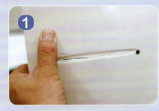

① 在分裂的末端钻孔以防止进一步的应力损坏;将受损区域加深,以便容纳修复化合物,用P80 粗砂纸打磨以达到一个修复关键点。

② 将表面清洁剂涂在受损区域,用无绒布擦拭,并晾干。然后喷涂底漆黏合剂并使其干燥30min。

③ 自粘纤维增强带被切割成适当尺寸并粘在受损面板后部。

④ 用标准密封胶枪的螺旋喷嘴将两部分黏合填料进行分配,以便混合组分。这适用于分割,在表面下方完成。

⑤ 当黏合填料完全固化时,对该区域表面的填料进行摩擦处理,使其光滑无物。

⑥ 将底漆黏合剂再次涂到表面上以准备添加最终的顶部填料。

⑦ 将填料浆料倒在面板上,并用塑料涂敷器将称量好的红色催化剂充分混合。

⑧ 使用涂抹器将填充物涂覆在受损区域上,并在侧面进行羽化。干燥后用砂纸进行摩擦处理,使其表面光滑无物。用适合这种材料的匹配蚀刻涂料,最后加入色彩缤纷的面漆。

辆停在水平地面上时,它应该产生一个平缓的坡度。这可以防止在下雨时积水。还应该有计划地排放雨水而不至于对下面的配件造成影响。坦率地说,这是常识,但满足这种简单的安排超出了一些欧洲房车建造者的能力,无论是英国还是别的国家。当笔者测试新车时,这是最先关注的领域之一,并且一些研究结果与之并列。

如果准备购买房车时,没有利用这一套步骤来检查车顶是什么样的,这非常可惜。

注意:按照国家的字母顺序,这些插图中显示的货车制造商位于法国、德国、意大利和英国。许多人都可以看到令人失望的车顶设计。

复制ABS和GRP模制件

有时,塑料模制品不再可用,如果您需要关键部件,这会产生一些问题。即使是知名制造商也停止生产,像Avondale这样的公司也不再经营。如果车主发现塑料部件无法追踪,这里有两个帮助来源。两家供应商都能够采用损坏的ABS或GRP模制件,对其进行维修,然后在车间制造模具。使用新生产的模具使供应商能够在GRP中层压复制模制件。

注意:术语"模具"是指用于生产组件的构造组件。将制成的产品称为"模制件"。

虽然本章涉及外部部件,但这里提到的两家专业公司也能够生产淋浴盆(多种形状和尺寸),洗脸盆和其他室内装饰品。有时,使用木质结构(称为"塞子")创建一个全新的物品,该木质结构是为了制造GRP模具而准备的。当然,这是一项漫长的工作,而塑料层压工作并非最先进的工艺。

然而,位于离普雷斯顿不远的一个村庄的GFL面板制造商,以及距离彼得堡几英里的一个村庄的V&G 房车制造商,为许多车主提供了迄今为止难以获得的产品。

第 3 章 车身结构、维护和修理

更换A级车型的侧面

当这辆 A 级 Hymer 房车遭遇了一场怪异的冰雹风暴后，需要花费数小时进行修理工作。

必须先拆除损坏面板上所有的外部附件，包括后门。

许多物品必须在内部分解开，包括在侧板中的乘客座椅安全带。

寄送和交付更换的面板需要数周时间，而零件的成本需要几千英镑。

车顶的好坏特征

当车辆停放在平面上时，精心设计的车顶有一个缓坡，可以作为排放雨水的出口。

该型号具有排出雨水的出口通道，但这些通道填充了密封胶并且有一个坡度。

具有讽刺意味的是，这款车型的华丽内饰赢得了多个奖项。有人怀疑评委错过了可怕的车顶设计。

准买家很少检查车顶，但这可能是泄漏的起点；密封胶在几乎全新的型号上的应用是很危险的。

55

模制件

1 从损坏的ABS塑料轮毂开始，工作人员在精心准备GRP模具。

2 一旦制造了车轮制备模具，就可以用GRP制作新的模制件。

3 当需要定制房车轮箱时，V＆G的工作人员在帘布层中创建一个模具，然后制作成品。

4 新的轮箱从胶合板的"塞子"上松开，然后将其整理好，以制作第二个轮箱。

另一家位于埃塞克斯的Elite Body Styling制造商也参加了房车户外展会，展示了GRP复制品塑料保险杠、车辆摆件和轮罩等。展台上展示的一些房车是近期的，其他房车可能是在20世纪80年代改装的。

分层

尽管预制地板和壁板具有优点，但如果绝缘泡沫与形成夹层外部的任一材料失去黏合，则会产生严重的问题。

这种情况被称为"分层"，当发生这种情况时，组件的力量会受到严重影响。在实践中，壁板很少受到分层的影响，而地板更容易出现问题。

在复合地板中，夹层的两个外层都是用胶合板制成的，并与核心部分的绝缘材料结合。作为一个关注点，三夹层的总厚度通常大于黏合壁板的厚度，并且在核心部分中还将加入更多的木肋以增加扭转强度。人和重型设备（如全尺寸炊具）的重量会产生相当大的负担。这就是为什么胶合板的上层有时会脱离泡沫绝缘层，特别是在经常使用的区域，像主入口门内和厨房水槽附近经常会发生分层。

面板黏合失效很容易被发现，常见迹象就是地板吱吱作响。有时候地板上也会有潮湿的现象，偶尔分层的胶合板部分会起泡，形成小型凸起区的问题。毋庸置疑，尽管维修工作有时候很容易进行，但是发生问题的地板需要紧急处理。

首先必须购买修理工具包，其中包含塑料注射器、木制销钉和液体形式的双包装黏合剂。这些套件的其中一个制造商是Apollo Chemicals有限公司，但该产品必须通过房车配件商店订购。另一个供应商是TGP公司。维修工作的各个方面都可以看到，包括拆除地毯或乙烯基，钻一个孔矩阵，将两部分化学品混合在可测量的可加工批次中，注入催化黏合剂，用一根长度为一定长度的钉销堵住孔，以防止黏合剂渗出，最后用砖块或像铺路砖这样的重物来固定铺在处理区域周围的帘布层。作为销钉替代品的塑料瓶盖也可从TGP获得。这并不是一项艰巨的维修工作，但一些经销商不愿意向公众出售维修包。如果一位自建爱好者在将混合化学品注入电路板核心时犯了错误，就会造成不可逆转的问题，但这似乎并没有用。

您还必须一次只混合少量的化学品，因为两种化学物质的反应发生得相当快。如果维修人员因有急事而忘记在其中一个混合物中添加重要的硬化化合物，而且不为人所知，那么化学作用将不会被激活，并且将混合流体注入地板中将不会产生任何作用。因此，您需要有条不紊地进行修复工作，让我们面对现实——地板是您最不希望修复失败的一个组件。

第 3 章 车身结构、维护和修理

修复分层地板

1. 拆除地板后,要确认邻近厨房单元的地板中的海绵状物已发生分层。

2. 用水平仪测试直边,有时会发现分层胶合板略有上升。

3. 有几种维修产品可供选择,TGP 的这两部分维修套件包括一个带有刻度标记的注射器。

4. 为了避免钻穿地板下侧的层板,可将胶带用作麻花钻上的深度指示器。

5. 在这次修理中,在一个完全覆盖地板分层部分的测量块中钻了 42 个孔。

6. 通过临时插入销钉并将其向下推,可确定在注入化学品之前需要处理多少个销钉。

7. 一次小批量混合:估量两种化学物质,以所述比例混合,然后吸入注射器中。

8. 注入黏合剂。音域区几乎没有任何东西被吸收,但是如果存在分层区域,则大量分散到空隙中。

9. 当黏合剂从孔中漏出时,敲入销钉。立刻擦掉地板上多余的东西,干燥时很难去除它们。

10. 在该区域铺一张棕色的纸,然后铺一张厚厚的板,然后在上面放一些重的砖块。

57

第 4 章　底盘、悬架、牵引支架和轮胎

目录

- 底盘改装
- 底盘维护
- 悬架系统
- 减振器
- 牵引支架
- 拖车和A形支架
- 轮胎

房车的驱动特性、乘客舒适度和所能置入的配件量取决于底盘、悬架和轮胎。在底板下方的固定装置限定了是否可以安装牵引支架，即房车拖曳杆。

很少有房车的潜在买家会去查看样车的底部。对于绝大多数人而言，他们的兴趣往往集中在车内布局，以及诸如配置、储存设施和装饰装潢的吸引力等具体方面。考虑这些特性确实相当重要，但也不可忽视房车的"车底部分"。这一概念常表现为底盘、悬架部件、制动器、轴承、车轮和轮胎等。

当你购买了一辆房车后，思考车底的重要性就会凸现出来。事实上，一些新的车主在购车大约一年后会意识到需要重新调整房车，因为在购买之前他们考虑得不周全。例如，许多新的车主自认为他们的爱车可以用于拖挂，但其实不然。对于由菲亚特Ducato车体改装的房车，如果你仔细查阅拖曳杆制造商手册上的信息，你会发现在括弧中已经注明，这一类拖曳杆仅适用于菲亚特生产的厢式货车底盘。不管怎样，这些产品都只能用于未经改装的原型车。这对带有水箱等车底装置的房车来说，是毁灭性的消息。如果改装部件都像这样把安装拖曳杆的路径封死，那么拖挂拖车的想法就只能作废。

同样是这个问题，车主对AL-KO房车配件厂商生产的Kober底盘理应相当满意。很多修理厂都能完成底盘改装工作，并且底盘能够匹配AL-KO的牵引支架，甚至是特制的滑板支架。

但是他们马上就会被泼冷水，归根到底其他配件没有一样可以装得进去。原因在于汽车制造商将包括最低配置在内的所有Kober底盘都设计成延展的车体结构。显然，这些都是用于连接AL-KO特制拖曳杆和支架的专用结构。扩展底盘的致命影响在Bessacar 2004年概念房车展上体现得最为淋漓尽致。

车体延伸出来的部分意味着增设的拖曳杆头将失去足够的连接距离。至少要除去一部分后挡板才能连接拖车。然而，拖车的连接部又被严格限制，强行组装会使拖车过于靠近车体而引起拖挂不畅。

房车不适合拖挂是一个致命性的限制因素，但销售并不会主动向顾客说明这一点。更糟糕的是，房车在改装过程中很容易超过它的最大承载量。这无疑造成了安全隐患，甚至可能引发更为极端的安全责任事故。

通常情况下，制造商对外宣称的有效

下图：这一特制的牵引支架只能适用于一些配置 AL-KO 底盘的房车。

下图：除去一部分后挡板使得连接拖车变为可能，但这个拖曳杆头没有伸出足够的长度来形成恰好的连接。

第 4 章 底盘、悬架、牵引支架和轮胎

> **技术贴**
>
> 1千克（kg）等于2.206磅（lb）；1吨等于1000千克；1英吨等于2240磅；1英吨等于984.2千克。
>
> 注：1英吨（2240磅）有时被说成1长吨；在美国，1吨等于2000磅，一些进口美国房车的消费者需要了解这一换算。

上图：SvTech 公司的专家为想要升级或降级负载质量的车主提供咨询服务。

载荷量所给到车主的自行增量远远小于车主的主观判断。当诸如自行车架、顶箱和一些大型气瓶被安装后，这一矛盾就会体现得更为明显。简单来讲，附件的配重一定要控制在有效载荷的范围内。事实上，许多房车车主常会在不经意中违反改装规范，超过了所允许的最大技术允许负载质量（MTPLM已在第2章中说明）。此外，惊人的是，几乎没有车主会用称量台检查满载量，但这一操作在目前已经变得愈发必要。交警会在路面检查中对房车进行核检。

认识到这一点，一些制造商提供载荷升级服务用于提高最大技术允许负载质量，比如从3500千克提升到3850千克。可选的最大技术允许负载质量偶尔在制造商购买的时候就被确定，例如Swift的一些KonTiki房车。同样，Auto-Trail公司使用Fiat Maxi底盘而非标准的Fiat 14号，意味着最大技术允许负载质量可以由3500千克提升到3850千克。这一升级要求额外支付1000欧元，因为用Maxi底盘的车需要配置更大的轮胎、更大的制动器和更坚固的悬架。而这些升级项目基本都是不可逆的。

在第一时间就买到心仪的房车显然是一件好事，但是如果你想要得到一些有关房车的专业性意见，Leyland Lancashine 的SvTech公司拥有在载荷升降改装方面的权威知识。

在此强调，必须要了解到，房车的实际负载质量也会受到法律限制的制约。更多相关信息请参考第2章内容。

底盘改装

在第2章中已经提及，厢式货车不再有传统意义上的底盘。就像小型乘用车一样，它的结构具有坚实的厢型截面，形成钢架部分（或称"平底锅"）。由此，下文所描述的有关底盘类型的内容并不包括对厢式货车的底盘改装。不过，后续有关悬架系统和牵引物的内容则覆盖所有类型的房车。

对于想要购买底盘加装车或A型车的消费者来说，充分了解各种类型的底盘有助于选择。底盘加装车采用基础驾驶室和附属底盘相分离的形态（详见第60页图），而A型车以底盘为主架，附加驾驶室，采取开放式底盘的结构。在这样一个开放式的底盘上，有保险杠和各种仪器，但是没有门、风窗玻璃和车顶盖。之所以如此，是因为A型车的设计师意图创建这些元素的一体化结构。

宽泛地讲，现有6种不同类型的底盘受到房车制造商使用：①轻型商用车使用

下图：Niesmann+Bischoff Flair 8000i 房车采用依维柯 Daily 底盘。

上图：轻型商用车采用的带驾驶室的标准底盘。

右上图：菲亚特的房车采用驾驶室与底盘一体技术。

右图：菲亚特制造的驾驶室和平台底盘一体车。

最右图：A型车采用的不带驾驶室的开放式底盘。

右图：连接 AL-KO Kober 底盘的菲亚特驾驶室。

下图：重型货车采用的带驾驶室的重型底盘。

的带驾驶室的标准底盘。②轻型商用车采用的带驾驶室的特制房车底盘。③轻型商用车采用的带驾驶室的平台底盘。④A型车制造商采用的不带驾驶室的底开放式底盘。⑤改装用的AL-KO Kober底盘。⑥重型货车采用的带驾驶室的重型底盘。

原始的商用车底盘

绝大多数的房车仍以一般的机动车为设计基础，底盘的实用操作功能往往大于休闲功用。因此，它的设计原理和组合悬架系统更适用于载货而非载客。

多数类型的带驾驶室底盘和含底盘罩被归类为轻型商用车底盘，各种形式已在上文中描述。只有非常大型的欧式房车使用重型货车，用来负重。依维柯和MAN房车是其中的典型代表。许多美式房车也使用类似的重型结构。

原始的轻型车底盘和重型车底盘在设计思路方面都比较单一，结合房车改造后表现出了各自的优势和劣势。

第4章 底盘、悬架、牵引支架和轮胎

优势：
1）结构坚固。
2）底盘同驾驶室和发动机构成一个整体。

劣势：
1）底盘部分已经被有涂层镀了锌的结构覆盖，可以形成更好的保护。
2）原本作为外部纵向构件的主梁极少保留，房车设计师需要设法提供对底板的支持，用来支撑活动区域。
3）结构通常略高于地面，因此需要提供梯子。
4）车体越高，转弯时房车的摆动就越剧烈。

不考虑上述因素，许多房车基于标准的商用车改装，一般都有两个纵向主架，但是没有用来支持的横向结构。如果你观察房车的底部，会看到一些底板几乎没有横梁，另一些则增设支架来分散承重。如果支撑不牢，那么不难理解，多数房车正在使用的复合底板易于变形并且加剧随时可能引发的散架问题。在Bailey房车设计阶段的冲撞实验中发现，对于没有支架支撑的底板外端，仅仅48km/h的车速就可能造成主板损坏。

这对房车设计者来说是一个亟需解决的问题。但不可思议的是，大量的房车尚未安装附属支架。

既然只有一小部分的轻型商用车会被改装成房车，汽车制造商就会认为没必要在底盘设计中融入上述思考。在2005年，菲亚特公司旧事重议并且决定推广一种专门用于房车的底盘技术。在之前的内容中有提到过一类改良版的小众产品。然而，菲亚特并非是尝试这一概念的首家企业。福特在更早几年就认识到这一房车制造的需求。

福特改良底盘设计

福特的商业部门于1994年秋在高端房车和休闲展上宣告了本品牌对房车的兴趣。这直接导致了底盘改良，以期

为在后轮驱动的活动区域提供更好的结构支持。

新产品早在20世纪90年代被Herald房车公司采用，使用了福特的主体车（这家制造商随后并入福特的研发组）。Auto-Sleepers公司同期在它的福特基础车上使用了类似的改装底盘。

为了迎合房车爱好者的需要，在中型和长型轴距车上的纵向车架被降低了75毫米。此外，这些改良包含了一个用来连接支架和侧方组件的设施，由此在整个房车内给到底板的支持将得到大幅提升。

为了进一步协助房车制造商，底盘的后部组件同样是可拆卸的，由此允许制造商延伸后部结构。有了和底盘紧密结合的延展件，活动部的后区就有了安全保障。不过，既然后部的延伸部分造成标准化的排放系统长度不够，管道就只能被改造到单边。福特改装后的后悬架也包括了

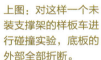

上图：对这样一个未装支撑架的样板车进行碰撞实验，底板的外部全部折断。

左图：这一底板延伸到底盘的轨道之外，但是没有辅助支架。

一个防滚销和匹配驾驶室的更高规格。总之，这些改变使福特全顺在20世纪90年代末期成为极具社会吸引力的基础车型。从那以后，彻底改变后的福特全顺，包括前驱车和在1994年投放的一体房车（现已停产）这两种类型。

菲亚特房车底盘设计

意大利产的菲亚特轻型商用车经常也带有标致和雪铁龙的车标。不过，这三种车的营销是独立而互有竞争的。不考虑车标，这些车的一个关键特征是前轮驱动，这给房车制造商带来相当大的好处，尤其体现在提供了一个可以用AL-KO Kober设计更轻的低位底盘来替代商用底盘的机会。

这一被日益推崇的尝试促进菲亚特公司在2010年前研发自主的低位轻型底盘。第60页上的图片展示了在2009年车展上，菲亚特具有更宽后轮距（980mm）、"Camper"规制轮胎、预切割驾驶室顶面和后车板的LWB "Camper"底盘。出于市场对房车的偏好，有关设备的附加选择包括自动MTA变速器、空调、特殊轮饰、彩绘前保险杠和在门镜中的集成天线。

毫无疑问，前轮驱动系统使底盘改装更容易。此外，当菲亚特公司在1994年推出安装在仪表板旁的变速杆，用来取代安装在地板上的变速杆时，菲亚特Ducato和第二代标致Boxer都成为受用户和制造商共同欢迎喜爱的基础车型。

AL-KO Kober底盘改装

另一类为房车特别设计的底盘由AL-KO Kober公司制造，这些底盘能装在许多未经打包集成的前驱车上。替用品也适用于后驱的奔驰Sprinter主体车，尽管这一改装选择主要为德国的房车制造商所考虑。

AL-KO底盘会对基础车型造成彻底改变，但是这一变更受到了像菲亚特这样的大公司的全力支持。当这些底盘在20世纪80年代第一次问世时，原先的商业底盘就开始逐渐退出市场，取而代之的是AL-KO的产品。

但这对改装来说无疑工程量过大，于是菲亚特之后着手供应背靠背式的简易底盘装置。

AL-KO的产品应用在很多车上都是成功的，包括小型巴士、移动图书馆和房车。事实是，自1979年最初开发出来，至今在世界各地已完成超过15万次底盘改装。

然而，改变不仅涉及安装一个合适的底盘，还包括安装一个与悬架系统相匹配的替代用轴承，具体情况详见后文。只有制动鼓、轴承组件和车轮被毫无变动地继续沿用。

这里的插图简要展示了AL-KO工厂在1999年开发的早期改装底盘。一些小细节没有被展现，诸如重设道路灯光系统和改变制动液压。不过，如果你在当时买了一辆AL-KO基础车型，一定不必惊奇于底

右图：菲亚特背靠背式驾驶室的问世基于了房车制造商特制的AL-KO底盘。

第 4 章　底盘、悬架、牵引支架和轮胎

用AL-KO改装产品替代原装的商用底盘

这展示了在20世纪90年代后期 AL-KO Kober 公司改装房车的过程。

❶ 依靠支撑架和操纵夹，原始底盘被从驾驶室旁锯下。

❷ 原始底盘被切断，一些零件将被二次利用，其余的则废弃不用。

❸ 驾驶室后方的连接处被清理干净，为焊接做好准备。

❹ 用标尺提高精度，在驾驶室后的底盘底桩上焊接连接头。

❺ AL-KO Kober 底盘由以热浸法构造的镀锌部件栓钉在一起而成。

❻ 涂有保护棕蜡的驾驶室连接头与新的底盘相接，并插入八个螺栓

盘和驾驶室的一体结合。

注意：当制动零件和操作设备被组装后，底盘就产生了高强度的负重。车辆此后会被投放到模拟公路上来检测，并且调整制动系统。

在2002年2月，更多的发展项目与菲亚特二代车的发布相重合。一个关键的变化是，一种针对将AL-KO底盘与驾驶室相连的组合设计被推出。另一个与此相关的改变则是，一种可以允许组装双层地板的底盘得以问世。在两层地板之间，房车制造商创造出一个容量较大的储存空间，用来存放个人设备或安装房车加热设备、水箱和类似蓄电池一样的重型物件。

许多人在冬天使用房车，并且常需要设法防止水箱冻结，因此带双层地板的房车受到广泛欢迎。其中封闭但可进入的隔间用于保障电缆运行，以及铺设燃气管道和集中供热管道。在一些车内，房车制造商把暖风出入口改造到不实用的底层，但当气温降到冰点时作用就不甚明显。

许多房车底部被设计成双层，例如Swift Gazelle F63 High，对那些户外运动爱好者具有很强的吸引力。他们需要足够大的底层空间来存装像雪橇一类的装备。重心较低也使得车的负重相当适宜驾驶。其他一些房车就不太关注双层设计，因为在活动区内的地板比起贴地的AL-KO底盘要高。这要求房车必须配置坚固的梯子。在技术层面，把所有服务管道和电缆安装在车底会使维修变得更方便。

值得注意的是，应该对AL-KO底盘属于低位底盘设计还是双层底盘设计形成准确区分。上图以及第64页的图片展示了如何安装AL-KO底盘。

更多有关AL-KO改装底盘的最新特征

① 不同于在20世纪90年代使用的连接头，这是在2002年新引进的连接支架。

② 如果低位底盘受到偏爱，那么最新的连接系统就能在高度方面实现较大程度的减少。

③ 如果要求留有一部分车底以下的空间，那么这一底盘设计能使制造商建造匹配需求的带双层车底的房车。

④ AL-KO底盘用来满足房车车主的需要，并且所有的螺栓构件被装配在标尺上。

⑤ 在Bailey碰撞试验中车体遭受的损伤证实，附加的外部支架给到底板有力的支持。

⑥ 连接精度极其重要，且在驾驶室和底盘连接件上的螺栓凹槽为这一要求提供保障。

⑦ 使用高精度的螺栓来完成对临用驾驶室和新AL-KO底盘的连接。

⑧ 在AL-KO房车和旅居车底盘的所有要确保安全性的连接件上，都涂有防破坏识别涂料。

⑨ 当制动系统已经被连入后，适当重量的混凝土块会被负载在底盘上，然后制动器会在模拟道路上接受校准。

优势

- 精确设计的底盘零件组合成一个轻型结构而不影响强度。
- 安装热浸法构造的镀锌部件保证了使用寿命。
- 根据房车制造商的要求，AL-KO能安装比原件矮225毫米的低位底盘。更为贴地的车底使得进入更为便捷并且更低的重心能使车体在崎岖道路上减少晃动。
- 单轴或双轴车件能替换各类的原始后车轴。
- 依房车制造商的需求而定，可以安装载重能力更强的悬架系统。
- 即便底盘组件经过焊接，受损零件仍可替换，只是操作会较为复杂。
- AL-KO Kober的牵引支架和摩托车支架可以组装到这一制造商生产的底盘上。
- 在背靠背驾驶的车被制造出来之前，最便宜的房车也能以消耗最低限度的底盘材料，来改装成加长的车轮轴距。

注意：更多有关悬架系统的优势将在后文展开具体说明。

劣势

- 附加零件不能被焊接到AL-KO Kober底盘上，因为这会违反授权规定。

注意：连接新底盘和原驾驶室的螺栓、连接头和配件有很高的质量和装配要求，个人不能随意进行改装。

这一制造方法有很多值得思考和学习的地方，并且AL-KO改装底盘被广泛地用在救护车、移动餐车、公交车和房车上。使用AL-KO Kober底盘的英国制造商包括Autocruise、Bailey、Bentley、Auto-Trail、Buccaneer、Compass、Elddis、Lunar、Machzone和Swift。

后悬和底盘延展件

如果要在原始底盘上改装厢式房车，常用的做法是用额外的钢轨焊接而成的一体框架来延伸后部结构。然而，很多制造商只是用木制材料加固后方底板。

毫无疑问，要从后轴处延伸结构形成后悬，钢结构能提供更为有力的支持。

《车型批准条例》和《建造与使用原则》都表明，后轴的延伸部分不能超过原尺寸的60%。

注意：在《建造与使用原则》中给出了计算后悬长度的第二种测定方法，但是这涉及循环数据，并且计算过程相当复杂。

当你在依据轴距标准（车头和后轮两中心之间的距离）测算后悬长度的最大值时，很快会认识到一些房车已经充分利了60%的限额。显然，这使得短小的底盘也能被创造出较大的活动空间，但是有几个问题尚需关注。

基础几何学、简易杠杆原理和基本常识表明，在突出的后悬上装载重物会极大增加后轴的负荷。此外，所有的后轴都有严格的载荷限度，超限是一种危险的违法行为。后悬越长，载重的影响就越大，但这不只是影响到后轴的承重。

独立的后轴会成为决定车体受力的关键跷板。后方载重越大，前端就越难保持平衡。在极端的情况下，前轮甚至会因失重而脱离地面。这会影响到驾驶和制动。对于前轮驱动的房车来说，附着力不足在所有的问题中最为突出。

意识到这一点后，你就会顾忌是否

左图：在Swift的2006 Sundance上，镀锌的延展件被焊接在菲亚特底盘上用来支撑后悬。

应该在后悬上负载轻型摩托车和电动滑板，尤其当载重已经接近车重60%的极限时。

类似的情况也会促使你重新思考是否应该拖挂拖车。为了达到良好的拖挂稳定性，房车必须拥有坚实的前端重量，而这主要由拖曳杆生成。这样一个向下的重力不仅会影响后轴的负重，同时也不可避免地减轻了车头的负担。一些车主误以为能通过升级后置弹簧来解决这一问题，实则不然。后轴承受的负重和一些诸如制动效率的相关问题，不能仅仅通过加固后悬来实现。如果你仍计划要在后车支架上负载轻型摩托等重物，最好购买那种后悬较短的房车。此外，配置有升级过的后轴、大轮胎、有力制动和串联轴承的房车会有更高的载重能力。可自动调节高度的外置后悬系统有着明显的优势，但是英国的房车设计师不以为然。

对于房车制造商而言，要解决这样一个由后悬引发的问题，更好的办法是增加底盘的长度。Lunar房车公司是第一家采用此种策略的企业，具体工作由Leyland的Drinkwater工程部完成。

左图：在后架上承载较重的便捷式摩托车会对后轴和后悬造成极大的负荷。

第4章 底盘、悬架、牵引支架和轮胎

右图：Drinkwater Engineering 对这台 Lunar 房车的底盘进行延伸。

右图：扩展底盘的中腹部使得后轴的压力被转移分散，同时避免后部的负载过大。

现在这一改装延伸底盘的行家已无用武之地，不过仍有房车配备了这种底盘。如果你买的是一辆2000年左右生产的Lunar房车，所配置的可能就是这种改装底盘。值得注意的是，Drinkwater的改良受到了好几家房车制造商的认可。通过延伸底盘的中腹部，房车的后轴得到了一定的受力释放。相比较只是加长后悬而言，这无疑是一次成功的探索。

底盘维护

AL-KO底盘的一大优点是使用热浸法镀锌涂层而非一般涂漆。一些在20世纪80年代早期制造的AL-KO房车底盘被漆成黑色，但是很快就被镀锌处理所替代。

相比较而言，标准车用底盘通常只是被简单涂漆，并且没过几年表面就会开始生锈。备用轮胎笼和拖曳杆等组件的境况就更令人失望。只要没有定期处理，生锈问题就会变得很严重。

传统的处理办法是爬到车底下，然后用类似Hammerite的工具进行除锈。但是请注意，在起重装置不能被确保安全的情况下，直接爬到车底下是一种极其危险的行为。严重的伤害事故并不罕见。你永远不能指望依靠千斤顶、一般的轴架、简易升降台或垫高砖块来保障安全。

笔者在底盘涂漆这件事上花了好几年时间，才彻底熟悉操作流程。对菲亚特房车的底盘维护一般是在升降台上进行。下页图展示了一个厢式车专家如何开展日常的底盘维护工作。

悬架系统

乘坐舒适度在很大程度上取决于悬架，而这对于以商用车为主体的房车来说，是一大难题。

板簧悬架

配置在商用车上的簧片常被称为货车板簧，用来承载重物。对于一个内行来说，这种悬架必须经过改良才能匹配房车使用。

它的主要缺点是抗振性差。因此当房车在崎岖道路上行驶时，它就会振动得很厉害。

房车在行驶过各种急弯时，人会感到非常不适。重心较高的房车就更容易造成乘客身体的倾倒。减轻负重不会带来实质性的帮助，而在吊柜和外顶箱里储物则会使问题变得更严重。侧风和高速行驶也会容易造成车身倾倒。

关于载重

AL-KO底盘载重限额

使用AL-KO Kober底盘和改装后轴的房车在发动机上会覆盖一张标注载重限额的金属板。这里展示的相关信息来源于一辆20世纪90年代后期通用的房车。当下有关载重的各种术语详见第2章内容。例如，车体总重被表述为最大技术允许负载质量。不考虑这些术语的调整改动，车主主要应对具体的限额形成明确的认识。

1）主体车总重（主体车的质量）。
2）房车总重（带拖车的房车质量）。
3）最大承重标准一（前轴承重）。
4）最大承重标准二（后轴承重）。
5）最大承重标准三（双后轴承重）。

更多有关AL-KO Kober改装底盘的信息详见AL-KO底盘手册，并附参考资料。如果手册遗失，可以在网上查找并下载文件副本。

第 4 章　底盘、悬架、牵引支架和轮胎

日常检查和底盘保养工作

尽管这个 1999 年的 菲亚特 Maxi 底盘受到零件内蜡酰基的保护，但是一些外部的固定零件和配件已经生锈了。

后轴上的导管有好几处都老化严重，并且在这辆车上的制动管路有好几段都需要更换。

准备一些 50.8 毫米的 3M Scotch-Brite Roloc, 36 级磨砂盘。这个尺寸最为实用。

这些 3M 磨砂盘的安全使用说明书交代得很清楚。使用时必须佩戴保护双眼、皮肤和呼吸道的护具。

车底下的闲置车轮架必须经常补漆，且即便已经使用了电动工具，除锈依然是一项极其费力的工作。

为标准底盘特制的支架非常少有。除非你经常留意，否则很难得到。

可用的涂料有很多，但是这位底盘专家用 NEXA Autocolor Build Primer II 来做防腐处理。这种涂料的优点是易于申购。

Watling Engineers 的定制拖曳杆经常需要补漆，但是安装起来相当容易，连车体举升也不需要。

在对房车进行补漆或除锈时，升降台可以给工人带来很大程度上的便利，即使支架可以用手够着。

鸣谢：所摄照片均来自比灵赫姆的 North East Truck and Van 公司。

67

为了减少这些负面影响，一些制造商给房车安装防振杆，还有一些制造商在车头安装缓振器。

使用气压辅助产品也会有一定帮助。但是，请不要忽视制动与产品之间的相互影响。对于一些没装ABS的旧车，有些制动问题在当气压辅助被安装后，就会立刻暴露出来。进一步而言，你必须清楚空气悬架和气压辅助产品的区别。在第69页的技术贴中简要说明了它们之间的不同之处。

螺旋弹簧

虽然螺旋弹簧用于很多汽车的后悬架，但实际在商用车上用得并不多。不过，大众T4是个例外，因为在后部有一个独立悬架系统，采用微型螺旋弹簧和半挂臂结构。T4在很多独立的房车测试报告中都有令人满意的结果，并且新一代T5也受到一致的好评。它的弹簧是小圈的并且绕线角度较小，这样就不会伸入房车内部。汽车的后螺旋弹簧大多都会占用行李舱的空间，对此，大众的解决办法是采用更短的弹簧。此外，半挂臂结构与叉杆结构差别不大，独立的弹簧构件绝对能使人感受到驾乘的愉快感。

大众Transporter的改装案例包括Auto-Sleepers high-top Trident、Bilbo's high-top Nektar、the Middlesex MC Matrix等。

三排座家庭轿车也能改装带螺旋弹簧的后悬架。Weelhome公司就是一家改装这类轿车的制造商。

扭杆

扭杆也因车而异。摇臂支架在一端为轮毂提供安装点，在另一端连接一根长固定杆。当车辆行驶颠簸时，固定杆会很自然地抵抗扭曲作用。扭杆悬架被广泛使用在很多名车当中，其中在20世纪80年代早期的雷诺5掀背车是一个典型的例子。

工程师会说，长固定杆对扭曲的抵御和螺旋弹簧的抵御作用有些许差别。事实是，扭杆可以被视作是拉长的螺旋弹簧。

在对车辆进行调试时，施加外力可以使扭杆收紧，然后改变它的行驶高度和驾驶性能。行驶在道路上时，尽管扭杆很占空间，但能使车辆保持性能稳定。例如，雷诺5上的前扭杆长1.22米。即便已经被很隐蔽地藏在了车门后面，但看上去仍然很明显。不过它和AL-KO Kober改装底盘

> **服务贴**
>
> **AL-KO Kober扭杆系统**
>
> 对采用AL-KO Kober扭杆系统的房车后轴来说，汽车每行驶2万千米，就必须经过一次加油润滑。车间工程师的操作流程如下：
>
> 1）举升车辆并且提供支撑，以使轮胎彻底脱离地面。
>
> 2）找出在轴管外端前侧或下侧的润滑脂点。它们位于纵向底盘构件之上。
>
> 3）使用压力枪泵涂润滑油（大约需要六泵），并且确保没有泵涂过多（不能使用手动油枪）。
>
> 4）使用诸如壳牌Retinax LX的润滑油产品。
>
> 5）记录当前汽车的里程数。

右图：AL-KO Kober培训课程的参与者正在学习用于AMC轴管上不同型号的扭杆。

最右图：AL-KO 扭杆悬架上所有重要的润滑油加注点都位于轴管的外端。

第4章　底盘、悬架、牵引支架和轮胎

最左图：新弹簧可用于大多数主体车，并且一些安装者会对产品进行升级。

左图：可压缩橡胶辅助器能匹配这台新的 Swift Royale 客车改装式房车。

上面的后悬架就能良好匹配。扭杆被装在轴管里面。这些看不见的杆条在一端和摇臂的支点相接，并且用带有伸缩式减振器来抑制振动。

AL-KO Kober扭杆悬架给驾驶带来很大方便，并且可以指定的重量选择有3200千克、3400千克、3500千克和3850千克。换句话说，可以增加载荷来迎合房车设计师的特定需要，即提供或多或少的承载规格。

在房车的里程测试中，使用AL-KO Kober扭杆系统的房车报告良好。然而，为了确保使用的可持续性，必须经常在轴管的最外端涂抹润滑油。

最后需要注明的是，很遗憾一些房车改装者经常会装配挡住悬架润滑点的底层水箱。定期给轴管加注润滑油非常必要，如果忽略这一点会使AL-KO Kober扭杆悬架失效。

弹簧辅助设备和制动

弹簧逐渐失去弹性后房车后部会开始下沉。一旦这种情况发生，最好的解决办法是进行更换，且一些车主会利用这一机会调换承受力更强的弹簧。

整车的载重并非由弹簧单独承受。制造商会在一些客用型车上使用可压橡胶制品，以此增强板簧的受力强度。不过，也有一些房车车主选择用辅助充气装置来代替橡胶缓冲器。

这种做法可能有效，但一些供应商会把这些附件错误地判断成空气悬架系统。这显然是有问题的，但在描述的时候，应该把改装装置精确表述为混合悬架系统，因为它关联了两种不同的产品。事实上，气压辅助产品和空气悬架系统之间有很大的不同。

气压辅助产品的零件通常被安装在板簧的中间位置。下页的流程图展示了一组在沃里克郡工厂使用的AL-KO"气顶"产品。它们的功能，显然是分担一些弹簧需要承受的载重，并且帮助举升那些后部下沉的房车。但是，必须要认识到，此类改装必须校准汽车制动系统。

进一步而言，制动器不只提供1:1的前后平衡制动。通常来说，一个好的制动

> ### 技术贴
>
> 用气压辅助设备还是空气悬架？
>
> 气压辅助产品作为充气设备可与原有的弹簧系统并用。例如，如果薄片弹簧失去弹性，房车后部就可能出现下沉。额外的充气原件可以解决这个问题并且给到受损悬架一些支撑。但是，在文中提到一些不利影响，如果空气辅助产品安装有误，那么行车制动器就会受到使用牵制。
>
> 空气悬架应安装于需要提供特需舒适度（例如救护车）和平稳驾驶（类似飞机等需要运载易碎物品的货车）的房车内。车上原有的弹簧悬架系统会被彻底移除。替代用的悬架包括气室、压缩机泵、储气缸、计控监测系统和经修正的制动补偿系统。这些装备都配置在高级房车上。

气压辅助产品经常被安装在薄片弹簧的中心。

在这个 Drinkwater 悬架上，大型气室被安装在薄片弹簧的位置上。

安装气压辅助产品

1）AL-KO 的气顶包含两个气室，双压力表和接合管。

2）这对辅助气室适用于菲亚特 Ducato 和标志 Boxer 房车。

3）在车内找一个最方便的地方安装表气压表。

4）松开隔板的螺钉，把气室放进去。

5）一个气室架在车底的弹簧之间并且固定在底盘平台上。

6）两个气室都安装好以后，把接合管安装在适当的位置。

7）车轴上的制动分配支架和控制连接阀都还不能使用。

8）旧系统报废以后，就没有制动限制阀能和 ABS（制动防抱死系统）相匹配。

鸣谢：照片由沃里克郡绍瑟姆的 AL-KO Kober 有限公司提供。

系统往往前轮占比大一些更好。不过，房车最好配备一个可以根据载重自动调节前后平衡的装置。简而言之，装置会先记录后悬架的受力，然后改变制动来达到当前载重下的最佳性能。这一设备不只适用于商用车，旅行车、一些小型掀背车和轿车也可以安装制动控制件。

对一个后部沉降的房车来说，平衡制动装置会把它理解成重载，然后调节前后制动的关系来适应当前车况。然而，如果重载房车下沉的后部被举升工具抬起，那么未经合理适配的制动传感装置就会错误地将修正后的车辆高度理解成轻载。应用于前后轮的制动平衡随后自动把车况设定为轻载，而实际上房车可能正在重载。

这个问题对装有ABS的车辆没有影响。它只存在于一些老的基础车上，并且当安装气压辅助产品后，必须将制动感应系统调节到和基础车制造原则一致的水平。一旦忽略这一重要特性，制动性能就会大打折扣。

基于这个原因，如果你想在一个没有安装ABS的房车上加装弹簧辅助装置，一定要让安装者校准载重感应系统，进而对前后制动进行合理分配。同样，你还需要确认新产品和安装方法都能受到原厂的认同。现实中一些广告使人相信他们能改进驾乘体验、提高驾驶性能和减少车体摆动，却对制动装置的影响却避而不谈。

这些问题不会发生在安装了自动计重空气悬架系统的房车上。在这一类型的悬架中，精密制动传感器和控制元件组成了部分装置，下一节将进一步说明。

空气悬架

空气悬架一般都用在那些对载重较为敏感的救护车、公共服务车上，极少用于英制房车上。空气悬架可以用于Lunar房车，且笔者在自建的房车上配置了一个VB公司的反应系统，但是只有极少数的

英国私家车会安装它。

在德国，情况就截然相反。空气悬架的优点被广泛接受，且房车常配置有负荷反应装置。其中一些还包含有即时调平设备。AL-KO底盘可以匹配公司的空气悬架，并且案例已在德国举办的多届展览上展示过。不出意料，打包的空气悬架现有各种样式。在欧洲，一些空气悬架的零件只适用于后轴，同时前轴使用螺旋弹簧。然而，全空气悬架适用性广泛，不过大多只用于高配的房车。

使用空气悬架来支撑后轴保证了前后部的水平。例如，在斜坡上时，更多的气体会被释放以维持平衡。另外，配有前室和后室的房车也能维持侧向水平。不过，即时调平只是安装空气悬架的一个优点。

毫无疑问，要达到极度自由的驾乘感受是相对困难的。事实上，这一类型的悬架对残疾使用者来说是必要的。由此，在一些救护车上使用空气悬架是一种合理尝试。本节内容对驾乘舒适度有一定考量，且无可厚非，许多私家车车主都向往畅快的驾驶体验。

在舒适度方面，空气悬架系统无疑能贴近车主的需求。除了拥有即时调平功能，空气悬架还能使房车在行驶过程中保持水平姿态。即使房车后部装载了沉重的滑板车，自动检测传感器会通过冲入或释放气体来调节姿态。相反地，当重物被移走后，载重会被重新识别然后气体又被自动释放，意味着车辆在道路上已呈现水平姿态。但优点并不止于此。重量传感设备会计算载重，然后合理调整制动系统。

不可避免，改装后空气悬架系统通常需要移除原有弹簧，而这一工作并不轻松。不过，VB公司可以提供改装套件和适用于各类车辆的相关产品。公司在布莱克本有一个总部，并且VB气压辅助产品和空气悬架系统的质量都在欧洲本部进行例年检测。当前，产品被几家英国商用车工厂采用并且在下页的附图中展示了匹配1999款菲亚特 Ducato Maxi的VB公司空气悬架设备。安装工作于1999年在比灵赫姆的东北部货车和厢式车工程分部进行。

减振器

关于悬架系统，许多人相信配备高配减振器会绷紧弹簧并增加底盘高度。这揭示了一个关于减振产品功能和设计的误区。

如果不使用减振器，当汽车行驶在颠簸路面上时就会剧烈弹跳，即便是大脚车爱好者也会感到不适。不论伸缩式减振器是否充满了空气或液压油，这一组件的功用是抑制车辆的振动。换句话说，减振器物如其名，而且一个标准化的产品不会是简单的强力弹簧装置。

在菲亚特 Ducato 2.8TD Maxi上安装VB空气悬架系统

带内置压缩机的ECU控制系统被装在1999款房车的后部。

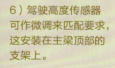

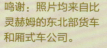

1）装备中的关键项目包括两个空气波纹管、主横梁、压缩机、潘哈德杆、减振器、高度传感器、电缆、控制器和空气管。

2）电子控制元件是系统中枢并且操作简易。对这一零件的调整包括降低反应次数。

3）这个配件不用独立的气箱，底部由空气压缩机直接充气。

4）作为一项基本任务，底部的空气用来保证主梁的安全。空气管在这里连接，说明书中有详细的介绍。

5）减振器完成安装之后，就需要架设横梁。这一操作只有在升降台上才可完成。

6）驾驶高度传感器可作微调来匹配要求，这安装在主梁顶部的支架上。

7）在没有ABS的情况下，这一负载传感阀代替了原先的制动平衡装置。底部空气的压力控制并且设定制动要求。

8）当检查系统安装完毕后，底部就被充满气体，然后房车就能投入使用。注意空气波纹管、减振器、紧急制动和弹簧的使用情况。

鸣谢：照片均来自比灵赫姆的东北部货车和厢式车公司。

因为绝大多数的房车都是重载,所以个别专家专门研制了适用于休闲车的替代用减振器。附图给出了一个安装OMA高配元件的流程。因为经过了良好的设计构造,所以两个内腔都能充装液压油,以此增加强度并提升阻尼性能。元件经拆除后还可再作利用,而许多密封的减振器就只是一次性部件。这些OMA产品在意大利制造,而后由北安普顿的Nova Leisure供应给英国的房车经销商。

附图中的安装工作在北安普顿的英国之心房车服务工作室内完成,用的是标致Boxer 1997款房车。注意到OMA的ISO认证产品广泛适用于各类基础车。

在处理房车螺旋弹簧时需要用到坚实的弹簧压缩夹具。如果贸然操作,可能会造成严重的人身伤害事故。这是一项非常需要委托给熟练工操作的工作。

在安装减振器时,只有移走部分的内置车盖,才能完成前减振器的固定工作。

牵引支架

许多房车都具备强大的拖挂动力,足以拖动载重合理的大型拖车。基础车的商用车原型意味着低转速下的高牵引力,并且这一特性在柴油发动机上表现得尤为明显。然而,满载拖车的重量必须在磅秤上进行核检;牵引车的实际载重量(ALW)也必须被同样确认。在开展以下计算时会用到这些数据。

旅游房车基于实现拖挂稳定的目标而开展工作,拖车的总重应不超过牵引车ALW的85%。这样确保了拖车与牵引车二者不会失衡,并且大多数房车适用这一推荐重量比。但是,重载拖车也会是例外,例如舱式巡逻车和重型摩托车。类似地,迷你型房车也不可能达到85%的重量比。

虽然85%的参考值非常有用,但一个有经验的驾驶人必须保证拖挂拖车的安全性,使载重与牵引车的ALW相一致

为标致Boxer房车更换减振器

为了方便工作并且保证安全性,操作应该在车间升降台上进行。

要拧开房车上固定螺栓其实并不容易。

将后轮安装到上方固定件,并且这一处的螺栓通常最先装配。

对准下方接合点需要谨慎操作,但是安装后减振器就会相对容易。

大多数新车都有螺旋弹簧组合和在前部的减振器,这都很难更换。

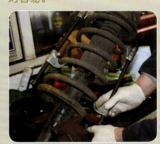

弹簧必须在使用前先压紧,而这是一个容易产生危险的操作。

组件的上端很难够到。而组装连接件需要用到准线工具。

全部工作完成。这个房车技工花了三小时才完成减振器更换工作。

上图：许多房车车主想要做拖挂，但是拖车的重量和载重不能超过标准的全车总重。

（最好是完全匹配）。然而，你必须确保负载后的拖车绝不超过牵引车的实际载重量。

另一个重要问题有关牵引车的全车总重（GTW）。遵照这一限额是被强制的，且GTW经常在基础车手册中或发动机铭牌上给出。GTW限额涉及负重后的牵引车及拖车的联合总重。如果你想要拖挂一些像运载车一样的重物，可能会碰到一些麻烦。这时就需要在磅秤上进行复查。你需要明白房车的负荷和拖车与牵引车的总重。这两个重量加在一起才代表全重，进而核算载重是否超过房车的GTW限额。值得一提的是，一些房车也会因其强劲的发动机动力和载重能力而拥有额外的拖挂额度。

有关拖曳杆的内容也不容忽视。例如，基于94/20/EC法令的法律要求表明，所有在1998年8月1日或之后注册的轻型客车只能配置EC型拖曳杆。记住不管这一法令在何时生成，它对商用车并不具有约束。不过，进一步的立法对配置在2012年注册的房车上的拖曳杆加以限制，此后出台TUV认证。这直接影响到了定制托架的设计方，尤其是那些反对TUV认证的企业，比如Watling Engineers、PWS和TOWtal。由于市场上保有着大量的基础车，为获得TUV认证而支出的成本会对这些小型拖曳杆公司造成致命影响。因此，从现在开始加装拖曳杆的前景看起来并不明朗。

在本章开头就已提到，拖曳杆的安装和其他潜在问题也需要被考虑在内。匹配基础车的支架在实际使用过程中可能会无法安装。类似地，当一些基础车配件被安装后，那些经TUV测试组织批准使用的拖曳杆，原本可以匹配AL-KO底盘，但现在就会出现接合问题。

拖车和A形支架

许多类型的拖车由车主自己连装，目的要么是工作需要，要么是娱乐爱好。

右图：这个TUV批准使用的拖曳杆不会影响基础车系统，因为它的延伸度较大。

最右图：这样的定制拖曳杆不能再匹配2012款房车，除非通过TUV测试。

右图：当前，市场要求拖曳杆能匹配提供前端限重等信息的数据面板。

最右图：PWC的智能拖曳杆通常自带涂层，但这并未通过TUV测试。

第 4 章 底盘、悬架、牵引支架和轮胎

左图：许多房车车主出于兴趣爱好安装拖钩。

《拖车手册》（海恩斯出版）指出，超过750千克重的载重拖车就必须安装减振器。在多数情况下，减振系统用在房车上，并且自动释放制动器允许房车没有制动就能倒车。很多其他要求也在拖车手册中有相关说明。

其他有关拖挂的信息在《拖挂式房车手册》（海恩斯出版）中可见，并且包含了一些有关房车紧急制动、接线要求、电气连接器、稳定器、二次连接器与分离电缆功能比对的详细内容。

拖挂运载车

当拖挂运载车时，摆放位置是清楚的；依据法律，几乎所有的拖挂车都需要按照标准安装紧急制动系统。甚至包括了超过实际载重量（ALW）750千克重的小型车Smart for Two，这还不算拖车的重量。其实你不必要买一辆大型拖车，因为像Bantam拖车这样的行家设计了匹配Smart Car、Toyota Aygo、Vauxhall Corsa和其他小型车的紧凑型拖车。

只有一部分类似Frenchmanufactured Secma Fun Tech、Aixam和QPod的房车会比Smart for Two更轻。满载的Secma Fun Tech重量不会超过250千克，

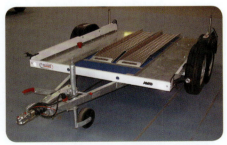

最左图：由 Alan Pierce 设计的紧凑型 Bantam 拖钩相当理想；有好几种对应小型车的不同版本。

左图：现在要求，拖钩要带有显示载重的数据面板。像胎压这类的信息也十分实用。

左图：量身定做。一些奇妙的设计元素能使控制载重和安全变得轻而易举。

最左图：尽管现在市场上有房车声称重量最轻，但这台 SECMA Fun Tech 加满油仅重225千克。

75

右图：使用A形支架是一个普遍做法，但有好几点内容需要车主留意。

技术贴

使用A形支架进行拖挂

除了一些个例（如Fun Tech、QPod和Aixam），所有房车的重量都超过750千克，并且拖钩增加了拖挂总重。用A形支架进行拖挂时，它被视作拖钩并且需要面对所有的相关法律要求。例如，房车超过750千克时就必须安装独立的制动器。个别机械和电力装置能辅助制动器运作。不过，在欧洲可否使用A形支架仍然是一个法律问题。

1) 当房车俱乐部与所有欧盟汽修组织有过沟通之后，得出结论：基于特制构架，美国允许在房车后面拖挂制动车，但德国和荷兰采取中立态度。在其他欧洲国家，A形中支架一般用在交警通勤和车辆回收。

2) 尽管欧洲各国态度不一，但如果旅行者在国外使用一些在原住地本被认可的房车，当地警方会采取特别照顾而不加干预。但是，一旦A形支架被严令禁用，一些欧洲国家的交警就会放弃照顾。已有一部分的房车被报道勒令停用。为了规避麻烦，应当使用受到批准的拖钩。

3) 配置在房车上的A形支架其实不是严格意义上的拖钩。此外，只要房车向前行进，车前轮就会紧随拖曳车。但是，如果后部有拖挂，这一效应就会减弱。归根到底，使用了A形支架将无法完成倒车。

4) 为使用A形支架，需要对发动机舱进行精确修正。像TOWtal这样的专业公司已经花了好几年设计耐用支架组合，并且耗费了很多精力解决拖曳加固问题。对任何车辆所做的任何修正都必须告知保险公司，而且需要遵守越来越多的汽车规则。

尽管它不被认为是传统意义上的用车。FunTech或者它的QPod伙伴甚至能合法地由不含制动器的拖车运载，总重不超过750千克。

使用A形支架进行牵引

使用A形支架独立拖挂拖车，牵扯到一系列法律问题。其中一些在技术贴中列举，但这些内容并非绝对唯一。事实上，A形支架受到广泛的关注和讨论。

在使用A形支架时，为了达到制动灵敏，会有好几个系统协助制动工作。这迎合了拖车重量超过50千克重的制动要求，但也必须保证全车总重（GTW）不会超过标准限额。

之前已经说到，几乎所有的小型运载车，包括Smart for Two，重量超过750千克。因此，在不含制动的A形支架上拖运Smart之类的微型汽车是非法的，除非加装一套辅助空气制动或电动制动系统。令人惊讶的是，很多Smart车主就用没有制动的A形支架，也没有使用空气或电制动装置的意识。这可能会导致事故发生。

第 4 章　底盘、悬架、牵引支架和轮胎

注意：辅助空气制动系统当前正由一些拖车公司开展营销。从美国进口的"制动伙伴"就是一个能操控运载车制动踏板的电驱配件。

A 形支架经常被描述为"灰色地带"，并且预期立法会对这些组件关联度不明显的系统进行充分界定。事实上，笔者在英国已经有好几年都同时使用两个拖钩，并且 A 形支架在未来将得到改良。毫无疑问，可折叠的 A 形支架会便于存放。在另一方面，组装这些配件需要花费大量时间。更糟糕的是，装过 A 形支架的房车不能被长距离倒车，而这势必会引起很多麻烦。当然，如果你用的是拖钩，问题就不大，只要你的倒车技术合格就行。

右图：在这辆 Vauxhall Corsa 上安装 A 形支架之前，先要安装一个坚固的板架。

上左图：电动联轴器必须连在家用车上，由此它的灯光能和房车灯光一体化。

上图：可折叠的 A 形支架易于在家中存放；TOWtal 的元件也能良好匹配这台 2002 款 Corsa。

左图：这个 A 形支架包含一个用在房车上的紧急制动器、安全断路电缆和电气连接器。

77

轮胎

驾驶特性由底盘和悬架决定,但是轮胎也起着相当重要的作用。

当气温较低时,应经常检查胎压,且改装车的基础车手册应给出建议配置。当然,这些建议应对照行驶环境,并且关注房车制造商所有者手册中推荐的胎压设置。如果你购买的是一辆二手车,且手册已经丢失,那么车主俱乐部能够提供相关信息。

推荐的胎压经常改变,因为房车不可能只在平地上行驶。相比商用货车经常空车驶回,房车在绝大多数时间都是重载。

实际上,极少数的车主会用磅秤检查房车载重。而在交警的路检中,已经发现有一部分房车严重超重。考虑到这一点,有指向性的房车轮胎制造商,诸如米其林越野XC,在产品手册中引入了高压轮胎。正如米其林在其技术指导手册中所讲,充气不足对轮胎的影响和超重几乎等同,少充20%的气会使轮胎寿命缩减26%。但是,如果车主在做重量检查时使用了负荷索引表,可用胎压有时会产生差异。不过这些计算方法仍值得一用,因为与载重关联度更高的胎压能带来更优的驾驶舒适度。

还有一个问题与使用房车的习惯有关。一些房车会被闲置很久,即便只是在车库里多放了几个星期,也会对轮胎侧壁造成应力损伤。建议是定期把房车移动一段距离,这样就能使受压的胎壁在停用期间不断轮换。当房车会被停用超过一个月时,一些制造商也推荐将胎压临时提高0.3巴(0.03兆帕)。

切记一旦轮胎有损坏的迹象,即便是偶尔使用的房车也要将其更换。附图列举了可能出现的轮胎裂隙,请注意这是损坏而非一般磨损,一经发现就要立即替换。这也就是如米其林越野轮胎等公司要在轮胎侧壁做加固处理的原因。

不要等到轮胎彻底报废才更换,在平时就应该做些日常检查。房车行业的季节性意味着轮胎经常出现供应短缺,车主也常常会因要等货6~8周而头疼不已。如果轮胎在MoT测试和预订假期前突然出现问题,所有计划就可能陷入一个极其尴尬的境地。

轮胎被扎破也会引发类似的麻烦。如

右图:VancoCamper轮胎是为房车户外越野而设计的定制品牌。

最右图:把房车闲置在维修店很久会使轮胎侧壁受到损坏。

右图:这一最新的轮胎出厂表示方法表明这个产品生产于2007年的第26个星期。

最右图:轮胎出现裂缝意味着损坏。即便胎面深度仍然良好,在轮胎花纹的接口处裂缝会比较明显。

第 4 章 底盘、悬架、牵引支架和轮胎

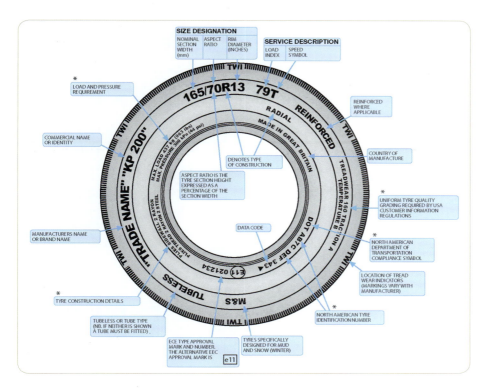

Brma车胎侧壁图示

车胎标记（经英国橡胶厂商协会批准转载）一些轮胎的侧壁标记，比如"负载和压力"，专用于依照北美地区的要求。它们不适用于英国和欧洲地区；在图中已用星号注明。

果备胎可用，那问题就能迎刃而解。但是，一些房车在出厂时并不配有备胎。原本采用备胎的办法被Fix'nGo密封胶注射设备替代。这一做法并不高明，因为有些类型的轮胎损坏问题没法通过注射密封胶来解决。

另一个轮胎需要更换的原因是老化。受到一些环境因素（曝晒、湿度和气温等）的影响，轮胎的预期寿命并不能被精确预测。使用状况也会导致类似影响，包括不良路况、载重、轮胎充气量和驾驶速度。有制造商推荐，轮胎在使用五年或出厂八年后就应被更新，并且至少每年做一次检查。轮胎的出厂日期通常可以在侧壁查到。

出于安全考虑，也请注意现在个别车主会使用Tyron安全绑带。当轮胎出现爆裂时，就一般车轮而言，轮胎会发生漏气。金属轮毂和地面接触且房车失去抓地力。Tyron安全绑带的作用是修补漏气点，使爆裂的轮胎仍能维持一段使用时间。当然，一部分车胎还是与地面有接触，直到维修之前都保持着运动摩擦力。

最后，车主也应勤于关注所有有关轮胎的法律要求。英国橡胶厂商协会的文献都可以免费阅读，几大主要制造商的客服中心也能提供信息服务。

左图：最新的 Tyron 安全绑带不仅能把轮缝封住，也能通过无线设备把压力传导到车体上。

左图：安装安全绑带需要用到压缩器；插入以后，用螺钉把绑带固定在一起。

79

第 5 章　电气系统

目录
- 低压系统
- 备用蓄电池
- 充电装置
- 电源系统

房车内的电气系统比家用的更为复杂。房车不仅拥有一个电源系统，而且具备独立的低压供电系统。

本章内容包括一个作为主电源供应的230V交流电系统和一个被称为低压系统的12V直流电源系统。

为房车提供服务的电气系统比较特别，相关内容只在专门讨论汽车布线的教科书中有所涉及。例如，由托尼·特兰特编写、海恩斯出版《汽车电气电子系统》包含了布线流程、点火装置、电气配件和发动机管理系统等内容。

毫无疑问，房车内有关电气的内容相当繁杂，而本章主要围绕以下7个部分展开：

1) 低压系统（12V直流电）。
2) 备用蓄电池。
3) 充电装置。
4) 太阳能和风力发电机。
5) 便携式汽油发电机。
6) 电源系统（230V交流电）。
7) 逆变器。

低压系统

一个安全高效的12V电压系统具备以下特征：有一个设计良好的电路；拥有可靠的供电线路。

电路细节综述

电力来源

几乎所有的房车都使用一块大型蓄电池来供应活动区内的12V电气系统。更准确地说，在多数房车内装有两个蓄电池，但其中之一只用于基础车。

熔丝保护

运行低压供电的设备具有多样性，电路设计师会依照家用电源供应的办法来操作。蓄电池的电力被分散到各条支线，然后供应不同的设备组。

每条支线都由一根熔丝进行独立保护，并输出合适的功率。例如，无线电收音

技术贴

下图：控制面板经常包含一个蓄电池选择开关和一块显示蓄电池电量的仪表。

右下图：像多数控制元件一样，在Zig蓄电池选择面板上的连接线被清楚地标明。

多数情况下，蓄电池为活动区域内的设备提供12V电力。不过，一个内置充电器也能提供12V供电，后文将给出更多细节。类似地，变压器/整流器也可用于房车，Mobitronic的230V-12V电源适配器就是其中一例。当连接到电源供应后，这一适配器会输出可用于运转设备的12V直流电，只要电流不超过5A。

尽管有其他12V电力的供应来源，但是房车活动区域内常使用备用蓄电池（也被称为辅助蓄电池），用于运转灯光和其他12V设备。如果不能使用，也可选择常用蓄电池。不过，这只能用作临时之计，因为如果电量下降过低，房车起动就会受到影响。

为了改造12V供电，老式房车经常配置蓄电池选择面板。

注意：一些小型房车空间有限且只配置了少量的12V设备，因此它们只从起动蓄电池中获取电力。不过，之后会解释到，常用蓄电池并不用于长期的充放电，如果用于运行辅助设备会极大地缩短其寿命。因此，大多数房车都会配备备用蓄电池。

第 5 章 电气系统

机的功率较低，因此常用5A培熔丝进行保护。而水泵的功率较大，常匹配7.5A或10A熔丝。

在一些房车内，对设备的保障有时会用到独立的熔断盒。附图展示了两种熔断盒，一种安装在意大利2006 Mobilvetta房车上；另一种安装在法国2005 Pilote Reference。

熔丝分为三种类型——玻璃管熔丝、陶制熔丝和叶片熔丝。在老式房车内，玻璃管熔丝较为常用且更换廉价。但是，它们的精度度不高，有时当弹簧接触点松动时，熔丝支架也会接触不良。

目前，在汽车设备中使用的标准类型是叶片熔丝。它们相当精准，并且覆盖一系列的输出功率。彩色编码如下：1A-黑色；2A-灰色；5A-橙色；7A-棕色；10A-红色；15A-蓝色；20A-黄色；25A-白色；30A-绿色。

熔丝配电器

通常来说，支线供应设备会像配备熔丝一样配置一个独立的开关。比熔断盒更为复杂的控制装置叫作熔丝配电器。增设开关设备意味着，如果你需要在深夜查看故障的水泵，你不用关闭车内灯光就能切断电力供应。这无疑带来了很大便利，不过一些老旧的控制元件不含这一开关。你必须取走熔丝才能切断电源。一般说来，带开关的配电器不仅为灯光、水泵和其他设备提供控制开关，它还包括：

- 一个蓄电池选择开关。
- 一个反映充电状态的液晶显示器（LCD）或灯光指示表。
- 一个显示净水和废水水箱内水位的液晶显示器或灯光指示表。

你能通过调节选择开关来切换备用蓄电池和房车蓄电池。一些选择开关设有三档，中间一档可独立供电。

需要充电时，蓄电池状态指示器会发出警告。一些元件带有表盘以显示充电

左图：虽然不是十分清晰，象形图可以表明每根熔丝保护的电路。

上图：掌握基本的法语知识有助于识别这些熔丝，例如 pompe 意为泵，luminaires 意为灯。

左图：叶片熔丝非常精确，可以通过颜色进行识别，是汽车制造业中的标准化产品。

状态，同时表盘刻度能提供精准的信息。不过，大多数的配电器只能匹配发光二极管。通常，绿灯表示电量充足；红灯则表示需要充电。警告灯光系统也很实用，但对那些具有特殊偏好的专业车主来说，带刻度标记的表盘更受青睐。

配置电量显示器也相当实用。当热水器自动关闭时，车主一般会认为房车需要加油。但是，如果蓄电池警告灯亮，车主就能意识到，问题其实来源于功率不足。热水器的电子电路难以维持运作，由此触发了自动关闭机制。

随着房车内的12V电气系统日益精密，一些控制装置如熔丝、开关和监控的显示器被组合在同一表盘中。其余的仍然独立。不过，房车的信息显示面板各不相同。其中一些尤其精密，并能设置以显示内部温度、外部温度以及电流的使用状

新式显示面板

1）这个由 Swift 在 20 世纪 90 年代后期装配的表盘具备基本的刻度表，可反映蓄电池的电量水平和水箱的水位。

2）这个来自 Auto-Trail 装在 2009 Excel 上的萨金特显示器拥有一个泵开关和一个 LED 斜向排列的显示器，可以提供有关水位和电量的详细数据。

3）这台 2006 Auto-Sleepers Sandhurst 显示现在的时间是早晨 7:27，温度为 18.9℃。这个萨金特面板提供了很多信息，但是不会违背制造规范。

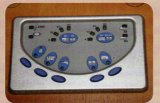

4）意大利的房车大多会配备这一类型的显示器。象形图十分有用，操纵起来也很简单。

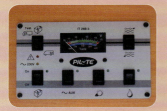

5）在这台 2005 Pilote Reference 上的显示面板用刻度盘来反映信息。上表盘显示蓄电池信息；下表盘显示油箱数据。

6）这个 2006 Dethleffs Esprit RT 配备有刻度显示盘，而且在选择起动蓄电池后，你能看到它的电量略微低于 12.7V。

况。它们还包含一个数字时钟。附图举例展示了在近几年中使用的不同设备。

显示面板

英制房车中的显示面板和控制装置包含由BCA Leisure、Kigass Electronics、Plug-in-Systems、Sargent Electrical Services和Zig Electronics等公司提供的产品。

注意：尽管Kigass和Plug-in-Systems公司的产品在老式房车中有所应用，但是当前它们都不是房车供应制造商。Murvi公司的货车改装装置有时可用Kigass产品进行匹配；Plug-in-Systems公司的产品适用于斯威夫特公司的多数房车。像许多电子产品一样，它们的操作难易度不一。有些车主对信息要求较高，因此会选择那些复杂且贵的信息面板，另外一些车主则偏好较为简单的显示器。

组合供电设备

与之前所述的产品截然不同，一些控制装置会同时包含12V直流电源熔丝/控制器/开关和230V交流电源供电箱。在某些情况下，房车的固定充电器会被安装在这里。这一整体打包的做法并不常见，附图展示了配置在2011 Auto-Trail Tracker EK中的萨金特EC500供电设备。不过这也不是一个全新的做法。早在20世纪90年代，Plug-in-Systems公司的PMS组合供电设备就已被投入房车使用。

电路布线

缺乏电力知识的车主会感到12V电路难以理解，且并非所有的车主手册都含有接线图。这里给出了一幅已容纳各关键要素的电路图。

电缆额定值

一般人所谓的"电线"，在行家看来应称作"电缆"。使用正确的术语相当重

右图：一些房车配置有组合供电设备，可以在一个设备中同时包含 12V 直流电源和 230V 交流电源。

第 5 章　电气系统

要；在前页的分栏中也解释了一些关键名词。

　　在连接设备时，电缆的粗细和长度都至关重要；粗电缆能使电流流动更为顺畅。过细的电缆会造成电流阻抗，并且易于引发塑料绝缘层过热。

　　电缆的长度也值得关注；长度越长，电压损失越大。如果备用蓄电池与交流发电机相距甚远，驾驶途中的自发充电就会损失大量电压。电缆越短，充电率就越大。因此，当一个大型房车制造商着手在加长的厢式房车尾部安装备用蓄电池时，蓄电池与交流发电机之间的距离立即就会引发巨大的争议。只有匹配较粗的电缆时，电压损失才会较少，但实际上一些制造商并不关心这一点。

　　进一步讨论这个问题，下一页附表引用了可保持高效运作时的最大电流，并把连接设备与电源之间的带电电缆和中性电缆的总长考虑在内。

　　关于所需电缆的类型，房车低压系统通常配置汽车电缆。这一电缆拥有良好的

安全贴士

1) 用于低压电路且连接蓄电池正极的主供电缆必须有熔丝保护，而且熔丝要尽量靠近电源。不过，当通风柜里安装有备用蓄电池时，熔丝就应配置在通风柜外。之所以采取这一做法是因为蓄电池在充电时有时会释放可燃气体。熔丝在熔断的一瞬间会产生剧烈的火花；爆炸可能使蓄电池爆裂并引发酸液溢出。另一个解决办法是安装在气密支架内。

2) 蓄电池熔丝的等级各有不同而且有些房车会配置15A熔丝。不过，在一个大型的满电设备中，常改用20A熔丝。显然，如果所有的12V设备一同运作，总电流负荷应在15~20A，这就可能熔断熔丝。这种使用水平是不恰当的。电路设计师在配置熔丝时通常只考虑到理论总电流消耗的60%。

3) 一些房车电路设计师也会配置主隔离开关，能使车主一次性切断所有来自备用蓄电池的供电。类似的带有可拆卸杠杆的红色断开关也经常被配置在房车中，用于处理紧急情况。一些房车制造商也会使用它们，而且Mobilvetta系列产品有时会被连接到蓄电池组。一旦出现布线故障，使用装配于电源的主隔离开关会比断开电极更快捷。

安全贴士

一些带熔丝的分配控制面板只向设备制造商供应，而不直接面向公众。几家电气制造商（如Plug-in-Systems）已停止向房车产业供给产品。这意味着只能从像南威尔士州布莱纳文的房车中心那样的专供市场购买配件。

左图：标签上显示了电缆的粗细，但也能通过计算股线的数量来确定粗细。

83

术语——伏特、安培和瓦特

伏特——电压单位。然而，在实际情况下，电缆提供的阻力可能导致电压的损失，特别是当电缆太细时。此外，电缆的长度越大，电压下降的幅度就越大。

安培——电流强度单位，也被简称为"电流"。实际上，一辆房车冰箱需要大量的电流才能正常工作(12V设置时需要8A)，并且需要一根相对较粗的连接线。相比之下，一个内部条状灯只需要少量的电流(0.7A)，并且在一个更粗的连接电缆上工作得相当成功。

瓦特——功率单位，有些电器比其他电器更费电。瓦特是电压(伏特)和电流(安培)的组合。

需要记住的公式是：

瓦特＝伏特×安培

伏特＝瓦特÷安培

安培＝瓦特÷伏特

电缆股数	横截面积 /mm^2	最大电流额定值 /A	在房车中的应用
14	1.0	8.75	室内灯
21	1.5	12.75	电线到排风扇
28	2.0	17.50	给冰箱供电 (请参阅第85页的技术贴)
36	2.5	21.75	用于充电器给电池充电，给隔膜水泵充电

1）对于高耗电设备来说，太细的电缆可能会因为电缆电阻太大而开始变热。如果温度上升开始导致绝缘体融化，就会出现严重的问题。例如，如果几根供电电缆缠绕在一起，熔化的绝缘材料可能导致短路。

2）低压电源不会像电源供电那样对触电造成威胁，但如果你见过电源短路时产生的强大火花，你就会体会到12V电源系统带来的严重火灾风险。绝缘熔化有时是短路的原因。电路中的熔断器是为了防止这种风险，但它们必须具有正确的额定值，并正确地用于供电系统中。

基于不同横截面积、不同长度的电缆所允许通过的最大电流如下：			
横截面积 /mm^2	不同电缆长度所允许通过的最大电流/A		
	4m	8m	12m
1.0	9.4	4.7	3.1
1.5	14.1	7.0	4.7
2.0	18.8	9.3	6.3
2.5	23.5	11.7	7.8

灵活性，因为它由多股线组成，标准的线径是0.33mm。当由多股线组成的柔性芯被用于螺钉装配的终端时，它的连接寿命会更久。

注意：单芯铜缆，同家用布线产品一样，极易发生连接松动。所需的柔性电缆不只由汽车电气公司对外发售，当地的房车配件店也会出售小型电缆。

像荧光灯那样的低耗电设备只需要配置细电缆，而像冰箱这样的高耗电设备，就需要用到粗电缆。但这些说法都过于模糊，不够精确。

电缆额定值标注在标签上，并且这一信息经常包含以mm^{2}为单位的横截面积。标签也会引用一个连续电流额定值的近似数。但是，如果标签遗失，你可以通过仔细清点股线的数量来计算电缆的额定值，前提是多股线都是标准的0.33mm^2。

房车有时也需要配置额外的电气附件，例如，增设聚光灯和12V电源插座。如果你能胜任电气工作，那么选对电缆并将设备正确联入电路即可。

如果你想给电视机配置一个12V插座，而原插座的功率有时能达到100W，那么连接灯光的供应电缆在新配置下就可能出现故障。又比如，一个0.7A的荧光灯功率约为8W，据此制造商就会匹配不超过1.0mm^{2}的电缆。更适合于电视机的电缆粗细为2.0mm^2。

注意：设备的功率差异较大。例如，一些小型便携式平板电视的功率为20W；其他电视则会更高。

在条件允许的情况下，最好为预设的插座设计好通向配电设备的电缆线路，并将熔丝考虑在内。不过，固定在表面的电视电缆既影响美观，又妨碍操作，所以应尽力寻找将其安全内置的方法。

耦合聚光灯是一个小问题，因为周边可能已经带有接通灯光的线路。构成连线是接下来需要思考的问题，不过操作办法多种多样。

第 5 章 电气系统

技术贴

近年来，设备制造商更加关注于使用合适尺寸电缆的需要。例如，Electrolux 三线冰箱的安装手册中称，如果配置了 $2mm^2$ 的电缆，运行长度就不能超过8m。加长的电缆（介于8m到10.5m）需要 $2.5mm^2$ 的粗细来防止电压过度下降。不过许多最新的家用产品（原由 Electrolux 制造）不能配置细于 $2.5mm^2$ 的电缆，即便长度较短。类似地，在家用自动电力选择器（AES）上，12V电供的电缆应为 $6mm^2$ 粗细。家用 RM7601 和 RM7605 设备的电缆要求更为严格。这些产品需要配置 $10mm^2$ 粗细的电缆，规格已非常高。是否所有的房车制造商都能达到这一要求还是个未知数。

左图：卡扣连接件被涂上颜色以示电缆的粗细。

一些处理12V电气系统的电工更倾向使用压接连接件，不同的型号也能匹配不同直径的电缆。比起卡扣连接件，它们更易隐藏。

如果你决定使用这一产品，购买一个好的剥皮钳是相当值得的。你不用破坏内部的电丝就能轻松剥去绝缘层。

注意，一些低价的压接工具不能有效地压制接口。下图展示的工具带有特殊的夹紧构造，因此能保证接口严密接合。

制作连接件

连接电缆的方式有很多。在某些情况下，电工仍偏向使用传统的软焊头。但是，汽车电工摒弃了这一做法，并且常使用特制连接件。

目前通用的连接件有三种类型：
1）卡扣连接件（苏格兰锁）。
2）压接连接件。
3）块状连接件。

卡扣连接件通过一个小的金属包头将电缆连接起来，金属包头的两端都带有绝缘层。使用卡扣连接件后，你就不必剪开电缆，即便电缆两端的绝缘层自带切口。一些电工不认可这一产品，但是美国国家拖车协会（NTTA）认为这些连接件很适合在干燥环境中使用。不过，连接件的大小一定要与电缆的粗细准确匹配。

指导建议如下：

卡扣连接件颜色	主线电缆 $/mm^2$	支线电缆 $/mm^2$
红色	0.5~1.5	0.5~1.5
蓝色	1.5~2.8	1.5~2.8
黄色	3.0~6.0	3.0~6.0

左图：尽管不是最便宜的剥皮钳，但是这个工具用起来十分方便。

左图：如果你经常使用这些连接件，那购买这样一个高质量的压线钳会非常值得。

左图：如果想在操作过程中松开夹口，这个工具有一个快速释放杆。

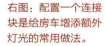

右图：配置一个连接块是给房车增添额外灯光的常用做法。

块状连接件非常实用，且能轻松实现对接口的拆解和接合。类似地，连接件的型号需要合理匹配电缆的规制。注意，当块状连接件的接合管过短时，采取剪去铜丝来解决的办法并不可取。

连接件的形式根据所用位置确定。你还需要保证电缆的安全性并尽可能地将它们隐藏起来。在安装时，固定夹片的间距应参照如下标准：

1）横向，间隔不超过250mm（约10英寸）。
2）纵向，间隔不超过400mm（约16英寸）。

车内照明

起初，房车内使用的是车用钨丝灯泡，现在有一些房车内仍保留使用。但是它们对电力的消耗过大，且照明强度也较低。

在20世纪60年代，车内照明的效能得到提升。一家在埃塞克斯名为Labcraft的公司生产出了可以用于12V电源的荧光灯。设备包含了一个可以将12V直流电转为125V交流电的小型逆变器，以使电压达到照明需要。

注意：房车内荧光灯的电压极高，因此在打开外罩安装新的灯管时，一定要切断电源。

许多荧光灯具至今仍在房车内有所使用，但多为冷色灯。在20世纪90年代使用的卤素灯泡就不出现这种情况。卤素灯为暖色照明灯具，且受到广泛使用，但它们也存在一些缺点。

卤素灯泡不仅需要大量来自蓄电池的电流，同时会释放巨大的热能。极端的例子有，当车顶的内嵌灯具缺乏通风时，包覆胶合板受热后会自燃。事实上，这一现象并不多见，得到正确安装的卤素灯泡还是相当安全的。

然而，在20世纪90年代末，豪华船舶制造商开始使用LED灯。2000年，许多房车都安装了LED灯，尽管价格昂贵，这一情况随后发生变化。

LED灯的一大优点是不产生热能。同样重要的是它对电流的消耗较小。有一个经销商曾指出，8个LED灯消耗的电能与1个卤素灯泡等同。LED灯最初只有冷色一种，和荧光灯的经典色一样，但现在发展出了许多颜色，包括暖白色、红色、绿色和蓝色等。

高质量的LED灯更耐用。例如，立体声系统中的红色LED灯可以连续使用几十年。同样，对于一些配置了LED前照灯的汽车来说，LED灯发出的光芒更具效果。汽车配置红色LED尾灯已经有了一段时间。现在大量房车车主都想将车内灯光改造为LED设备。此外，LED改装产品能够用来替换卤素灯泡，因此车主不用改动原

技术贴

在集成电缆的时候，绝不能把电源电缆和12V电缆放在一起。在其他一些产业中，例如造船业，运作电缆有严格的规定。不过，这些要求并未应用于房车。

改装房车时需要耗费颇多的心思来隐藏电缆，所以一些安装工使用7股或13股的集成电缆来打包基础车和拖车之间的线路。配置在房车中的新设备只需要一副电缆，但是在保护套中的其他电缆可作日后备用。

电缆的粗细不均，在一个13股的多芯电缆中，混合有可以满足不同房车设备需要的1.5mm²和2.5mm²电缆。此外，也可以通过把两股电缆结合来升级使用。如果你把两根1.5mm²的电缆合在一起，就能得到3mm²的电缆。可以说，一些自行改装的车主都用多股电缆完成房车布线。电缆不仅以保护套反映质量，同时具备不同的颜色来区分规格。它们还有用于集成的端口。

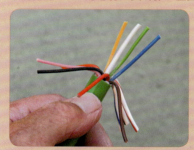

左图：这个多芯电缆在保护套中含有13根独立电缆，用于在旅游拖挂车中进行连接。

第 5 章 电气系统

有的灯具结构。

附图给出了对上述内容中几个要点的总结。

电磁兼容

近来房车购买者发现，活动区域内的电气设备，除了冰箱，在发动机运转时都会停止工作。室内灯光也是如此。这显然造成了麻烦，但有原因可作解释。

这由一种叫电磁兼容的现象引起，简称EMC。许多交通工具都依赖于电子控制系统。例如，在乘坐飞机时，乘客不允许在飞机航行过程中使用任何类型的电子设备。因为ABS（防抱死制动系统）和发动机管理系统等都受到电子电路控制，所以现代汽车普遍带有这一潜在的安全风险。

一般认为，当其他电气设备处于运作时，这些控制装置可能会受到不利影响。因此，房车内使用的辅助电气设备越少，房车的稳定性越高。且基于12V电路推出有一款自动隔离开关装置。这一组件常被称为继电器。一旦检测到发动机正在运转，继电器就会自动切断通向活动区域的供电。

老式房车的车主不需要这样一个系统，复杂的电子设备只在新式房车中有所配置。不过，在新车中缺少这一控制就可

下图：继电器是一个电气运行开关。在这一例中可以看到线圈和接触点。

1）新式荧光灯配件比起原先的设计更具吸引力。

2）拆开盖子很容易且安装灯管毫无难度。但是要确保电源已关闭。

3）这个阅读灯可以在支架上旋转，而且很容易改装，车用钨丝灯泡的耗能较大。

4）凹型卤素灯非常受欢迎，但是耗能较大、灯泡易热而且容易破碎。

5）高质量的LED灯几乎不需要更换并且耗能极小。这个顶灯有78个暖光LED小灯组成。

6）触碰玻璃会缩短卤素灯泡的寿命，但是有LED转换套件可以匹配支架使用。

7）这是21个LED小灯，但是也有更小的产品而且可以提供暖光。

8）尽管这些LED针脚和卤素灯泡一样容易折断，但是容易上手且方便固定。

技术贴

据称一些备用蓄电池被标为起动蓄电池。这源于它们的使用寿命很短，而且研究人员已经通过打开外罩求证了这一事实。一些品牌的产品不足以维持循环充电。当然，也有例外，符合EN503423规格的产品具备分离器封套和玻璃网罩，这都是特制备用蓄电池的典型特征。

能引发严重的交通事故，例如干扰制动操作。并非说不考虑有关EMC的担忧，但是在房车行驶时冰箱仍然继续工作。一些风机加热器的制造商也对EMC展开挑战，但是即便他们的产品可以不间断运行，实际上依旧会被系统自动停用。

有关这一问题的争论仍在持续。

备用蓄电池

主控的常用蓄电池和辅助的备用蓄电池都不应在安装后就置之不理。相反地，车主需要对它们开展定期检查，并且当使用问题出现时，一定要及时采取相应的解决办法。

房车的备用蓄电池有两个功能。首先，它能供应12V直流电来运行房车设备。其次，当你把备用蓄电池连接到电源和内置充电器后，它能消除来自于充电器中12V电源的波动。电压波动和紊乱都会损坏电子控制元件，因此必须要先将备用蓄电池安装进系统，然后才能运行12V电源。

使用方式

对蓄电池的期望和选用类型都取决于房车的使用情况。例如，如果你在绝大多数时间都使用230V电源，备用蓄电池就能源源不断地被内置充电器充电。在这种情况下，即便是一块廉价的低容蓄电池也能满足你的需要。毕竟，它只用于稳定电压，而非作为电力来源。

相比之下，一部分车主很少使用户外充电桩。一些人使用简易的场地，这些场地经过认证可以供房车俱乐部成员使用。另一部分人使用极小型的房车场地，如法国的Aires de camping-cars、意大利的Areas Attrezzata、德国的Standplatz和西班牙的Areas de Servicio spara Autocaravanas等。个别车主只在野营时使用房车，而在这些环境中，缺少电源意味着必须具备一块高质量的可充蓄电池。一些车主只是配备了额外的蓄电池或安装一个可以输出180A·h的大型元件。另外一些人则购置光伏太阳能电池板来实现循环用电。

蓄电池构造

在构造和运作两方面，常用蓄电池和备用蓄电池都有很大不同。除了之后会提到的AGM蓄电池，传统的铅酸起动蓄电池和备用蓄电池只具备单一功能。一些批发商认为，起动蓄电池和备用蓄电池功能都十分有限。其实，备用蓄电池只在起动发动机时性能较易。这一领域的专家会说，在目前，还没有一种可以兼有两种功能的理想蓄电池。如果你执意如此，那就只能高价购买一个AGM产品。那么，究竟是什么原因导致了功能无法兼有？

首先，请注意起动蓄电池只用于为起动发动机提供动力。这对电能的要求很高，但是一旦发动机开始运转，蓄电池就能从房车的交流发电机中获取再生电。最终，它的电力恢复到原始状态。而其内部构造本身就用于这种特定的使用模式。例如，内部的铅板比起特制备用蓄电池的薄很多。

右图：为了加长使用时间，这个车主配置了一套3块110A·h的蓄电池。

最右图：廉价蓄电池中的铅板极薄以至于需要用弹簧来进行固定。

第 5 章 电气系统

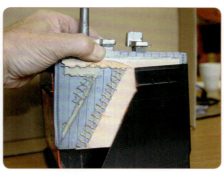

最左图：在带网格的铅板上使用氧化铅涂料；这里是阳极和阴极铅板的成品。

左图：重复深度循环会很快破坏起动蓄电池中的铅板，而且所有重要的铅板都位于网格上。

最左图：每个铅板都位于微孔增塑封套（有时被称为分离器）中；起动蓄电池的封套中不含任何物质。

左图：在备用蓄电池中，微孔封套中的玻璃纤维团紧附于氧化物涂料。

相比之下，备用蓄电池必须能够提供满足延长使用的稳定电流，而且有时候会来不及充电。但是，不能长时间不充电；蓄电池制造商强烈建议不要用尽电量，因为这会造成蓄电池的永久性损伤。此外，制造商也建议，在用完一半电量时就应及时充电。否则90A·h的蓄电池用起来就能像45A·h的一样。

备用蓄电池可以在（深度循环）充电之后迅速释放电量。常用蓄电池则不行。原因在于起动蓄电池中的薄铅板起到了作用，铅板内的氧化物被打乱，然后沉积到蓄电池底部。

在特制的备用蓄电池中，铅板不仅极薄，而且紧紧附有一层玻璃纤维，以使氧化物在蓄电池中的运动效率更高。

这一点在价高的产品中体现得更为明显，同时说明了为什么备用蓄电池的使用寿命可以比常用蓄电池更长。

起动蓄电池和备用蓄电池使用的液体量几乎相等。所用的稀硫酸液在蓄电池中被称为电解液。在其他一些类型的蓄电池中，电解液是较为固态的酸性凝胶。此外，

还有由玻璃绒填充的AGM产品，可以完全吸收硫酸。

房车使用的蓄电池可以概括为：

1) 标准起动蓄电池（也被称为车用蓄电池、钙质电池、湿式蓄电池、铅酸蓄电池），也可用于重型的载货车辆。
2) 备用蓄电池（也被称为半硝化蓄电池、辅助蓄电池、湿式蓄电池），也可用于高尔夫球车、电动轮椅和叉车。
3) AGM蓄电池。
4) 凝胶蓄电池。

相关的技术性说明有：

1) 起动蓄电池和备用蓄电池的充电电压都不超过14.6V，而且不用注入蒸馏水。因此，一些制造商把它们称作"免维护"，这在一定程度上形成了误区。其他一些制造商则只对不能打开的密闭蓄电池使用此称呼。

左图：测试者对全新满电的蓄电池进行放电试验时，常会发现容量不太准确。

右图：Optima 系列的 AGM 蓄电池外形独特；单个蓄电池包含密实玻璃纤维。

2）在起动蓄电池和备用蓄电池中，每块铅板都被放在打了孔的塑化分离器中。备用蓄电池内还装有玻璃纤维团。

3）一些对外销售的备用蓄电池，内部构造实则和起动蓄电池一样。放电试验进一步表明，在实验室环境中被检测的产品，很少能达到供应商宣称的容量数。

4）蓄电池专家坚称常规铅酸蓄电池和备用蓄电池的性能都比较好，虽然功能单一。

5）从电气角度来说，凝胶蓄电池不如液性蓄电池。这一类型的蓄电池并不适合用在汽车或船舶上。四轮摩托、喷气滑雪板和一些房车则可以使用凝胶蓄电池。

6）凝胶蓄电池被完全密封，所以在充电时没法通风排放氢气。由此，凝胶蓄电池的充电电压不能超过14.2V。这样就不会生成气体。

7）AGM蓄电池不只填充了大量可以吸收酸液的玻璃纤维；在制造期间，内部气体会被抽走，然后装配一个泄压阀。尽管价格相对昂贵，但是像Banner Running Bull系列这样的AGM蓄电池，可以循环使用很多次，使用寿命更长。

8）一些AGM蓄电池用常规的矩形聚丙烯外壳制造。Optima的产品是个例外，这些蓄电池是多个单体蓄电池的集成，看上去像六罐饮料。在内部，压缩玻璃纤维被装在一个滚轴里。

使用指南

为使备用蓄电池得到最大化利用，制造商建议车主遵循以下7点内容：

1）蓄电池两端应涂抹油脂或蜡膏，例如凡士林。否则，会使两端积灰，甚至导致电极断裂。

2）对于没有密封的蓄电池，要定期检查内部的电解液。在检查之前，要确保周围没有明火和烟尘。如果条件允许，还须佩戴护目镜。如果酸液溢出，应立即用去离子水进行稀释，这在汽车配件商店中有售。

3）蓄电池不能长时间处于无电状态，因为没有即时充电会造成蓄电池的永久损坏。当被闲置时，蓄电池会发生硫酸化并且表面会出现白色沉淀。在日常生活中，有些类型的充电器可以使蓄电池得到再充，但很少能够充满。在多数情况下，这些充电器的用处很有限。

4）如果房车需要闲置一段时间，请想办法保持备用蓄电池处于有电状态。这会占用一个充电桩，或者使用涓流式

右图：在这台 Frankia 房车中，电极缺少润滑剂会导致盐类过度沉淀。

最右图：如果单体蓄电池里的电解液过少，要添加去离子水。

右图：这块蓄电池被闲置后已提前报废，因为所有的铅板都已经被盐酸化。

最右图：这个Carcoon涓流式充电器含有带小孔的引线，可以和蓄电池永久相连。

充电器，保持永续充电。Carcoon的产品本用于一般的私家车，但其实对保持房车蓄电池处于有电状态十分管用。

5) 完全密封的凝胶电解液蓄电池，例如Varta Drymobil很少被用到，且需要仔细参照制造商关于维护方面的建议。为湿式铅酸蓄电池设计的充电器不适用于凝胶蓄电池。

6) 从房车拆下蓄电池时，要先断开负极；在安装蓄电池时，最后再连接负极。

7) 上文已反复强调要避免用尽电量。需要进一步说明的是，房车上的备用蓄电池比起旅游拖挂房车更需要定期充电。这是因为旅游拖挂车常常被闲置在一地，且当没有电源连接时，再充会引起问题。相比之下，大多数房车都被经常使用，都会定期通过交流发电机充电。

检查充电水平

备用蓄电池的状态一般是指它的充电情况。安装在房车内的量表也常用"蓄电池状态"标注。当然，这一说法并不准确，因为带有破损和耐用度明显降低的老化蓄电池也算处于不佳状态。虽然可用比重计测试，但一般都用量表检查蓄电池的充电状态。使用量表时，只需直接读出蓄电池上的电压数，但也必须牢记6点。

1) 推荐使用数字电压表因为读数简明且较为精确。它们的价格一度极高，但现已下跌。

2) 确保所有的房车设备都已断开连接。即便是固定连接的时钟，也会干扰读数。

3) 如果蓄电池刚充完电，或者你刚驾驶过房车，读数都会偏高，而这和稳定时的电量有很大出入。你需要在电压测试前保持车况稳定，而这意味着需要至少等待4h以上。原因在于，处于不良状态的老旧蓄电池存在蓄电问

左图：数字万用表用于通过电极直接读出电压数。

题。蓄电池刚充完电时读数显示正常，但在一两天后就会大幅下降。相比之下，良好状态下的蓄电池即便两个多月不使用也能保持一定的电量水平。

4) 不要相信备用蓄电池可以提供12V电压，而且很多房车车主会惊讶于读数12V意味着电量已处于低水平。下表可说明问题：

电压表读数	充电水平
高于12.7V	100%
12.5V	75%
12.4V	50%
12.2V	25%
低于12V	无电

5) 另一个判断蓄电池状态的方法是使用比重计。测试成本较低，但你在检测电解液时需要佩戴防护目镜。佩戴防护手套也相当重要。把比重计的喷嘴插入酸液中然后用力抽取并释放电解液，反复多次。如果酸液已经发黑，表明蓄电池已经使用了很久。这意味着铅板上的氧化物已经开始脱落，蓄电池即将报废。

6) 如果酸液的颜色没有很大变化，再检查比重计上的读数，见下表：

酸度（比重）	电压（空载）	充电水平
高于1.280SG	高于12.7V	100%
1.250SG	12.54V	75%
1.240SG	12.40V	50%
1.180SG	12.18V	25%
低于1.120SG	低于11.88V	0%

注意：蓄电池中的硫酸具有强腐蚀性，一旦溅到手上，应立即用清水冲洗，所以还是应尽可能地佩戴防护手套。

左图：比重计度数1.28SG表明这块蓄电池处于满电状态。

> **技术贴**
>
> 不同充电器下蓄电池输出的变化：
> 1) 蓄电池的规格容量用A·h表示，假定周围环境温度为25℃。大约温度每下降1℃，蓄电池容量会下降1%，所以当60A·h的电池在15℃的环境中运行时，它会下降变为54A·h的蓄电池。在冬天问题会更加严重。在漫长的冬夜，蓄电池不仅需要为灯光和加热提供持续的动力，寒冷的天气也会使蓄电池的实际容量远小于设定的容量。
> 2) 随着使用时间的增长，蓄电池的充电情况会发生恶化。
> 3) 如果同时使用很多设备，放电率会急速增大，蓄电池性能也会受到损害。这就是为什么符合欧盟50342标准的蓄电池会有两三个安时数。较低的那一个表示在同时使用很多设备的情况下，蓄电池最低的安时数。

右图：这块Varta蓄电池具有75A·h或85A·h两种规格容量。

外，在漆黑阴冷的冬夜，对蓄电池的要求不同于夏天。不过，在不同的现实条件下安时数究竟意味着什么？

为了得到有关一次充电后蓄电池可输出电量的大致估计，现做如下计算：

1) 确定设备的功率。典型的例子是：单管带灯8W；聚光灯10W；水泵50W；彩色电视50W（一些电视机如Roadstar CTV 1020只有30W）。
2) 计算出需要使用的小时数。
3) 将功率乘以小时数计算得到每个设备的电功率。
4) 计算总电功率。

这在下表中呈现得更为清楚：

设备	功率/W	使用时间/h	电功率/W
两个8瓦的照明灯	16	5	80
两个10瓦的聚光灯	20	1	20
水泵	50	0.2	10
彩色电视机	50	5	250

总电功率为360W。

电功率除以电压得到安时数：

360W ÷ 12V = 30A·h

如果你的房车配置了60A·h的蓄电池，而以30A·h的速率使用且环境温度为25℃，那么一天内只会消耗50%的电量。蓄电池制造商推荐这一做法。很明显，这样能使蓄电池多使用一天，但是用尽蓄电池的作法并不可取。

新的房车车主会惊讶于备用蓄电池的用电速度。以上内容已阐明了观点，且肯定了配置大型90A·h蓄电池的优势，但需要提供一个足够大的安置空间。一部分房车车主会安装180A·h的蓄电池来满足需要。

> **技术贴**
>
> 生产符合EN503423规格产品的制造厂经常依据20小时放电率计算安时数。

如果硫酸溅到衣服上，会马上烧出一个洞。

一次充电后的电量

蓄电池容量用安时数来表示，意为充满一次电后可用的小时数。一般来说，备用蓄电池的尺寸大小和安时数有关，同时一个90A·h的蓄电池比起60A·h的蓄电池充电次数要少。蓄电池容量也不可能达到完全的满额。

房车备用蓄电池的指定摆放位置往往不能容纳尺寸更大的蓄电池。

实际上，这个问题并不大。经常驾驶的房车车主不会因此而受到过多影响。只有当你在野外长时间宿营时，因为在到达目的地后可能使用其他交通工具而闲置房车，此时就需要一个90A·h的蓄电池。此

安放备用蓄电池

备用蓄电池和交流发电机的距离越近，驾驶时的充电率就越高，且如果有足够开放的空间，发动机舱就能满足这一需要。实际上，在多数房车的顶罩下没有足够的空间可以容纳，所以另一个选择就是

右图：很难把备用蓄电池的检测部件安装在驾驶座下面。

第5章 电气系统

把蓄电池放在驾驶座下面。这仅针对发动机前置的基础车型（老式的大众基础车型把发动机后置）。

正如前面所讨论的，这样做的原因在于，过长的连接电缆会导致降压和低充电率。毋庸置疑，粗电缆可以规避降压，但是从电气角度而言，把备用蓄电池放在车后的储物柜和衣橱/柜两边并不方便。但是，一些制造商并不关注这一点。

其他有关安放的内容：

1) 备用蓄电池不能和气瓶摆放在同一个储物柜里，从电极中冒出的火花引燃气瓶后会引发爆炸。理想的位置是放在一个独立的储物柜中，从内部密封，但能和车外互相通风。奇怪的是，在旅游拖挂房车上设计有特制的蓄电池存放间，但在房车上没有。极个别的特例是2012款的贝利Approach系列和BCA Leisure的房车，设计有蓄电池存放间。

2) 在电极上应避免使用鳄鱼夹。鳄鱼夹可能会发生位移，并且连接不良引发的火花极具威力。推荐使用汽车商店销售的传统螺栓夹钳。

3) 回顾一下，之前提到过当温度低于25℃时，蓄电池的安时数会降低。如果把备用蓄电池放在能从活动区域吸收热量的地方，情况就会好转。但实际上这很难做到。

4) 许多车主都强烈希望能多出一个用来单独存放备用蓄电池的隔间，但又不想牺牲已有的储藏空间。一个现行的解决办法是在车底加装一个贝

上图：贝尼盒（Beeng Boxes）属于私人定制产品，可以安装在大多数房车上。

尼盒。它们都由工人独立制作，并在康沃尔的工厂中完成装配。它们十分牢固，足以承载诸如备用蓄电池这样的重物。更多有关贝尼盒的信息详见第10章内容。

5) 如果备用蓄电池是标准的湿式产品，那么存放的地方一定要通风。具体的原因见安全贴（右边）。

采购注意事项

在采购备用蓄电池时，考虑日后的使用情况相当重要。这在本节的开头就已提及。权衡各种不同类型的蓄电池也很重要，只有AGM蓄电池可以被称作真正的两用产品。

房车车主还要考虑蓄电池的重量，这里存在一个问题。一块重量较轻的蓄电池对载重的影响较小，但这样的蓄电池意味着铅板只适用于起动蓄电池。一块好的备用蓄电池应该是比较沉重的。

此外，一些市售的备用蓄电池其实是三无产品。例如，一些进口产品以极低的价格出售，但是它们的质量常常让人感到

安全贴

在充电期间，蓄电池有时会释放氢氧混合物。它比空气轻，易燃、易爆，还带有特殊气味。一个烟头就能把它引燃，进而引发蓄电池爆炸和酸液飞溅。

有两种解决办法。如果蓄电池被装在一个定制的储物柜中，就需要设计一个通风口。它应该位于蓄电池的顶部，因为氢气向上散发。替代另一个方案是连接一根通风管，而且大多数备用蓄电池都具备可以插入管道的连接喷嘴。这听起来就像在墙上或屋顶插入一根塑料管。如果采用的是这种办法，通风会处于一个较低的水平，因为气体会滞留在塑料管道中，而且有时会被迫回流。

用于欧盟50342规格的备用蓄电池

失望。贴在这类蓄电池上的标签也带有很强的误导。最近一款在英国销售的产品自称为110型号的蓄电池,但标签上的小字写着90A·h。实验室检测试验证实,这一产品只有54A·h。

值得庆幸的是,其他一些产品还是可以信赖的。例如,有些按照EN50342标准制造的蓄电池,实际安时数比标签上标注的数字要大。不过,当下只有极少数制造商会生产满足EN50342标准的蓄电池。这些制造商包括Banner、Exide和Varta。

这些蓄电池价格很贵且使用的房车制造商并不多。一个例外是在2011年由Bailey房车发布的Approach系列,全部都配置了Varta蓄电池。希望其他房车公司也能效仿。

充电装置

备用蓄电池可用这些供应源进行充电:
1) 便携式或固定电源充电器。
2) 交流发电机。
3) 汽油或柴油发电机。
4) 风能或太阳能充电系统。

电源充电器

便携式充电器、固定充电器、不同的充电模式和不同类型蓄电池的需要都应该考虑在内。例如,深度循环的备用蓄电池最好由不同于汽车蓄电池的充电模式进行运作。现实当中,低价的蓄电池充电器通常都不能满足这两个要求,尽管一些类型具备双向充电选择开关。还有一些复杂的充电器功能更强大,可以根据不同类型蓄电池的要求提供一系列不同的充电模式。充电器和蓄电池的关系需要得到正确处理。

毋庸置疑,充电器的电流输出会影响充电时长。同时,充电器的性能需要匹配蓄电池的再充容量。经验表明,充电器的电流输出大约等同蓄电池容量的10%。然而,一些智能充电器拥有更高的容量,且低电流输出的充电器较之以前,有时可以匹配一个容量更大的蓄电池。

有一个蓄电池问题受到广泛关注,即它有时会被充电过度。当这一情况发生时,电解液(蓄电池中的稀硫酸)中的水会开始蒸发。这时必须尽快补充去离子水。

右图:常用蓄电池和备用蓄电池都有六块单体蓄电池。

在常用的湿式备用蓄电池中有六块单体蓄电池,每一块都有用来检查和补充电解液的塞盖。

有时单体蓄电池会发生故障然后扰乱充电器的感应系统。充电器会保持充电状态,而不是在再充电时自动关闭系统。

铅酸蓄电池或湿式蓄电池最好使用14.8V以上的电压充电,而凝胶和AGM密封蓄电池必须使用低电压充电。

例如,凝胶蓄电池制造商常说充电量不应超过14.2V(尽管有些产品说明书建议为14.4V)。密封AGM蓄电池的制造商认为14.4V是极限量,但也应听取蓄电池制造商/供应商的建议。

另一个需要思考的问题是,一个标准充电装置可以和蓄电池连接多久。通常情况下老旧的充电器应在充电完成后立刻断开连接。另一方面,智能充电器包含一个蓄电池状态感应设备和独立的内置开关功能。此外,当蓄电池恢复电量后,它可以良好保持这一电量水平。后文将给出有关涓流充电的建议。

内置充电器

把房车和内置充电器相连后,许多车主会保持内置充电器不间断运作。当充电器包含蓄电池状态感应设备时,这一做法无妨,但是一些制造商也建议在蓄电池充完电后就应立即关闭充电器。对老旧产品尤其应该这样,所以请查阅在房车车主手册中的使用建议。

记住,内置充电器运作时,不仅为备用蓄电池充电;同时输出也用于运行各种12V用电器。为了增强充电性能,房车充电器常被设计为提供13.8V(最大值)的对外输出。实际上,大多数12V用电器都可以在13.8V电压下安全运转,不过输出不会太大。但是,对多数蓄电池而言,这样的电压并不能满足需要。铅酸蓄电池和备用蓄电池的制造商常常指出,14.8V左右的电压可以满足前期充电的需要,但到后期

第 5 章　电气系统

最左图：显示器显示了 2 个来自 BCA 备用双充充电器的输出电压。

左图：来自斯特林的蓄电池充电器和电供元件经常被用在房车中。

最左图：CTEK Multi XS 7000 脉冲充电器提供 6 级充电水平和 16V 最大升压。

左图：Banner 涓流充电器能使备用蓄电池处于持续的满电状态。

左图：为使来自交流发电机的输出最大化，一些制造商安装了斯特林 4 级交流发电机调节器。

就得提供更高的电压。不过，你可以在切断房车的12V供电后转接一个高输出的充电器。

为了满足不同的充电系统要求，BCA Leisure研发了一款名叫Duo Charger的内置电源供应产品，拥有两个独立的输出。一个的最大限额为13.8V并且可以运行房车的12V用电器；另一个具备更高的电压，且仅用于为蓄电池充电。尽管BCA Leisure主打将产品直接供应给制造商，但许多房车都会配置这家公司的12V电气系统。

尽管有时蓄电池无法完成迅速充电，但也不要在无备用蓄电池的情况下使用房车的12V电气系统（换言之，像一个变压器/整流器一样从充电器中获取电力）。这一做法不受推崇，因为充电器的输出会产生波动，而且一些12V用电器必须被给到稳定的电压。请保持电路稳定，同时避免对设备造成损伤。

除了上述几点之外，还应认识到，充电时可能引发蓄电池释放爆炸性气体的条件。

气体处理

当充电器的输出电压超过14.4V时，铅酸蓄电池会开始放气。这是指稀硫酸电解液会释放出氢气。这就是为什么严禁在充电蓄电池周围吸烟或使用明火。即使充电已经完成，残余的气体也会在蓄电池中留存一段时间。笔者所在地的车库曾发生一起爆炸事故，当受邀去检查一个已经被完全炸开的蓄电池外壳时，发现强酸只是溅到了工

技术贴

给常用蓄电池充电

尽管房车的内置充电器看上去就在备用蓄电池后面，但它不能切换给常用蓄电池充电。为了满足充电要求，一个车主会携带一个常用的便携式充电器。

另一个解决方法是安装Van Bitz Battery Master，可以给常用蓄电池提供来自备用蓄电池的涓流充电。它处于全自动运作状态。安装包括连接常用蓄电池和备用蓄电池的正极，并通过Battery Master的控制继电器。装置会检测备用蓄电池的充电情况，而且当达到超过常用蓄电池的高压时，它就会转移部分电力。例如，当备用蓄电池在充电时，一个红色LED灯表明正在转移电力。

95

人的衣服上。事故的起因是，当他从蓄电池两极取下充电夹时，他正在吸烟且未佩戴护目镜。

请注意，一些房车制造商很草率地将蓄电池放在不合宜的地方，这要引起重视。例如，如果备用蓄电池安装在驾驶座下方且排气管恰巧脱离，氢气就可能在充电时逸出。随着气体浓度不断增大，周围有人吸烟就会引发爆炸。把蓄电池密封是一个合理的做法，常使用带排气的定制蓄电池间。不过能否被配置在旅游拖挂房车上，尚有争议。

另一个解释固定蓄电池限额为13.8V输出的原因是，在这一电压水平，只要有一块单体蓄电池损坏就会有气体开始逸出。当然，这听起来似乎可以避免，不过也不完全正确。在一段时间内，备用电池的性能会逐渐恶化，铅板上会附着硫酸盐。不过，使用大约14.8V的电压会引起放气，并且帮助解决这一状况。许多备用蓄电池会由于轻度硫酸盐沉淀而提前报废，使用一个高输出的充电器可以缓解这一症状。当然，正在放气的蓄电池需要得到良好的通风，并且隔绝火星、明火和烟头。同样，经常放气的蓄电池需要定期加注去离子水。

智能充电产品

显然，如果车主定期把备用蓄电池转移到一个安全的环境，选择高输出的充电器就会较为稳定。比如，RoadPro出售的斯特林充电器经常用于海洋产业。这些产品被创造出不同的使用选择以迎合蓄电池制造商的设想。例如，他们对凝胶蓄电池有所限制，要求充电电压不能超过14.2V。不过，这一类型的高规格产品比起基础的单一功能充电器要贵很多。其他可调充电器包括CTEK的产品，设计为不同类型的铅酸和凝胶蓄电池提供充电，包括配置在房车上的品种。CTEK充电器的不同之处在于，它们在运作过程中加入了脉冲输出，而且Multi XS 7000型最高可调至6档。运行周期为4h的16V最大升压设置，也能用于蓄电池，但常被忽略且需要广泛的社会认知。CTEK产品采用自动定时和电流控制充电，所以蓄电池需要匹配并且采用适当的充电档位。

当下，RoadPro的目录册包含一张列举了16种不同CTEK产品的表格和一张详细记录每个充电器容量的表格、阶段性操作、最大充电电流以及蓄电池应用。

涓流充电

到目前为止，本章都在讨论给备用蓄电池充电的流程。不过，维持满电蓄电池的电量也相当重要。例如，在其储存期间。不能忽视的是，即便房车不被使用，类似时钟和电子警告器的仪器也会持续消耗电量（尽管消耗较小）。但是，这些小额电量累积起来就会使电量不可避免地大量减少。

为了使蓄电池保持满电状态，设置一个涓流充电装置是明智的做法。顾名思义，它只提供小额充电，并且带电子感应系统的新版本会根据接收到的蓄电池信息自动激活或停止。特制涓流充电器可向汽车零部件公司购买。在另一方面，如果你拥有一个带档位调节的智能充电器，它可能也包含一个涓流充电功能。这一设定通常会在充电周期完成后被自动激活。

车用交流发电机

房车发动机自带的发电机能够像给充常用蓄电池那样给备用蓄电池充电。

要使备用蓄电池能在发动机运转时获得充电，不能只是简单把它和常用蓄电池对应连接起来。一旦完成连接，汽车起动后，电流就能从两个蓄电池中流出。这会损伤备用蓄电池，而且有时会使熔丝熔断。

不论发动机是否运转，蓄电池都需保持独立。但是如果安装有一个特殊的继电器，连接就会在汽车起动后自动形成。继电器是一个电力运作开关。当它被联入系统后，两个蓄电池直到发动机开始运作前都会保持独立。在这种情况下，来自交流发电机的电力会触发继电器进行形成两个蓄电池之间的连接。而且，如果在驾驶途中需要使用12V供电的冰箱，也可以配置一个类似的继电器。

有几家电气供应商会出售合适的继电器，包括Hella、Lucas、Ring、Ryder和Towing Electrics。同样，也有用于旅游拖挂房车的组装套件。

在老式房车中，冰箱和充电继电器通过发电机中的点火操作得以触发。实际上，形成这种连接并不容易而且必须咨询房车电工。新式房车的布线较之前更为复杂，因此听取经销商的建议相当有必要。在基础车上从点火控制配件中获取供电也不是一个合理的选择。

一些配件在起动机起动后就被触发，

第 5 章 电气系统

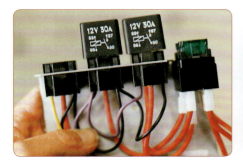

最左图：独立的蓄电池充电继电器可以安装在房车上。

左图：Towing Electrics 的 TEC3M 是一种被多家房车制造商使用的组合继电器。

意味着常用蓄电池从备用蓄电池中吸收了过多的电力，这会导致蓄电池损坏。

一些房车电工倾向于给电路隔离开关、蓄电池充电器和冰箱设备安装电磁继电器，或者安装组合继电器。被广泛使用产品的是Towing Electrics的TEC3M元件。

最后，装配蓄电池到蓄电池的充电器可以通过交流发电机提升备用蓄电池的充电率。样例包括CTEK和Sterling的系列产品，而且越来越多的房车车主开始使用这些充电器。有关蓄电池到蓄电池功能的充分解释和安装细节可以从制造商处获取，相关建议也包含在许多产品目录册中。

用于充电的汽柴油发电机

发电机对运转电源设备十分有用，但是很多都传出波动性的电压而且会有不正常的电力激增现象。例如，当一个低功率的230V电水壶在水烧开自动关闭后，会出现一阵电力激增，这会引发诸多问题。电子产品（如笔记本计算机）不仅都需要一个来自电源的稳定电供，而且房车中会广泛使用到自开关式的蓄电池充电器。自开关充电器重量较轻，但是电力激增会损坏其灵敏的电子电路。20世纪80年代，装配在房车内的充电器会兼用变压器，以使损伤减轻。不过，这些老式产品比起取代它们的自开关充电器要重许多。

为避免造成损坏：

1) 如果你只是想用一台发电机来为蓄电池充电，一些好的产品可以提供独立的12V电力输出。它会给到引线一个直接导向电极的连接点，从而去除房车中的内置充电器。

2) 如果你把发电机的230V输出接入房车的电源输入插座后，完全忘记关闭耗竭元件和设备，然后起动发电机，设备可能出现损坏的风险。为了避免发电机在起动时的电力激增，你必须关闭房车内所有的电力设备，包括耗竭元件上的电源开关。不过，发电机和房车进口插座之间可以保持连接状态。随后按照指示起动发电机。等待它达到正常的转速。接下来只要打开230V耗竭元件上的主控制器，如果有充电器的电源开关，也应一并打开。

3) 也许来自发电机的最平稳的电压可以从本田的EU10i 和 EU20i中获得。它们使用了一种完全不同的产生电力的方法，而且电压比一般的更稳定。为了达到这一点，本田的产品先产生12V直流电，然后经变流器提升并整流到230V交流电。

4) 为了保证已正确使用发电机而不会损坏充电器，最好和房车制造商确认一下情况，而且你必须遵循所有的发电机指令。

注意：高质量的发电机比较昂贵，所以在使用时，需小心看管以防被盗。还有一些发电机噪声较大，使用时应考虑周围环境。

左图：一台带插头的本田发电机，可用于连接充电的12V蓄电池。

97

右图：用铁链把这台本田发电机和牵引支架锁在一起以防被盗。

用于12V电气系统的太阳能和风能发电机

太阳能和风能发电机只能给蓄电池提供涓流充电。它们不能生成电源电力。只有在家用设置中，成排的太阳能电池板和逆变器可以产生230V供电。

严格说来，太阳能的说法并不准确，因为光电电池从光中生成电力，哪怕是在多云的情况下仍会有电产生。它们并不依赖于阳光。太阳能电池板是热门产品，而且很多内行都把它们装在房车车顶。便携式电池板也十分受到欢迎，因为它们可以被轻易地从一辆车上换到另一辆车。不过，也有便携式太阳能电池板被偷走的案例。安装风能和太阳能电池板后，需要加装一个调节器来确保蓄电池未被过度充电。例如，大风天气下，风力发电机提供的极高输出可能会导致蓄电池损坏。在艳阳天，太阳能电池板的输出会超过安全极限。在好天气下，电池板不应产生20V左右的电压，因此需要一个电压调节器来进行检查。稍贵的调节器会在LCD显示屏上显示电压信息。

房车有多种太阳能电池板可供使用。它们的配置都较为齐全，但大型的电池板会更贵。它们也很重，不过不用固体框架制造的半柔性产品会比较轻。要把它们安装在车顶十分容易，因为不用钻孔即可固定设备，半柔性电池板只用黏合剂（详见第10章内容）就能固定。毫无疑问，像70W那样大小合理的太阳能电池板，可以给备用蓄电池提供有效的涓流充电。不过，电池板在漆黑的冬夜里很难工作，这也正是电池板最低产的时刻。

电源系统

这部分将介绍电源供应系统的组成部分并提供相关的安全指导，包括组装步骤。只有老式房车不含标准的电源供应系统。不过，综合布线工具套组可以用来补装设备。许多车主将这一工作委托给有资质的电工，但是一些业余车主没有足够的知识和能力安装230V电源。

安全事项：自行安装必须经有资质的电工核验，并且签名以符合当前IEE规程。详情可联系NICEIC或ECA查询核检员信息。

右图：便携式太阳能电池板能被转移到另一辆房车使用，但也容易被盗。

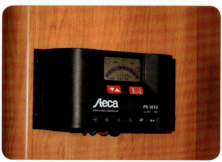

右图：这个 Steca 太阳能充电控制器显示安时数水平和一段时间内的电力所得。

最右图：这个来自GB-Sol的半柔性、无框架的太阳能电池板无需被打孔固定，因为可以用黏合剂粘附在车顶上。

第 5 章 电气系统

上图：Powerpart 230V 电源线组配套有详尽的安装说明。

上图：拴在底盘上的地线警告标签不可拆除。

工具套组应包含：

1) 合适的电缆，可以匹配符合IEE标准的线路。具体为连接内置插座到余电装置的2.5mm² 的软电缆；供应所有小型断路器电路的1.5mm² 软电缆。

2) 和余电装置一同制造的耗竭元件；如果有人触碰到了带电的电线，电源会随即切断。它还包括保护个别电路的小型断路器，一个用于冰箱，其他的用于插座。有三个小型电路器都用来保护大型房车内的额外设备。

3) 用绿色和黄色护套包裹的地线。必须和耗竭元件中的接地棒相连并拴在底盘上，还需加装一个警告标签并且附在地线的固定点上。

4) 三线的13A插座。在一个高价的套组中，它们会被替换成转换插座，并且带有双极点开关。不过几乎没有制造商会安装这一类型的插座。

5) 符合BS EN 60309-2的内置插座。

6) 一些套组还包含连接用的挂钩电缆，均应符合BS EN 60309-2，否则就应独立购买一根连接电缆。它不能超过25m长并且应包含三根核心软电缆，分别为火线、零线和地线。每根线的横截面积都必须达到2.5mm²。另外，不推荐在连接时使用超过一根的扩展引线。

注意：

1) 小型断路器是一个用来保护电流过载的跳闸器。它相当于老式的熔丝。

2) 余电装置过去被称为地漏断路器或剩余电流断路器。近年来，它们合并了双极开关，意味着它们可以同时控制火线和零线上的电流。记住，余电装置不会为电极、引线和短电缆（连接房车入口插座和耗竭元件）提供振动保护。

3) 大多数装在房车里的耗竭元件只能用于230V电压。不过，另有一些控制元件，例如（装在比尔博改装房车内的）Plug-In-Systems PMS3和之前图示的Sargent EC500（在单独控制箱中包含电源、充电器和12V电气系统）。

在英国，房车内的系统设计为连接匹配工业插座的挂钩电极。如果你想要在家把电源线连接到13A的插座，请仔细查阅下一节的内容。类似地，适配器必须可以连接各类市售的挂钩电极。

下图：比尔博产品经常带有一个可以在单元件中连接电源和 12V 控制装置的 Plug-in-Systems 电力设备。

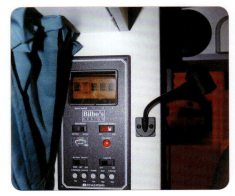

安全贴

1) 强烈建议，电源系统应由有资质的电工进行例年核检，并签发证明以示安装的安全性。

2) 如果你购买了一辆配置有自主改装的二手房车，而改装又不符合标准，请更换成获批的电气系统。

3) 经常按下测试按钮来检测余电装置的运作。在正常情况下，系统会立即关闭，就像有人触摸到火线一样。

4) 余电装置通过监测火线和零线之间的状态从而运作。如果你不小心碰到火线，电流会经由你的身体导向地面。一旦监测到这种不平衡状况，余电装置就会关闭开关，电流随即被切断。一切都发生在毫秒之间，但你仍然会感到一阵急剧的电流冲击。

5) 最好在房车中使用双重绝缘的设备。满足这一安全要求的设备会被贴上BEAB批准标签。

99

技术贴

电源插头

临时用的电源十分有限。有些电供低到只有5A；另一些也只能达到15A。一些能提供两级电源和对应的充电水平。在到达当地后，你需要向管理员询问额定电流值。

使用问得的数据（安培数）乘以230V可得供电的总功率。例如，当地提供了10A，10A×230V=2300W。然后就需根据这一功率来使用设备。

通常说来：

电灯泡	60W	蓄电池充电器	100W
小型彩色电视机	50W	微波炉	1200W
冰箱	125W	家用水壶	2000W

汇总所有预期使用设备得到总功率，然后评估你是否会超过当地电源的使用负荷。

注意：

1) 如果超过了用电负荷，就会触发跳闸开关，然后需要联系管理员来恢复供电。

2) 临时电源不可能提供满额或接近满额的输出。建议常提醒车主不应使用无必要的230V设备。这在冬天尤其重要，因为中央加热系统往往会消耗大量电力而非燃气，许多车主会在冬夜长时间地观看电视和使用内置灯光。

连接供应

当你获得批准使用电源供应后，请遵循以下操作流程：

1) 关闭余电装置的主控开关和所有230V设备。
2) 松开挂钩引线。切勿解开缠绕，因为会导致过热。
3) 把带凹管的挂钩插头插入到房车的内置插座。
4) 把带扣的另一端插入到供电处。有时你必须顺时针旋转连接器以使之锁紧，而且这会触发电流。
5) 进入房车找到电源耗竭元件，打开它的主控开关。这一开关由余电装置控制触发230V电源。
6) 作为安全性检查，按下跳闸按钮来确认余电装置已被切断。
7) 完成跳闸检测工作后，重设余电装置的开关来恢复供应。
8) 检查电供的电极。有时在耗竭元件上会亮起极性相反的警告灯。如果没有警告灯，确保购买的插座测试仪来自正规的经销商。

断开电源时，一定要关闭所有的电源

右图：在连接到电源供应之前，要关闭在耗竭元件上的余电装置主开关。

最右图：把挂钩引线卷紧会导致电缆过热并引发绝缘层熔化。

右图：当电力接通时，一个测试装置会确认系统是否存在极性颠倒情况或其他基础问题。

最右图：有时在英国，只有按下挂钩插座上的红色按钮才能拔出插头。

第 5 章 电气系统

上左图：在一些房车的电源入口上，你必须先按下释放按钮，再拔掉插头。

上图：为了从家中输出电供，可以购买一个插头适配器和一个便携式余电保护装置。

设备和余电装置的控制开关。然后从挂钩电极上把供应插头撤走。如果装配有扭绞插座，你需要按下红色按钮来松开连接器。

类似地，一些房车上的电源入口插座也会配置插头释放器。

在家连接电源供应

有时你会想在家中把房车连到13A插座。或许是因为要在度假前一天给冰箱预冷，又或者是因为要给蓄电池充电，以延长使用时间。

一个适当的做法是使用你的电源挂钩引线，然后在耗竭元件保障安全的情况下运转所需的设备。不过，引线本身不会受到保护作用，它只是独立地从家中输送电流。作为家庭供应系统的一部分，一些设备会受到余电装置的保护，另一些没有配置的则不会。为了确保引线在运作时足够安全，应给13A插座安装一个便携式的内嵌余电装置。它们在房车配件店有售，附图展示了其中一个产品。

极性

在英国，开关只会对设备或灯具的火线形成切断。如果灯被关闭后，不再会有电流导向灯泡、蓄电器或其本身。

不过，在欧洲有很多国家的开关同时控制火线和零线，系统被称为双极开关。这无疑十分安全，但是承包商在安装营地接线的时候就会变得很散漫。火线和零线常常颠倒，这被称作极性颠倒，在所有电气控制设备都采用双极开关的国家，就不会造成安全隐患。

在另一方面，极性颠倒对英国游客来说存在潜在危险性，因为他们的房车只配置了单极开关。在你关闭了极性颠倒的设备后，它自然会停止工作。但是，我们以电灯为例，灯具仍然带电，因为真正的开关还在导出电流的设备上。

如果你碰到的是极性颠倒的电源，强烈建议不要使用电源线，以防触碰火线。不过，一些车主想出了对应的解决办法。他们把一个大陆适配器同颠倒的火线和零线相连，然后贴上亮色胶带表明适配器的用途。

显然，你不能购买使用一个接线不匹的适配器，但准备一个以防急用是正确的作法。在国外旅行时同时带上两种适配器外加极性指示插头，极性颠倒的问题就可以迎刃而解。

始建于1993年的房车具备带有双极

安全贴

在购买二手房车时，要问问是否具备可以验证电源装置已符合最新技术要求的签名核验和完工证书。如果没有，必须由下列权威部门给出验证：
1）英国国家检查委员会电气装置部门（NICEIC）的获批承包商。
2）英国电气承包商协会或苏格兰电气承包商协会的会员。

如果没有检验证书，购买者可在电源投入使用前自行解决核验事项。

101

右图：为了解决极性颠倒问题，一些车主用插头重置颠倒的火线和零线。

最右图：红白相间的条纹提醒用户，这一外国适配器特用于极性颠倒的设备。

开关的余电装置，因此问题较轻。但是单极开关的13A插座仍被配置在一些房车之中，即便有时可用双极开关的同类插座。

用于230V电气系统的汽柴油发电机

之前已经提到如何用汽油发电机给备用蓄电池充电。在这一节中，将重点讨论在230V电气系统上的应用。

最先需要明确的是，发动机的电流输出远比电源供应器的低。例如，一个输出16A的电源供应器可以运转联合消耗功率最大可达3680瓦的设备。这一输出远大于本田EU10i发电机(输出功率仅为900W)。如果你只是想用发电机运转一个电源灯光、电视机、手机充电器、刮胡刀或低功率的电水壶，不存在什么问题。但是，许多车主期望电源可以运行便携式的加热设备和微波炉。这些用品显然不能匹配使用。

为了解释这一问题，想象一下你正有一个功率600W（亦被称为600W厨用电力）的紧凑型微波炉。状况是微波炉的输出相对于它所需的输入值。为了确定哪一种发电机具备足够运转微波炉的电力，常用的做法是将微波炉的显示输出瓦数乘以2再减去10%。因此一个功率600W的微波炉至少需要1080W的发电机。这超出了本田EU10i的电容量，不过低于EU20i的容量。这两个产品在运转时声音都不大，不像一些工业机器会发出极大的噪声，而且不如备用设备那样紧凑。

需要认识到，发电机十分有用，而且房车经常会带有金属储物柜。但是不要误解，这些储物柜并不通风，所以不能在柜中直接运行便携式的备用设备。另外，备用发电机不能受潮，所以在雨天使用时需要添置通风罩。

在大型房车中，有一个永久安装的发

右图：Sew'n Sews制造的发电机盖用于挡雨，不用时还可以折起来。

右图：这一永置的2.5kW Electrolux发电机作为特殊项目被安装在Murvi房车中。

最右图：起动和运作永置发电机有时用远程面板控制。

第 5 章　电气系统

最左图：Labcraft 公司发现，如果配置有小型逆变器，荧光灯管就能在 12V 电源上运作。

左图：像这个 350W 的紧凑型 ProPowerQ 准正弦波逆变器包含在 Sterling Power Products 系列中。

电机的特殊隔间。Dometic 和 Onan 发电机也被配置在大型房车中，而且在活动区域内经常有一个远程遥控面板。当然，在大型美式房车上，有一个内置的发电机极其常见。不过，在购买这一类型的发电机前，一定要检查它的重量并且和载荷信息相对照。要知道，它们的确很重。

逆变器

另一个获取电源电力的方法是从备用蓄电池中获得 12V 直流电，然后用逆变器转换成 230V 交流电。不能忘记，是 Labcraft 公司在 40 多年前发明了荧光灯，并且在灯具中配置了小型逆变器。

正如本章之前提到的，逆变器的作用是将电压提升到可以点亮灯管中气体的高压水平。

逆变器在房车中已经沿用了很长时间。它们也被安装在船舶中，并且 Sterling Power Product 系列的逆变器也被出售给房车车主。

产品分为两类：稍贵的一类与电源电力的特征相仿，被称为纯正弦波逆变器。它们的主要优点是可以运转各种满足电量输出区间的 230V 设备。相对较为便宜的是准正弦波逆变器，可以带动大量电源设备，包括吹风机、微波炉、电热器、电动机等。不过，你也得使用具有足够输出的产品来满足不同类型设备的需要。

在这里展示的准正弦波逆变器功率为 350W，不过有 10%（35W）用于逆变器自身。即便逆变器已十分靠近供应蓄电池，电压损失仍然会存在。结合一些电源设备在起动时需要更多的电力，很明显逆变器的 350W 功率就不如预期那样有用。粗略地讲，如果你想要逆变器运行一个 1000W 的设备，你需要的产品功率需在 1500W 左右。问题到这还没有结束。

供应蓄电池还会带走大量电流。一个 1000W 的吹风机在 230V 交流电供下需要 4.3A 电流。这对一般 84A·h 容量的备用蓄电池来说是很大的一笔消耗。

在照明方面，逆变器相当有用，尤其在你使用长寿灯泡时。它们的功率在 30~40W，而且只要做一个小试验，就能知道蓄电池在再充之前可以支持多久。

当然，照明的问题在于使用时间较长，而像剃须刀一样的设备每次只使用几分钟。至于在测试中展示的低压水壶，当和 300W 逆变器配套使用时它就会停止工作。

综上所述，逆变器能解决很多问题，但是也要承认，和 230V 挂钩电极的电气系统比起来，选择逆变器是下策。

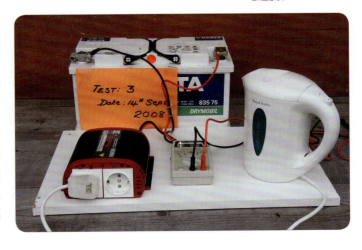

下图：有关逆变器的试验很快就证明了它们在脱离 12V 备用蓄电池后的极限和放电速度。

第 6 章　燃气供应系统和加热设备

房车里最常用于加热和烹饪的燃料是液化石油气（LPG, Liquefied Petroleum Gas）。只有理解了它的特性、储存和供应要求，才能确保燃料的效能和安全。

目录
- 燃气特性
- 供应
- 储存
- 压力调节
- 管道工程和安装
- 烹饪设备
- 取暖设备
- 热水设备

燃气不是唯一用在房车内的燃料，例如，电力有时也会被用来运行加热设备。在新式房车中，你可能会发现在燃气炉旁边还配置有230V电炉。实际上，电力只是几种可选加热方式的其中之一。另一个选择是柴油，早前已在重型商用车里用了很多年。如今，汽、柴油加热设备也被用在房车之中。各种类型的加热系统各有优势，但到目前为止，燃气是使用最为普遍的燃料。

上图：这款 2011 款 Auto-Trail TrackerEK 的燃气灶配有 230V 的加热板和 3 个燃烧器。

燃气特性

燃气的全称是液化石油气，简称LPG。为了满足房车车主的休闲需要，它被装在便携式气瓶中，不过一些车主也选择在车底安装一个可再充气的集气罐。

对于热衷洲际旅行的车主来说，集气罐和永久固定的可再充气瓶都有各自的优点。

虽然固定集气罐和便携式气瓶都可用，但大多数房车车主会选择使用后者。英国的便携式气瓶和其他国家的在摆放方式上有很大不同。因此，在更换气瓶时，这种不同的标准会引发问题。

液化石油气无毒无味，即使泄漏也不会被察觉。这样很危险，因为液化石油气属于可燃气体，所以在制作过程中会加入臭味气体。这种刺激性的臭鸡蛋气味很特别，能确保泄漏后在第一时间就被发现。

此外，液化石油气的密度比空气大，

下图：有时会安装可再充气的集气罐；这些应符合最近制订的业务守则。

安全贴

1) 在安装和使用方面，燃气供应系统都应达到高标准的安全性。房车制造商已遵循British Standard (BS)/European Norm (EN) 1949: 2002标准多年。但是，在2011年，英国标准学会公布了修订后的液化石油气安装标准：BS/EN 1949:2011。英国国家房车委员会联合燃气安全注册局在2012年9月1日实施这一新标准。事实上，这主要针对2013年的房车。注意：燃气安全注册局是核验安装完整性的机构，之前的工作由注册燃气安装师委员会完成。

2) 当前，Code of Practice (CoP) 是有关配置在房车上的固定或低重心液化石油气罐的最后一个阶段的准备工作。CoP的内容包括设计、安装、维护、用户指导和拆除。在听取了各位专家的意见后，CoP的最终版于2012年年初施行。

3) 从2011年9月1日起，所有提交NCC资质的房车都必须配备一氧化碳报警器。事实上，这也可适用于2012年的房车。许多制造商和车主都已主动安装一氧化碳报警器。其他也安装了燃气泄漏检测装置。注意：详见后文"泄漏监测"中的相关说明和建议。

第6章 燃气供应系统和加热设备

容易沉降。因此，在房车的底板结构中会设置排气孔（也叫气体扩散孔），以便泄漏的燃气可以及时排出。类似的设置也存在于气瓶储存柜中。在底板上开孔和保持燃气设备处于通风状态，这些都相当重要。

所有购买二手房车的车主都应该仔细检查通风设施，保证没有堵塞。尤其在有风的情况下，这些通风口都不能出现差错。在不妨碍气体排出的前提下，加装一个外罩也并不困难。

当然，一辆构造良好的房车应已配置有排风口。

液化石油气分为两类：丁烷和丙烷。它们的性质有所不同，但是英国房车的设备可以使用任一种燃气，而不必作出调整。

丁烷和丙烷的差异如下：

丁烷：

1) 丁烷的热值比丙烷高，意味着它是一种更高效的燃料。据此，丁烷是常用的选择，除非天气异常寒冷时。
2) 当温度在常压下低于0℃时，丁烷无法从液态升成气态，当温度降到0℃时，即便把气瓶加满液态丁烷，房车的燃气供应系统也没法运转，所以在冬天一般不用丁烷。
3) 丁烷比丙烷密度大，所以尽管小型Calor Gas气瓶的大小都一样，但丙烷气瓶可以装3.9千克，而丁烷气瓶可以装4.5千克。

丙烷：

1) 在-40℃时，丙烷从液态变成气态，所以在冬天使用最佳。不过，欧洲大陆的供应商主要出售丁烷，生产商有时会在丁烷气瓶中增加少量的丙烷，来满足低温的需要。
2) 液态丙烷密度较小，而且比丁烷轻。这就是为什么在气瓶大小相同的情况下，丙烷气瓶的重量会比丁烷气瓶轻。
3) 当需要运行的设备较多且需求量较大时，最好使用丙烷。在这一点上，技术专家常说，丙烷气瓶的排空率比丁烷气瓶要高。
4) 在15℃下，丙烷的蒸气压是丁烷的3~4倍。基于这个原因，两种燃气的标准不一。不过请注意下面的内容。

为了确保供应房车设备的燃气处于正常的气压范围内，需要安装一个调节器。

上图：在英国出售的永置Gaslow气瓶可以到配有液化石油气泵的服务站加注。

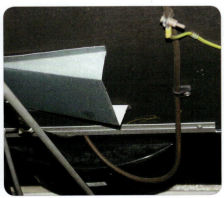

最左图：绝对不要覆盖住燃气出口，如果燃气发生泄漏，这是一处逸出点。

左图：制造商的挡板防护罩防止燃气出口变成漏气来源。

105

直到最近调节器的结构发生变化,此前丁烷气瓶需要设置一个特定的调节器;同样,丙烷气瓶也有一个特定的调节器。此外,为了确保使用正确的调节器,丁烷调节器和丙烷调节器各有不同的连接方式。2003年,开始有一种两用调节器可同时用于丁烷和丙烷,相关细节将在后文中具体展开。这里所要强调的是,两用调节器只能用于2004年后生产的房车的定制设备中。之前制造的房车都需要配置一个和气瓶以及安装设备相匹配的调节器。

供应

便携式液化石油气气瓶有多种规格,其中一些规格适用于房车。为了得到一个Calor气瓶,你必须签署一份租用协议并支付一定费用,每个气瓶都仍归属Calor Gas有限公司。当你不再使用Calor产品时,可以收回支付的租金,但你需要出具协议复印件。

Campingaz系统是另外一种做法,你必须购买一个初用气瓶,当燃气用完后,就需花钱再买一个新气瓶。

近些年来,越来越多的供应商开始销售用于房车内的轻型气瓶,其中一些由玻璃纤维增塑材料构成。这些新产品已经引起了广泛的兴趣,不过Calor Gas有限公司仍是英国最大的家用、工业用燃气供应商。在英国,大型气瓶往往用于无法安装燃气管道的家庭。不过,Calor的19千克家用丙烷气瓶太重,不适合在房车中使用。

不考虑气瓶,安全问题必须受到重视。安全贴内列举了其中两点。谨慎处理气瓶也很重要,车主有责任确保已经在房车储存柜中正确安装了气瓶。注意,当房车在颠簸路面上行驶时,一些由房车制造商提供的捆扎带可能被抖松。

在109页的相关内容列举了Calor Gas的休闲系列气瓶。它们令人印象深刻,但可惜的是,在英国之外的国家无法获得Calor产品。

相比之下,Campingaz的产品可用于包括法国在内的一百多个国家。但也有例外,芬兰和瑞士不可用,而且挪威很少有货。

Campingaz气瓶一般用来装丁烷,所以在冬天会遇到一些问题。但是,在寒冷环境中也能添加少量的丙烷,不过,这在气瓶的标签上未被标注。此外,907型号气瓶是唯一迎合典型消费需求的房车气瓶。这是Campingaz系列中最大的气瓶,但也只能容纳2.75千克丁烷;在Calor系列中,即便是最小的丁烷气瓶也能容纳4.5千克燃气。

在英国,Calor Gas公司和Campingaz公司的产品都很受欢迎。但是,当BP公司在2006年推广了两款Gas Light气瓶后,市场选择就变得更丰富起来。它们和Truma UK一起出售,而且耐腐蚀的玻璃纤维加固材料的重量仅为原金属材料的一半。部分结构也是半透明的,所以你能看到瓶中液化气的余量。

目前有两种装丙烷的Gas Light气瓶,一种是5千克的,另一种是10千克的。它们的直径都为305毫米,而且一些房车

安全贴

1) 在上路之前,从源头上关闭燃气供应是相当重要的。即使现代房车都有应对不同设备的隔离阀,但最好的预防方法仍然是关闭气瓶。在起动发动机前,关闭燃气供应是对房车的常规操作之一。这是为了保证设备(特别是冰箱)不会意外启动。进入加油站后,房车上拥有明火是绝对的违法行为,因为明火对人身安全构成严重威胁。

2) 运输过程中应始终竖直放置气瓶。如果气瓶侧放,液化石油气可能会阻止泄压安全阀正常工作。燃气也可能从故障阀门中逸出。燃气在从液态到气态的转化过程中,体积大约会增加200倍,泄漏显然会导致一场灾难。

注意:最近的一项革新是引入一些安全设备,使车辆在行驶时保持供气。这反过来又使房车可以运行某些特殊设计的加热设备。尽管有这些好处,禁用明火仍然是车辆进入加油站时最重要的操作。为了安全起见,关闭气瓶仍是最明智的行动方案。

在旅行之前,总要在气瓶处关掉燃气供应。

第 6 章　燃气供应系统和加热设备

最左图：一定要确保气瓶安全捆扎带没有松动。

左图：在一些房车储藏柜中，小型的 5 千克重 BP Gas Light 气瓶比起其他产品更易安放。

最左图：这一适配器用来连接 Gas Light 的 27 毫米夹阀；也可用其他的夹式调节器。

左图：虽然 Calor Lite 的丙烷气瓶略高，但常会配置储藏柜来存放标准的 6 千克重产品。

储存柜不能容放超过587毫米高的大型气瓶。

　　为了方便连接，Gas Light气瓶带有一个27毫米夹阀，而且很多车主会购买如上图所示的适配器。另外，你也可以购买专用于气瓶连接的夹式调节器。

　　为迎合BP的减重倡议，Calor在2007年秋发布了一款新的轻型气瓶。这款新品被称作Calor Lite，填装丙烷；它的材料为可回收轻质钢，还有一个用于轻松举升的塑料圈。Calor Lite气瓶还配置有一个液位指示器，使用了最早于2005年在Calor的Patio Gas丙烷气瓶上推广的浮动技术。

　　虽然瓶体较高，但Calor Lite的6千克气瓶和6千克的Calor Gas重型气瓶尺寸差不多；它们也带有装在3.9千克、6千克和13千克重型丙烷气瓶上的螺纹联轴器。装进6千克丙烷后，Calor Lite气缸的总重为10.52千克。

　　那么，和同样大小但稍重的钢瓶比起来又如何呢？对应的Calor重型气瓶上的合金皮重（仅气瓶）为7.88千克，再加上燃气的重量6千克，可得总重为13.88千克。

左图：虽然浮动系统在后期消耗的工作上表现得更为精确，但它仍是 Calor Lite 气瓶上一个十分有用的设备。

左图：通常在 Calor Gas 气瓶的颈圈上会注明空瓶的重量。

107

> ### 安全贴
>
> **可由车主再充装的便携式液化石油气气瓶**
>
> 尽管车主可再充装的气瓶花费较少,但房车露营俱乐部和房车俱乐部的政策都不提倡成员使用这种设备。自助加油站对可重新填充的便携式气瓶的安全问题和接受程度都存在担忧;另外,自助加油站的员工很少被认为可以胜任这项任务,或者给出建议。这一般不在保险公司的责任范围之内。
>
> 在2007年6月,一个叫LPGas的协会(原名为UKLPG)也做出了正式的声明:建议不要在自助加油站为私人的便携式液化石油气气瓶加油。声明中指的气瓶是那些直接从液化石油气泵的喷嘴中加油时,需要被拆卸的气瓶。这个协会随后补充:汽车上用作加热或烹饪的导管(在露营车或类似),如出于推进目的的再装满有相似程度的风险,并且可能可以被允许在自动加油站进行重注,但需满足以下条件:
> - 在充注时保持不动。
> - 并且跟防止加注水平超过80%的装置适配。
> - 并且与不属于导管的一个固定的加注连接点连接。
>
> 满足上述条件的固定的系统可以从Gaslow国际液化石油气有限公司和RPi工程公司购买。

换句话说,一个新的Calor Lite气瓶在满重时比原产品轻3.36千克。

自充装气瓶

自充装气瓶是另一种新兴发明,初期销售时,个别安全问题阻碍了其被市场接受。在安全贴中展示了相关内容。

自充装气瓶的主要吸引力在于从加油站中充装的液化石油气比交换气瓶的稍为便宜。对经常使用房车的车主来说,尤其在冬天,他们能省下一笔费用,而且燃气充装十分迅速。

优势也体现在出国游方面。给车主提供燃气的汽车加油站能充装丙烷。只需一个连接适配器,而这在一些燃气公司那里很容易就能得到。

不过,也需要考虑一下安全问题,而且一些加油站不允许公众在自家充装便携式气瓶。此外,一些自充装的便携式气瓶并未配置自动关闭阀。这是一个重要的安全装置,因为气瓶内的液化气一定不能超过总量的85%~87%。过充会引发灾难性的后果,尤其在驾驶一辆加满液化石油气的房车时;气压变化可能引起液化气膨胀。

因此,自充装的便携式气瓶必须配置自动关闭阀,以确保液化气只达到总量的80%。在充装一个没有配置自动关闭阀的玻璃纤维增塑气瓶时,使用者必须在一旁仔细观察液化石油气的气量。这很难精确判断,尤其是在使用一个快充液化气泵时。

为应对这一安全问题,长期研究燃气的专业公司Gaslow,研发了专用于房车安装的安全设计。这一项目最先制造了黄色便携式气瓶,安装方法和固定油箱一样,容量(燃气重量)有6千克和11千克两种,而且有15年质保。产品同时附含替换服务,费用不高。如今提供给房车车主的一整套Gaslow安装设备包括:

1) 一个配置有欧洲Pi认证关闭阀的6千克或11千克气瓶。当液化石油气量超过8%时,关闭阀会自动切断。
2) 一个超压释放阀。
3) 一根长0.6米的半柔性无橡胶不锈钢管。
4) 一个用于房车外部安装的连通器,可用于很多使用液化石油气的改装房车。

在装配时,气瓶必须安放在储存柜里并永久固定。然后用不锈钢管和外部连通器永久相连,且保证安全。Gaslow有三种可以匹配欧洲连接系统的适配器。

充装Gaslow气瓶后,房车只需驶往供应液化石油气的加油站,然后像一般房车那样充装。不过,因为液化石油气站并

右图:这一装在房车车壁上的加注口和多数液化石油气驱动的房车配置类似。

最右图:Gaslow不锈钢连接器带有编织套,可以保护半柔性不锈钢棱纹管。

第 6 章 燃气供应系统和加热设备

气瓶燃气

注意：以千克计的重量和大约以磅计的重量都只和燃气本身有关。在Calor产品上，它会被标在气瓶上。它不只和气瓶与燃气的总重有关。

BP Gas Light
  5千克（11.02磅）丙烷
  10千克（22.04磅）丙烷

- BP Gas Light气瓶被涂成绿色或白色

Calor燃气气瓶
  3.9千克（8.6磅）丙烷
  4.5千克（10磅）丁烷
  6千克（13.2磅）丙烷
  7千克（15.4磅）丁烷
  13千克（28.7磅）丙烷
  15千克（33磅）丁烷
  19千克（41.9磅）丙烷
  6千克（13.2磅）丙烷Calor Lite

- Calor Gas丁烷气瓶被涂成蓝色
- Calor Gas丙烷气瓶被涂成红色
- Calor煤气（丙烷）气瓶被涂成绿色

注意：
1）19千克（41.9磅）丙烷气瓶太大而无法在房车中实现安全运输。13千克丙烷和15千克丁烷气瓶也存在类似问题。虽然燃气储藏柜具备足够的空间和固定位置，但仍无法保证安全性。
2）Calor Gas的一大优势是你能在丙烷和丁烷间实现更换。换句话说，一个空的3.9千克丙烷气瓶可以改用成4.5千克丁烷气瓶，整个过程不会产生耗费。类似地，一个4.5千克丁烷气瓶也能转成大型的7千克气瓶。偶尔当特殊型号的气瓶供不应求时，也会有所限制。

Campingaz气瓶型号
  0.45千克（1磅）丁烷
  1.81千克（4磅）丁烷
  2.72千克（6磅）丁烷

- Campingaz气瓶被涂成蓝色

注意：只有2.72千克（907型号）丁烷气瓶实用于房车。两个小型气瓶可用于应急运行厨具燃烧器，但它们通常只用于背包宿营旅行。

Gaslow自充装气瓶
  6千克（13.2磅）丙烷
  11千克（24.3磅）丙烷

- Gaslow气瓶被涂成黄色

左图：Gaslow 的气瓶在颈圈上注有生产日期，且有 15 年质保和替换设备。

下图：有好几种组合结构。这一个 Gaslow 装置带有人工开关，而非自动转换开关。

不容易找到，所有一些车主只安装一个自充装的Gaslow气瓶，另一个则为便携式的经销商交换气瓶。

气瓶状态

要估计气瓶内的剩余燃气相当困难，不过也有售显示充装水平的改装装置。

一些车主会在使用前把气瓶放在秤上称重，以此推算燃气用量。

相关信息会被记录在车主贴于气瓶的标签上。因为燃气量已经用气瓶的重量进行换算，所以很容易就能得到燃气在总重中的占比，以及空瓶的重量比（称为皮重）。当需要带着一个已部分使用的气瓶进行旅行时，应事先用精确地秤查验已使用燃气的用量，然后得到剩余燃气的重量。

谈到气瓶的皮重，如之前的附图所示，Calor会在安装于连接器边上的铝带上进行标注。唯一麻烦的是皮重用磅和盎司表示。注意：换算到千克的公式和简单计算方法已在前文中给出，详见描述轻型Calor Lite气瓶优势的相关内容。

左图：为了监测燃气的用量，需要在使用前对全瓶进行称重。

109

右图：改装房车内的储藏柜必须同活动区域有效隔离。

最右上图：在一些房车储藏柜中的燃气出口很容易被隐藏，这样比较好。

最右下图：即便是这个短轴距的2006 Orian Gemini，也配置有足以容纳两个气瓶的燃气储藏柜。

一些气瓶会被配置浮板和检测仪，以快速给出剩余燃气的气量。还有一些气瓶的表面是半透明的，可以看到液化石油气的位置。此外，Gaslow销售的测量仪带有气瓶供应量的指示表。不过，在Gaslow测量仪给出信息前，必须先运行所有的燃气设备。

储存

房车燃气储藏柜的设计应结合有效的安全保障，如果没有足够大的空间来安放备用气瓶，使用时可能会引发很多问题。一些小型房车只具备一个气瓶储藏柜，这不完全符合要求。许多改装房车只能从车内使用气瓶储藏柜。

在这种情况下，必须安装一扇隔离门，并且加设能够保证储藏柜和活动区域完全隔离的密封条。此外，最好用薄的镀锌钢板隔开。燃气储藏柜应该用能够指示其功能的红色标签进行注明，而且在柜底应保持极度通风。

对于客车改装房车来说，燃气气瓶储藏柜通常会带有一个外部接口。这些隔间的大小各不相同，但大多数都足以容纳一对6千克重的Calor气瓶。

隔间只能专用于存放气瓶，绝对不能在里面安装诸如备用蓄电池或灯具一类的电器设备。气瓶可能发生泄漏，且一旦电极滋生火花，就会引发爆炸。注意：有时会使用密封的LED照明，而且布线一般都在隔间之外。

到家后，许多车主都会预防性地把燃气气瓶从车上搬走。这带有车主的自行思考，但把气瓶放在家中可能会引发更严重的安全问题。无论如何，都不能把气瓶放在地下室，因为燃气一旦泄漏，就没办法消散。此外，《燃气安全条例（安全与使用）》明确指出，禁止把丙烷气瓶置于室内，且不应将其存于不通风处。搭建棚屋是可取的办法，但是，把气瓶放在隔绝火源的固定储藏室内会更安全。切记：气瓶一定要竖直摆放。

压力调节

调节器是房车燃气供应系统的关键部件之一。这一装置确保了燃气在由气瓶输送到设备的过程中，可以保持气压持续稳定。这意味着新换的气瓶不会产生更高的输送比率。

调节器在房车制造时就已安装好，且禁止被拆卸。在封套中，有一个时上时下的隔片用来操纵杠杆，从而控制燃气的输送。调节器在出厂时就被封包，所以无需改动。它们的使用寿命长达数年，一旦损坏，就应立即更换。一些专家建议每三年更换一次调节器。

2003年年底，房车的燃气供应系统经历过一次根本性的改变。这一改变由市场需求决定，用以统一所有原欧共体成员国的标准。变动如下：

1) 欧洲标准（EN）12864: 2001导致了BS EN 12864在2002年3月的发布；2001是官方英文版。内容集中于调节器。

2) 欧洲标准（EN）1949: 2002导致了BS EN1949在2002年9月的发布；2002是官方英文版。确定了有关液化石油气安装的内容，包括压力调节。

注意：在本章开始部分已给出相关的实用信息。

这些标准经过数月才得到批准和发布，而且制造新产品也花了不少时间。不过，许多德国制造商当机立断，使得在2003年夏推出的房车就已配置了新的燃气系统。在英国，英国房车委员会（NCC）的会员制造商被要求从2003年9月1日开始使用新的系统，涉及2004年房车系列。许多非会员制造商也选择接受新标准，尽管并非强制。

此外，因为标准未对2004年前生产的房车进行要求，所以目前市场上有两种系统。许多在2004年前制造的房车配置了气瓶用单一燃气调节器；而新车往往把两用调节器作为供应系统的必要组成部分。由于本书同时面向新式房车和老式房车的车主，因此将详细描述两个系统各自的优势和劣势。

气瓶用调节器

直到2003年9月1日，英国的2004年房车发布，此前购买新房车的车主都会加购一个匹配气瓶的调节器。这些气瓶体积较小，价格低廉，并且专用于丁烷或丙烷气瓶。

注意：本书所指的气瓶用调节器，用于区别此前所提到的依据2001和2002标准制造的固定调节器。

气瓶用调节器用于特定设备。例如，在英国，2003年及以前的燃气设备被设计和运作气压为28~37毫巴（1毫巴为100帕）的燃气系统。因此，丁烷气瓶用调节器会输送气压为28毫巴的燃气；丙烷气瓶用调节器则输送气压为38毫巴的燃气。不过，在德国，配置于设备中的喷嘴要求燃气以更高的气压进行输送。因此，在2003年夏季之前，英国进口的德国房车都必须改装符合英国低压要求的燃气设备。

除了这一点，调节器一般都直接安装在气瓶顶部。但麻烦在于，气瓶配件的种类过多。标准化的问题又一次显现，于是生成了新的欧洲标准。毋庸置疑，修正后的燃气供应系统确实帮到了一些出国游的游客，因为只需购买一个合适的连接软管，就能轻松地把非英制的燃气气瓶连接到英制房车上。不过，在不做重大改动的情况下，2004年及此前房车的车主都无法使用这一新的供应系统。

尽管有这一新的标准，但许多车主并不想作出改变，并且对已经使用多年的安全、简易且价廉的气瓶用调节器感到十分满意。有以下一些关键特征：

1) 在把调节器直接安装到气瓶上时，设计会带有可以匹配低压

技术贴

气瓶用安装调节器

1) 如果你使用的是Calor螺纹丁烷气瓶用调节器。记得去买一个密封垫圈。不同于普遍的看法，用于新气瓶黑色螺纹垫圈一定不能用于调节器。它的制作材料不相符。

2) 气瓶用丁烷调节器的额定值为28毫巴；丙烷调节器的额定值为37毫巴。

3) 调节器的套管中有一个小洞。如果阻塞，隔膜就不能向内移动。这种情况有时会在风沙条件下发生。在冬天，如果水分进入通气孔并冻结，也会导致类似的现象。当其发生时，隔膜会被卡住。也许你有一天会看到厨具上的火焰大不正常，而这种过气现象就是调节器失灵的结果。

用于这类调节器的密封垫圈需要定时更换。

和这类气瓶一同供应的密封帽垫圈不适合用在调节器上。

这个气瓶用丙烷调节器上的标签表明它的输出压为37毫巴。

如果套管上的通气孔堵塞，调节器就无法正常工作。

右图：配置在2004年以前房车上的低压软管应用软管夹固定。

右图：扳手十分管用，尽管有时也会因为长度不够而无法处理过紧的丙烷连接器。

软管的带螺纹喷嘴。软管用来把喷嘴连到燃气供应系统的金属管上，且软管应用软管夹进行保护。

2）带螺纹连接器的Calor丁烷和丙烷气瓶用的是反向螺纹。这意味着如果要拧紧连接器，必须逆时针转动调节器上的螺母。还需要一个扳手，可以在配件商店买到它。不过，它们有时也没办法用来拧松一些连接很紧的螺母，尤其是对于丙烷气瓶而言。

  注意：Gaslow现在可提供无需使用扳手就能被拧松的丙烷连接软管，配置的是红色的手轮。

3）在连接丙烷气瓶时，需把调节器上的精加工螺纹插入件（外螺纹，有时被称为极装置）紧紧接合到气瓶的端口（内螺纹）上。

4）不同类型的丁烷连接器有：①用于4.5千克重气瓶的Calor螺纹丁烷调节器，需要用到一个开口扳手。②带有控制开关的Calor夹式丁烷调节器，可匹配7千克和15千克重气瓶。③带控制开关的Campingaz丁烷调节器，可匹配螺纹连接器。

5）Calor丙烷气瓶和Calor的4.5千克丁烷气瓶是唯一在顶部带有手轮的型号，可以用来开关气体供应阀。稍大的丁烷Calor气瓶只带有夹式连接器，且意味着控制龙头是调节器的一部分。

6）Campingaz调节器也带有控制龙头。不过，许多人会从经销商处购买一个（带控制龙头的）适配器来匹配Calor的4.5千克丁烷气瓶用调节器。

7）在附图和技术贴中，可获得更多相关信息。

永久性通用调节器

  优化房车内的燃气供应系统在整个欧洲都十分普遍，且已做出两项重要的改变。首先，对所有的欧洲国家而言，丁烷和丙烷相关设备的运行压力必须达成一致。其次，所有新房车都必须配备永久安装调节器，既可以用来关联标准化设备，也能无需调整就接收丁烷和丙烷。

  符合技术要求相当麻烦，但是，已设计有通用的丁烷/丙烷气瓶，由CLESSE（用于Comap UK）、GOK（用于Truma UK）和RECA（用于Cavagna Group）制造。房车制造商必须把它们直接连到铜制或铁制的管道，并在气瓶储存柜中安装调节器。

  除了接收丁烷和丙烷，其中一个调节器的输出气压必须符合30毫巴的欧洲标准。另外，对于安装了这些调节器的房车，燃气设备必须制造和配备一个数据板，来

从一个7千克的Calor Gas丁烷气瓶上移除541调节器

当调节器开关在6点钟位置时，表明燃气供应已打开。

要停止燃气流通时，把开关调向9点钟的关闭位置，等待所有的燃气火焰熄灭。

当开关在关闭位置时，可以抬起分离杆和移动调节器。

始终都必须把橙色安全帽放回原位，即便气瓶已空。

第 6 章 燃气供应系统和加热设备

> **通俗解释**
>
> 如果所有新房车都配备了遵循 EN1949:2002 的 30 毫巴壁挂式调节器，欧盟各国内休闲房车中的燃气安装就能统一。这一战略得到了几乎所有制造商的支持。但是，一些德国房车制造商仍坚持配置 30 毫巴气瓶用调节器而非壁挂式调节器；这不可避免地只能适用于一小部分的燃气连接器。2006 Dethleffs Esprit 是其中一例，而这一系列的房车已被英国进口，并已售卖。

连接非Calor气瓶

一种选择在 Campingaz 907 型号丁烷气瓶上配置带有开关控制的特制 Campingaz 调节器。

另一种选择是使用可以接合这一种螺母的适配器。

这个丙烷 37 毫巴调节器可用于连接 BP Gas Light 气瓶的推入式连接器，这种连接器产于 2003 年 9 月 1 日之前。

Gaslow 出售各式调节器，且这一适配器可用于挪威、西班牙、葡萄牙和爱尔兰的气瓶。

确认气压为 30 毫巴。在 2004 年以前的房车上安装永久性通用调节器不被专家级的燃气工程师所允许。在 2003 年发布的针对房车液化石油气的 Calor Gas 要求称，新调节器的燃气压和现有安装并不匹配，你应当继续使用合适的气瓶用调节器。

使用安装通用调节器

在使用早于 2004 年的系统时，车主必须先购买一个特殊的连接软管，有时被称作猪尾连接器，用来贯通气瓶和永久安装调节器。

它能传输高压状态下的燃气，并且比用在 2004 年以前系统内的低压软管更贵。猪尾连接器包含高压软管以及粘合或卷曲连接器，均由工厂装配。

软管夹系统不可用，并且新标准明确规定了所允许的软管最大长度为 450 毫米，除非气瓶被安装在滑动托盘上。如果使用了滑动托盘，所允许的软管最大长度则为 750 毫米。事实上，尽管滑动托盘被配置在一些 Dethleffs 的房车上，但它们并不常用。

这些连接器往往制作精良、价格合理，并且各型号能匹配欧洲国家出售的各类气瓶。

不过，由于气瓶种类繁多，有时针对

左图：这三种通用调节器都符合有关两种气体和挂壁式产品的标准。

左图：考虑到扳手可能会遗失，Gaslow 如今提供一根配有红色手轮的高压丙烷软管，可以收紧设备。Gaslow 的压力表也带有一个类似的手轮。

技术贴

柔性软管

1) 它由特殊材料制成以符合BS EN规范,而不是橡胶管。
2) 在连接燃气气瓶时,整个系统中只能使用一根柔性软管。其他地方可用金属管道,且铜是常用的材料。
3) 在2004年以前的系统中,低压软管和喷嘴相连,但标准推荐使用软管夹。
4) 柔性软管在使用过程中,液化石油气会对其产生影响,所以需要定期更换。它还受到紫外线辐射的影响。例如,在阳光下使用气瓶,就好比对它进行烧烤。
5) 软管上带有出厂日期,当你从经销商处购买时,时间可能已经超过一年,这都取决于库存周转率。
6) 在安装新软管时,需要留意使用日期。Calor Gas Dealer 目录推荐,至多每五年就应更换一次软管,且当出现问题时也应及时更换。

右图:柔性燃气软管的管边印有日期,即出厂时间。

题是,在国外旅行时,你不仅需要配备不同种类的气瓶,还要搜集各式连接软管。

转换系统

燃气用尽会很不方便。即使备有一个备用气瓶,在夜晚先拆除空瓶然后重新连接会造成许多麻烦,雨天的话更是如此。如果你当时正在烹饪或需要加热取暖,燃气用尽会使你陷入尴尬的境地。这就是为什么需要用到转换系统,尤其是全自动的。

Gaslow公司生产有转换产品,其手动系统和自动系统已与调节器并用多年。Truma的燃气配件系列也能提供同类产品。

燃气堵塞和不足

当安装挂壁式调节器和高压连接软管的想法首次在2004年房车上被实施时,就具有了极大的意义,但随后也引发了一些超出预期的问题。许多房车车主发现,燃气有时会不足。这个问题的严重程度比较难判断,但是,NCC估计它在房车中发生的概率大约为4%。

初步调查表明,车内的挂壁式调节器一旦堵塞就难以正常运作,而且含油物质很容易进入装置。在一些邻近的软管和管道中也发现有这种液体。

由于液化石油气是一种与石油相关的产品,一些调查人员推测燃气内可能存在污染物。但是,当把油状液体的样本送去实验室分析时,发现神秘物质包含邻苯

个别品种需要另购适配器。

这一系统的一大优点在于,你可以不必考虑气瓶品类,而只需采购适合的连接软管。对于之前提到的气瓶调节器,你就必须每次购买新的产品。唯一可能产生的问

右图:在2003年后,车壁都装有丁烷或丙烷调节器,而且在和气瓶连接时,需要用到工厂制造的高压软管。

右图:符合2002年燃气标准的房车必须使用高压连接软管,软管有多种颜色且在侧边都带着标注。

最右图:高压软管不能使用标准的软管夹,它必须使用工厂装配的质保或螺纹连接器。

第 6 章　燃气供应系统和加热设备

最左图：基于最新的燃气标准，连接软管可以匹配多数欧洲国家使用的气瓶。

左图：然而，燃气连接器的种类过多，所以在 2003 年以前的燃气装置中有时需要用到适配器。

二甲酸酯，这是用于制造柔性软管的增塑剂。

在用来连接气瓶和挂壁式调节器的高压软管中，有时会出现冷凝现象。水蒸气似乎会吸收一部分滤出的增塑剂。然后，当燃气从气瓶中被抽出后，液体会随即进入调节器。这种油状液体可能会扰乱调节器膜片和运作装置，进而阻碍燃气输送。

另一个有趣的现象是，从未在 2004 年之前的房车中发现有燃气阻塞和污染液问题。正如本章之前所述，老式房车会配置一个气瓶用调节器，用来降低燃气压力。结果，燃气以低压状态被传导进与主供应管道相连的低压软管。当燃气以高压输送时，冷凝现象会变得更为普遍。

奇怪的是，研究人员无法在试验中复制油状液体的形成过程，而且在 Clesse 调节器被安装后，问题也没有受到重视。当由 Avondale 使用时，Clesse 调节器安装在燃气储藏柜的高处。

所有的这些发现和报告促使英国国家房车委员会（NCC）发布声明，强调了可能造成燃气阻塞的原因。在这一版中（2007 年 1 月），委员会的技术专家也推荐了经销商应该采用的解决办法。建议如下：

1) 把固定调节器安装在储藏柜中尽可能高的地方，达到高于气瓶出口的位置。
2) 如果可以提升高度，在调节器顶部配置一个弯管连接头。
3) 把高压连接软管斜向固定，辅助冷凝液回流到燃气气瓶内，而非流进挂壁式调节器。

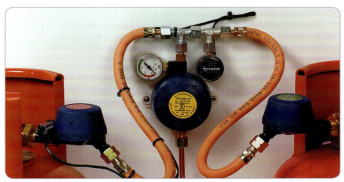

作为常规做法，NCC 也推荐使用者在离开房车时，应先关闭气瓶的燃气供应。

除了 NCC 的建议，一些车主会用半柔性不锈钢管替代柔性高压软管，这样就不会有增塑剂。Gaslow 可供应这种软管，并且提供升级工具套组，具体包含一个 Clesse 调节器（质保 5 年以上）、一根 750 毫米不锈钢柔性丁烷管和一个用于丙烷气瓶的适配器。

除了这些方法，还可以对调节器进行略微修改。可以想象的是，在未来，燃气不足应不再成为一大难题。这令人相当振奋，但对那些购买了带有挂壁式调节器的房车车主来说，帮助并不大，所以请看一看你所配置的调节器，如果可以，再将上述建议思考一番。

上图：正如 Truma Trionic 中的配置，一些房车车主拥有自动转换装置。

左图：燃气不足的房车在供应软管、调节器和固定管道中布满油状液体。

115

右图：Clesse 的双用调节器从不堵塞；Avondale 总是把它们安装在燃气储藏柜的高处。

最右图：在这辆 2007 年 Knaus Sport 中，无需调整调节器的位置，制造商已经将它安装在高处。

技术贴

燃气堵塞的问题在很大程度上已被弥补，但是，Truma 仍持续研究燃气调节器中油性残留物的累计量。这使得一种小型配件得以发展，可以在燃气进入调节器前拦截油性物质。这一捕油器包含筛选器，以及在 2011 年尝试并于 2012 年正式使用的产品。

上图：进入调节器的油性物质会干扰调节器的运作。

当然，如果你的房车配置的是老式的气瓶用调节器，一般不会发生燃气阻塞。类似地，配有30毫巴气瓶用调节器的德国房车基本上也不会出现这类问题。

管道工程和安装

燃气在进出气瓶、调节器和柔性连接软管的前后，整个系统都由硬质管道构成。铜是最为常用的材料。以下有关燃气供应系统的几点值得关注：

为避免引发严重的事故，硬质燃气供应系统和与燃气设备相连的改装、修理及连接工作都不能交由没有资质的人员来完成。在Calor房车核验方案手册（1995年5月版）中称，燃气安装是一项专业工作，并且在法律意义上，必须交由具备了一定经验的工人来操作。

本书认同这一观点，并且下列的技术说明都遵照这一核心原则。实际上，在正确的压力配置下，布设铜制的燃气管道并不困难，尤其是对于那些习惯了类似管道工程的工人而言。但是，一个没有经验的人不知道，连接有多紧才能使接口不发生燃气泄漏。连接过紧会使管道变形，并且造成不可避免的燃气泄漏，所以连接也不能过紧。这是一项只有专业的液化石油气工人才能做的工作。

燃气系统的铜制管道有以下3种大小：

1）外径5毫米，用于老式房车的燃气灯。
2）外径6毫米，用于多种类型的设备（例如冰箱）。
3）外径8毫米或10毫米，这是房车的主要管道，用于室内加热设备。

注意：一些公制的管道可能不适用于英制的管道。

压力连接器用来匹配特定的管道直径。配置也可压缩，因为支路的供应管道比起主干道通常更窄。附图展示了一些关键性配件。Calor Gas出版的经销商信息手册指出，不应使用密封剂。密封剂只能用于螺纹对螺纹的连接器。

弯曲铜制燃气管道通常用手完成，但是需要处理精细操作，尤其需要弯紧时，就得使用弯管工具。它能支撑管壁，并防止扭结。它的使用方法和与家用铜制水管的操作相同。

至于连接到设备，经常会使用螺纹对螺纹的接口，而非压缩配件。在这种情况下，需要用到特殊的液化石油气连接剂以密封管道。Calortite是一例相关产品。

右图：有时在调节器上会配置直角弯节，使它在储藏柜中安装得尽可能高。

最右图：Gaslow 的半柔性不锈钢管不用橡胶材质，所以不含增塑剂。

第6章 燃气供应系统和加热设备

在当今的安装工程中，个别设备必须用分开的隔离阀进行控制。例如，当烤箱在车主的度假过程中突然失灵时，设备的燃气供应会立即切断，但不能影响其他设备继续运作。

泄漏检查

自建房车爱好者不应自行处理有关燃气供应系统的问题，但车主也需确保系统安全和运作正常。担忧燃气供应是否处于良好状态，一些车主会安排装配一个泄漏检查装置。如果需要进一步确认连接器没有问题，有时具备一定操作经验的车主会用泄漏检查液进行查验。

在检查之前，先要确保周围没有烟头和明火。之后，查验所有的设备均已关闭，并打开气瓶的供应。如果闻到有燃气味，需谨慎操作，使用专用的检漏产品和稀洗液对连接器或组合连接器进行系统检查。当完成这些工作后，就检查气泡。如果接合处有气泡，表明存在泄漏。通常使用小刷子处理混合物，并用手指捏住接合处，以防液体流动。一旦对连接器上产生怀疑，就必须关闭供应气瓶，并在系统运作前用工具收集燃气或更换有缺陷的配件。进行全车的燃气系统压力测试也十分明智。要申请一个带有签名和日期的证明，用来验证测试流程结果。

注意：用稀洗液检查燃气接合是常用做法。但是，这一产品中包含了会腐蚀燃气供应系统组件的盐分。如果专用的检漏产品不合适，则可以用其他办法代替，但也要确保能够清除所有的操作留痕，一般会使用清水和专用清洁布。

燃气工程资质

1998年《天然气安全（安装与使用）管理条例》严格禁止将房车使用范围扩大到经营性用途。若要在非经营性房车上操作燃气系统，操作人员必须有经过认证的资质。这可以通过参加被认可的培训课程并通过相关考试取得，如ACS、ACoPs。一些房车车主认为，CORGI（注册燃气安装协会）的工程师应该是具备合格资质的。但是，CCRGI在后来失去了燃气的注册权，并从2009年4月1日起，燃气安全注册局将接收燃气安全的官方行业许可。为核实燃气工程师是否已注册，可致电0800 408 5500或访问www.GasSafeRegister.co.uk。

左图：压缩配件有最基本的三项：零件本身、螺母和橄榄环。

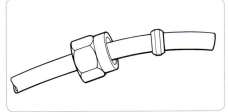

左图：当连接完成后，需要先在供应管道上安装螺母，再装橄榄环。然后只要停止点和螺母足够紧，就能把管道插入连接器。

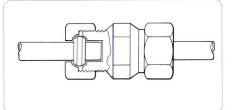

左图：当螺母被拧紧后，橄榄环需要承受更大的冲击并向内挤压，由此紧紧地附于燃气管道。

最左图：用手就可以弯曲铜制燃气管道；但是，使用弯管工具可以处理更精细的操作，尤其是当需要形成一定的角度时。

左图：现在，安装隔离阀可以独立控制各个燃气设备。

Gaslow测量器相关说明

为了适应带有2004年以前供应系统的房车,现有包含Gaslow测量器的气瓶用调节器。

这个丁烷Gaslow测量器上的连接器可以匹配Calor 4千克气瓶的螺纹出气口。

这一丙烷测量器可以与丙烷高压软管匹配,并连接挂壁式调节器。

如果你使用的是可控制双气瓶系统的手动开关,这个测量器可以连接两根软管。

关于对系统的日常监测,一个简便的方法是,在燃气供应气瓶周围安装Gaslow测量器。这一产品在之前已经提及,因为它们也被用来指示气瓶的压力。检测流程如下:

1)关闭所有的燃气设备。
2)打开燃气供应气瓶,测量器会显示绿色。
3)关闭气瓶的燃气供应。
4)如果没有泄漏,燃气会留存在管道内,且测量器会仍旧显示绿色。
5)使用一个标准的Gaslow产品,如果测量器持续显示绿色超过1min,表明系统正常;较长时间后,测量器会最终指向红色。

另一个可供长期监测的办法是,用合格的装配操作安装一个连接到供应管道的Alde检测器。它需要尽可能地靠近燃气供应源,因为这样才能保证检测顺流的有效性。因此,它无法用来检查像柔性连接管道到供应气瓶一类的逆流问题。

装置包含一个装满了乙二醇液体的玻璃小罐。这种液体不会在低温下凝固。测试前,你需要打开燃气供应并关闭所有的设备。当按下检测器顶部的红色按钮后,小罐中如出现一串气泡,就表明燃气系统的某一处存在泄漏。

安装和使用Alde检测器

按下Alde检测器上的红色按钮,开始检漏。

按压红色按钮,将燃气导入下方的液体室。

在安装到燃气管道之前,必须先拧开塑料储液器。

储液器内装满乙二醇混合物,以防在寒冷天气中冻结。

注意事项:Alde检测器只能由有资质的燃气工人完成安装。

不同之处还在于,当传感器在检测燃气时,检测器能提供声音警报。喜欢改装的车主经常会配置这类产品,且只要燃气出现泄漏,就会触发刺耳的警报。类似Van Bitz的Strikeback警报产品就安装在许多房车,并且它们都带有高度的灵敏性。

当笔者在给房车里生锈的组件喷涂纤维素涂料时,Strikeback警报突然响了。没想到,气溶胶喷雾罐里的气体也能如此迅速地触发警报。

像这样的零件必须连到12V直流电源,并且固定到合适位置的安全底座上。它们的主要功能是在液化石油气泄漏时发

第 6 章 燃气供应系统和加热设备

最左图：Van Bitz 的 Strikeback 燃气警报器从备用蓄电池中获取 12V 电源。

左图：在英国，Calor Gas 有限公司有售霍尼韦尔制造的一氧化碳警报器。

出警报，并且因为燃气的密度比空气大，警报器应该装在一个较低的位置。

一氧化碳检测器的功能与上述的不同，它们能检测出从故障设备中逸出的一氧化碳，通常此时设备必须进行维修。任何带有可接触燃气火焰的燃烧器，例如铁架或烧烤架，都可能对房车使用者造成致命威胁。如今，诸如小型供暖器等设备中的燃烧器已被彻底密封。但这并不意味着它们的位置无法改变，或不会泄漏一氧化碳。不过，暴露的明火需要特别的关注，因为散发出来的烟尘可以直达活动区域。

必须仔细审阅有关警报装置位置的安装说明。正如在本章开头的安全贴中所称，所有2011年9月1号后生产且带有NCC认证的房车，必须配备一氧化碳警报器，作为安装标准的一部分。

烹饪设备

英制房车的烹饪设备包括一个标准的铁架，大型房车也会配备家用大小的烤箱。一般来说，铁架会包含一部分烧烤架。

英国之外国家制造的房车通常不一样。例如，欧洲大陆房车的小很多。在设备方面，你也会发现几乎不含烧烤架，或许考虑到使用者大多不准备烧烤。

一些房车也缺少能够点燃铁架的电子发火装置，而这一产品自从20世纪90年代早期就成为英国房车的标配。例如，许多Cramer铁架要求车主在厨房中备有火柴或打火机。

传统习惯显然差异巨大，许多洲际房车车主往往不情愿在车里烹饪，他们更倾向于在餐馆用餐或吃烧烤。

厨具和厨房安全事项
火焰切断装置

自1994年起，房车被强制要求在每个燃烧器上配备火焰切断装置，有时也被称作火焰监控装置。如果燃烧器被风吹灭，装置就会立即切断燃气供应。火焰切断装置的一个组件是伸入燃烧器火焰的小型双金属探针。当它发热时，会产生电流，并流经电磁气阀。只要探针保持发热状态，电磁气阀就会持续开启。不过，如果火焰被吹灭，探针温度就会迅速下降且不再供应电流。结果，电磁气阀会失效，有个小弹簧会关闭电源。

带有这样一个安全系统，当你想要点燃燃烧器时，弹簧就会被压缩到可以开启燃气阀的程度。直到火焰使探针重新发热前，弹簧都会压下控制旋钮。当系统无法正常工作时，问题往往出在

上图：和许多英国的客车改装房车一样，这辆 2006 Swift Sundance 配有全套的厨具。

左图：烤架是英制房车中的标配，但许多从别国进口到英国的房车并不配置这一设备。

119

右图：许多进口房车需要用火柴或打火机点燃铁架上的燃烧器。

安全贴

1）确保厨房已配备了防火毯和干粉灭火器（在保质期内）。

2）保证防火毯和灭火器在开放位置并靠近暖炉。

3）出现大火时应使用防火毯。如果没有夹带，翻卷把手指包住就能隔离火焰，并保护手指。这个技巧十分管用。

探针发生位移或不再近距离接触火焰。探针也会变脏，尤其在铁架使用过平底锅后。另外，房车内的普遍振动也会引发电子连接器松动。这会导致探针之间的传递隔断和用来启闭电磁气阀失灵。重新拧紧金属连接导体两端的连接件就能解决问题。

设备批文

自1996年1月1日起，所有安装在新房车内的燃气设备都被强制执行EC Gas Appliance Directive 90/396标准。CE标签表明批文的效力，代表了Commonauté Européene。其他有关燃气系统的欧洲标准和通风要求包括：在休闲住宿用车中的EN 721通风要求；旅居车中的EN 722-1液化气加热标准；在休闲住宿用车中的EN 1949液化石油气安装标准。

一氧化碳问题

如果燃气火焰呈现黄色并且在平底锅上残留了油烟，通常表明燃气混合失常。这种现象是不完全燃烧的结果，且当其发生时，可能会出现一氧化碳泄漏。这可能引发严重问题，所以合格的燃气工程师应就此检查设备。故障应在燃烧器重新使用前被排除。

用火风险

铁架不能用来加热房车内部。不像密封加热设备，它不具备特殊设计的烟道，并且火焰是暴露的。如果燃烧器正在工作，需确保水壶或锅具处在应有位置。虽然在铁架和橱柜之间要求留存最短距离，但是如果燃烧器火焰上没有厨具，这些橱柜就会变得极热。

锅具和水壶的直径也需匹配燃烧器的大小。如果你使用了超过标准1~2cm的锅具，火焰就会水平向外发散。有时发散的火焰会燃烧到固定铁架用的螺钉上的橡胶帽。

标准如此，但不理智的车主常会把较大的家用平底锅用在房车的小型燃烧器上。

通风

厨房通风非常必要，而且专业的制造商会安装永久通风孔。它们需要提供可供燃烧的氧气和燃烧产物的排出通道。此外，通风设备能帮助排出可导致冷凝的水蒸气。改进措施有，在铁架上配置风扇辅助厨具罩。Dometic制造的产品可以通过向外排放来抽走水蒸气。

安全检查

类似于所有的燃气系统和相关设备，烹饪设备都必须经由合格的燃气工程师按制造商的指示展开定期的检查。这是年度

右图：火焰中断装置的一部分是小探针，在燃烧器中升温并生成可供打开燃气供应阀的电力。

最右图：尽管橱柜与铁架之间存在一定安全距离，但不要在没有平底锅的情况下让燃烧器独立燃烧。

第 6 章 燃气供应系统和加热设备

服务操作任务中的一项。除了清洁，其他的服务任务都无法由车主自行完成。

取暖设备

出于对安全的考虑，开放式燃烧器已在房车中停用。暴露在外的燃烧器被认为有以下5点令人不满意：

1) 外物可能落进暴露的火焰中。
2) 氧气来自于活动区域内，且伴随室内加热。
3) 废弃的燃烧产品被直接排进活动区域内。
4) 在极端情况下，有故障的燃烧器会逸出一氧化碳。
5) 当液化石油气燃烧时，会排出蒸汽并在室内物体上冷凝。

对此，房车加热设备如今被称作室内加热器，而非用明火，而且它们必须被室内密封。因此，燃烧器被装在一个与活动区域完全隔离的隔间内。助燃气体从外部直接被抽进这一密室中，并且排气槽会通过烟道把废气向外排出。

在这个燃烧室内产生的热量会被直接转进活动区域内。具体的途径为通过热交换器直接输送热空气。热交换器可以尽可能高效地释放热量。许多热交换器会带有模制翅片，相当于风冷发动机上的翅片。

换句话说，它是一种金属热交换器，可以为室内供暖但不直接燃烧燃气。为了帮助热量分散，许多设备也会带有可沿着管道网络驱散热气的风扇。管道的出口能保证热量在每个关键点上都有输

左图：当燃烧器上使用的是大号平底锅时，发散的火焰会点燃螺钉上的橡胶帽。

出。房间相对于活动区域通常会把门关上，例如淋浴间，同样能从加热器中获得暖气。当然，这假定了加热管道上的阀片均已被打开。

如果车主购买了老式房车，通常会发现它装备有一台挂壁式的Carver室内加热器，匹配12V的Fanmaster后可以向活动区域分散热气。这一个Fanmaster附件有一个1.5A，18W的电动机，由5A熔丝保护。

之后的Fanmaster产品进一步包含了一个可以在2kW功率下运作8A的主控电子元件，所以比风扇散热效率更高。它也使用内置230V加热元件加热空气，提供从100~2000W的手动控制输出。不过，有一点不容忽视：配置了新Fanmaster产品的Carver室内加热器一定不能同时用燃气和230V电源运行。你要么使用燃气加热，要么就使用电源加热设备。

Carver产品相当受欢迎，但是Truma在1999年秋收购了其燃气设备业务，类似于Fanmaster的产品随之停产。不过，Truma在之后几年出售了大量用于Carver产品的备件。预用零件也能在专用店购得，如在南威尔士布莱纳文的房车销售中心。

挂壁式Truma Ultraheat的运作和Carver产品类似，但这一设备可以同时用燃气和230V电源运行。这通过一个直接连到热交换器的附加230V元件得以实现，而非配置在后部的集成风扇。它的输出为：

1) 来自电子元件的500W、1000W或2000W。
2) 来自燃气燃烧器的3.4kW。
3) 来自组合系统的5kW。

需要快速加热时，可以联合使用燃气和电气系统。不过，

最左图：这一个Truma密封室内加热器展示了如何同时吸入助燃空气并将废气排出车外。

左图：密封设备中的热交换器在外壳上带有翅片，可以有效地释放热量。

Trumatic S系列加热器细节

许多英国房车都会标准化地配备 Trumatic S 系列室内加热器；它们也能用来翻新 Carver 的产品。

在这一用于教学的切割模型中，被移走的热交换器上部展示了点火装置，但非主燃烧器。

在现代加热器上，燃烧器被完全封闭在热交换器中。为确认燃烧器正在工作，可以通过观察口检查火焰。

加热器顶部的控制轮有一个钢锭连接。铜热传感管控制主燃烧器，且一定被毛毯覆盖。

这一加热器被移走并倒置。当有蜘蛛或飞蛾进入铜制（或不锈钢）进气口后，就会扰乱运行。

进气口被移走并清理。主燃烧器在左侧；点火燃烧器有一个发火器，且在后部可见热电偶元件的尖端。

为了运行自动发火装置，需要配备一节小的蓄电池以触发微开关。日常维护工作包括更换蓄电池和清理电极。

电辅助 Ultraheat 元件匹配热交换器的后部，并能帮助迅速升温，许多房车车主在夜间将其设在低档。

当加热器达到2kW时，电加热元件会自动关闭。这是Ultraheat系统的一个安全特征。但是，Truma指出如果想要最大化利用230V电气系统，就需要留在可提供最低10A供应的电站处，这是问题的核心。

为了能更清楚地了解这一类型的Truma加热器，附图详细展示了Trumatic S系列加热器的几个关键特征。许多老式房车的车主也会增添新的或额外的管道系统。这一操作保证了直接使用Truma组件。隐藏管道是一个主要挑战，但也可以在不损失过多热量的前提下，把管道铺设在地板之下。

也有其他的取暖方法。一些大型房车具有使用散热器的湿式系统。例如，Alde的3000紧凑型中央供热系统被安装在Buccaneer房车中。这一房车也包含Alde 2968发动机热交换器，可以与菲亚特发动机供热系统协同工作。

在小型房车中，紧凑型的加热器往往更为适合。它们完全封闭（除了进风口、通风口和烟道）且一体式风机会发散暖气。这些产品的一大优点在于它们能被安装在储藏柜和小型衣柜中。

Truma制造的产品已问世多年且具备良好的运作效率。发火装置是电子式的，尽管尺寸较小，但Trumatic E2400的供热输出可达2.4kW。元件中的热量通过管道传输，并且和大多数密封加热器一样，它能持续工作一整夜。输出可实现恒温控制，以保证温感保持一致状态。

类似的产品包括Propex加热器和Carver P4紧凑型鼓风机组。P4是一个独立的配件，边壁烟道较难察觉。在1.2kW和2.2kW的输出设置下，说明书包括自动点火、恒温控制以及有关丁烷和丙烷的操作。不过，它已不再可用，而且备用零件也越来越难以获得。

在与Propex建立合作关系后，Whale在2010年引进了新的燃气和230V

加热设备的维护工作

1) 不具有资质或缺乏经验的车主都不能自行操作有关燃气加热设备的工作。
2) 室内和用水加热设备都必须由有资质的燃气工程师依据制造商的指令进行核查,这一工作作为例年检查工作的一部分。
3) 除了检查设备,还应查看烟道的安全性和使用效率。
4) 常规工作包括:确认燃气火焰正常,且不能有影响燃烧器、烟道系统和燃烧室使用的灰尘、蜘蛛网、小虫或蜘蛛。蜘蛛经常会扰乱燃气设备的工作,蛛丝会改变火焰的流向并妨碍燃烧器燃烧,烟道类似。接近烟道出口的蜘蛛网会大幅度降低排气效率并妨碍室内加热器工作。因此,例行清洁是一项重要工作。
5) 每当完成设备检查后,都需要手写一份带有日期和工作细节的报告。
6) 室内加热器常带有自动断路器,一旦发生过热、排气道关闭或突然堵塞就会启动。但是,在Carver Fanmaster上有一个红色按钮,可由车主触发。首先,你需要等待设备降温,然后打开所有的出口并断开

如果Carver Fanmaster中过热,加热系统会自动关闭。之后需要触发重设开关。

对于Carver和Truma的室内加热器,可用操纵杆调节传入管道的暖气。

电源连接。之后你必须重设在风机旁的松开按钮。记住,有些房车内的按钮不易找到。然后打开电源。Truma的产品也有类似的过热安全装置,且指导手册会交代操作流程。
7) 许多室内加热器曾用压电式点火系统,只要按下按钮就能在燃烧器中生成火花。如今使用电子点火系统,且壁式开关会触发打火。关于紧凑型加热器,Truma E系列早在20世纪80年代就用电子点火器。
8) 多数管道系统带有两根主要的支管,分别位于房车的两侧。但是,许多车主不曾意识到,支管中的热量流动并不稳定,不过可用挂壁式设备背后的操纵杆调节热量扩散。

室内加热器。一年之后,该系列包括了四种紧凑型加热器,其中两种加热器安装在车底,从而可以节省活动区域内的空间。即使是安装在室内的产品,像新鲜空气进气口和烟道等组件也不会占用活动区域的空间。它们只是穿过地板而已。

Whale地板加热器都带有镀锌、密封和防护外壳,并且考虑到节省空间的特征,Elddis在紧凑型2010款房车中安装了其中一类产品。内外两类都分别有燃气专用型和燃气与230V并用型。电子配件有500W(夜间设置)、1000W(标准设置)、2000W(热增加设置)装置和霜冻保护装置。不过,你不能同时用燃气和电力运行这些加热器。

热水设备

在小型房车中,空间往往极度有限,因此没有可以存放热水器的场所。这里通常也没有可供淋浴的空间,所以大多数车主经常用热水壶来满足需求。

客用房车的情况就截然不同,而且很多房车车主根本无法容忍没有热水供应的生活。为了满足这一需要,房车会安装两大主要设备:

左图:这个安装在地板下方的Whale燃气和电力室内加热器被Elddis用在一款2010款房车内。

左图:虽然DIY爱好自己动手的车主不应自行修理燃气设备,但是有一定电工经验的车主可以调节Whale室内加热器。

右图：用于Whale室内加热设备的控制面板十分简单且易于操作。

右图：65mm和75mm的导管被连接到加热器的冷风入口和热风出口连接器上。

1）独立蓄水式热水器（例如Carver Cascade、Rapide GE、Maxol Malaga、Truma Ultrastore和Whale热水器）。

2）带室内取暖设备的热水器（例如Trumatic Cranges、Atwood Confort 3、Alde 3000 Compact）。

注意：

1）美国制造商Atwood于1997年停止在欧洲销售产品，如今其备用零件已难以获得。

2）英国国家房车委员会推荐，带外露燃烧器的老式即用热水器应由获批的蓄水式热水器取代。

蓄水式热水器

这些热水设备通常隐蔽地安装在橱柜中，并且通过远程控制面板操纵。它们的平衡烟道被谨慎设计，且新式产品还包含一个电源加热元件。对于有些产品而言，你可以同时使用燃气和电加热方式，以便更快地获得热水。其中一台受到广泛好评的早期蓄水式热水器是诞生于20世纪80年代中期的Carver Cascade。

Mk1 Cascade受到热烈欢迎，但在寒冷的天气环境下，它需要花费很长时间才能排尽用水。这个问题在之后的产品上得到了解决，如Cascade 2 Plus，加装了一个空气释放点。燃气蓄水式热水器的另一处改良在于电源加热元件。它们最先为Cascade 2 Plus GE，包含一个680W的主电源加热元件。之后的Cascade Rapide推出了一款830W加热元件，而且如果被冻坏，你必须购买一个替换工具组，包括一个替换用的830W元件。关于其后的产品，覆盖板后会有一个过热复位按钮，如下图所示。

这种设备在英国很受欢迎，所以当产品停止销售时，房车制造商非常惊讶和失望。对此，一款有效的替代产品随之发布，被称为Henry GE热水器。它具备Carver Cascade产品所有的主要特征，而且当前可从多塞特普尔的Johnnie Longden购得。

虽然Carver Cascades很受欢迎，但Maxol Malaga和带有230V加热元件的Malaga E在20世纪90年代也占有相当重要的地位。现在，Malaga MkIIIG和GE的13.5L产品可以从C.A.K这样的供应商处获得。

不过，Truma Ultrastore是在欧洲房车中使用最多的产品。具体有10L和14L两款，都可以配置额外的850W（3.7A）电加热元件。

尽管这些制造精良的产品都带有优质的售后服务，但是落后的水箱绝缘层促使Whale设计一款新产品。

第一台Whale热水器于2010年问世，它的13L水箱由一层宽厚的模压绝缘层保护。产品提供燃气或230V电加热两种型号。制造商声称，比起同类产品，它可以在330s内提供更大量的热水。

更令人感兴趣的是，可选择的适配器墙板允许带有老式Caravan Cascade的房车在不作重大改装的情况下，配置一个新的Whale热水器。

同样不可思议的是设备已经被组装在胶合板上，所以安装工程会更为容易。

右图：如果Carver Cascade 2过热，它就会紧急切断；在外壳底端有一个复位按钮。

第6章 燃气供应系统和加热设备

因此，一些喜欢自己动手的车主可以自行完成装配，虽然一般认为，只有有经验的燃气专家才能胜任最终的燃气接合工作。

热水器的外形有助于被安装进矩形橱柜中，而且可以将空间损失降到最低。为了进一步节省空间，Whale在2011年发布了一款小型的8L产品。它们给车主们留下了一个相当好的第一印象，而且良好的保温隔热性能受到了强烈的关注。

组合室内加热器和热水器

在大型房车中，常在单一空间内配置结合取暖和热水功能的设备。

例如，Buccaneer的1998款房车里配置了带散热系统的Alde 3000。Atwood Confort C被配置在Murvi Morello的1996款和1997款房车中。Trumatic C Combi加热器配置在好几款Swift房车中，例如2002款Gazelle F63 High。升级版的Truma热水器也在2006年问世，并被配置在许多高规格的房车中，包括在2011年发布的Bailey房车系列。

组合室内加热器和热水器也带有释放阀，当气温降至2℃时，会自动将热水器蓄水槽中的水排空。这是一个很好的安全措施，尽管在某些情况下，意外地排水会引起麻烦。如果房车车主长期在外或对温度较为敏感，这一设备的重要性就更为突出。

Combi热水器的热水设备消耗燃气或电源电力，但是一些房车未配置有230V室内加热设施。这些车主往往会带着沮丧，感叹没有及早发现这一点。通常来说，这是只有在购买房车时才能要求加装的项目。如果是这样，那么一旦燃气用尽，你就只能受冻。

车主的照料

清洁热水器相当重要，而且需要把检查纳入年度居家事项的一部分。由于和燃气设备相关，维修工作不在车主的可操作范围内，但是排水工作就不同。

结霜会严重损坏热水器，所以当天气寒冷且不使用房车时，必须采取相应措施。

有两种方法可以保护系统免受霜冻。一种方法是排空所有的水直到天气转暖。另一种方法是注满防冻剂，但必须事先核验制造商是否批准。

左上图：这幅剖视图展示了Ultrastore热水器的燃气燃烧器和电加热元件。

上图：这个Whale热水器有一个13L水箱以及燃气管和230V电源。它被预装在一个木板上。

上图：当安装Whale热水器后，会在Carver Cascade中匹配一个转接板。

左图：Truma的组合加热器普遍受到欢迎，但是对小型房车而言体积过大。

左图：当温度降至2℃时，Truma Combi加热器上的红色排水按钮会被自动触发。

125

Carver产品

虽然一部分老式的Carver室内和用水加热器被Truma囤积了一段时间,但Carver Cascade的一些元件也可以被Arc Systems生产的元件替代。这家诺丁汉郡的公司专门生产Carver加热设备,许多仍可用于老式房车。

还有一款被称为Henry GE的热水器,几乎是Carver Cascade产品的复制版。它的许多组件都可互换,且这一设备可从Johnnie Longden获得。

在停用房车前,给热水系统注满特制的防冻剂在美国被认为是一项季节性的任务。事实上,一款名为WinterBan的美国冬季产品在Camco配件系列内可用于英国,而且可以从诸如ABP Leisure的Recreational Vehicle市场获得。你只需要把推荐容量的液体注入系统即可,直到你再次使用房车。

另一个选择是排尽水,并且遵循制造商的指示,在冬季中保持干燥。如果你用的是Truma Ultrastore,须知以下4点:

1)关闭水泵。

2)打开所有的龙头或在有操纵杆的情况下,确保操纵杆升起,并使其处在中间位置。

3)打开设备的安全泄水阀并保持在竖直状态。

4)确保水在排出过程中不会造成不便,而且需要小心被热水烫伤。

柴油燃料加热系统

用在船舶和长途货车内的Eberspacher加热系统经改造后可用于房车。Murvi促成了这一发展,且在1998年的伯爵宫的一个展览上,Eberspacher系统在Murvi房车上得到展示。自那以后,这一产品变成了许多订购Murvi的选择。其他配置Eberspacher产品的制造商包括Autocruise CH、Auto-Sleepers和Romahome。Webasto的柴油加热设备比较类似,而且个别货车改装房车会在驾驶座下装配小型室内加热器。

Eberspacher的Hydronic系统是顶尖配置,可提供室内取暖和热水。为了解释它的工作原理,最好将它和轿车内的加热系统作类比。由轿车发动机加热的水被转入仪表板后带有风扇的小型散热器。当驾驶人操纵风机开关时,风扇会先把空气吹入散热器(通常被称为加热中枢)和管道,然后按要求把暖风传到迎风口、上风口和下风口。

在循环加热系统中也有类似的设计,但不存在用附加的管道把热水传到类似的散热器后,再加热活动区域。另一根回流管会直接通向一个用于储存日常用水的小型铜制圆筒。来自发动机的水经过盘管流到圆筒中心,然后再利用盘管把水加热。许多人在家中也有一个类似的热水圆筒的热水器中,通常被安装在通风橱柜中。Eberspacher圆筒中的水会变得极热,然后搅拌阀会自动将冷水混合到供水系统中。

从之前的描述来看,你会感觉这一系统的运作前提是发动机已经在工作。但事实上,在房车中的用水被加热以前,你都可以不用驾驶。同样,当你在驾驶时,可以用附加的热水中枢元件加热活动区域。

右图:在严寒天气条件下,如果房车长期不用,一定要把热水器中的水排空。

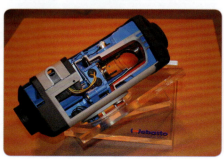

右图:Webasto 的紧凑型暖风加热器通常被安装在小型改装房车的驾驶座下。

最右图:这一款Eberspacher Airtronic紧凑型室内加热器和暖风供应管道的230V电加热元件相配。

第 6 章 燃气供应系统和加热设备

但是，一旦发动机关闭，所描述的加热操作就会停止，所以Eberspacher Hydronic装置包含了一个安装在地板下或发动机舱下的小型柴油或汽油加热器。它比鞋盒稍小，并且燃料经由和房车油箱相连的小型管道形成流动。需要时，你可以打开这个装置，而且它表现出和发动机一样的加热功能。

数字控制面板提供了一系列选择。它可以被编程，由此实现定时后的自动加热，而且它最多可以设定三个时间。在冬天，这个滚动操作时间表相当有用。在夏天，你可以全然不顾室内加热功能而只选择热水。虽然热水通常依靠发动机或柴油加热器，但热水圆筒也能匹配与主电源相连的230V浸入式加热器。

Eberspacher装置也能连到基础车的驾驶室和前窗加热器，从而增加活动区域内的热量输出。这在把驾驶室作为活动区域一部分的房车内十分有用，但连接屏幕通风口有另一个好处。意味着可以在出发前给前窗解冻。此外，你也可以选择预热发动机来简化启动操作。

为了使各设备的效率最大化，手持式远程遥控器是可选的配件之一。这使车主在夜晚不必下床，就能打开加热器。同样，如果你把房车停在屋外，远程遥控的功能强大到可使你在屋内就激活加热和解冻设备，即便你正在吃早餐。

Eberspacher的运行模式多到非同寻常，而且这些加热系统也可以用来节省燃料消耗。即便最大的5kW循环加热器以最高的风扇转速和加热要求工作，每小时也只消耗0.62L柴油。在另一方面，需要用到带有大容量的备用蓄电池来运行风扇。同时也有必要指出，外置的液压燃油加热器会比一般的燃气设备发出更大噪声。这在房车内部很难察觉，但会影响到使用同一营地的其他房车。

除了Eberspacher的4kW和5kW循环热水器，以及室内加热器。该公司也提供紧凑型燃油暖风机，受到Romahome和Auto-Sleepers等制造商的欢迎。它们被称为Airtronic元件，而且不能和水循环系统相混淆。当前可用2.2kW和4kW输出，并且它们可以被安装在覆毯储物柜中。它们可以提供精确的温度控制，而且数字计时器可以提供七天程序设计。在这些柴油加热产品之外，还可以加装电热元件。

Eberspacher和Webasto的产品都已在商用车和船舶内被使用了很长时间。如今，这些设备给房车车主提供了极具吸引力的加热选择。

这个紧凑型柴油加热器安装在发动机舱内，当发动机不工作时可用来加热。

藏在橱柜中的是一个紧凑型散热器或带风扇的加热中枢，可以把暖风吹进车内。

水被送入铜制圆筒中的线圈，然后每次可加热约9升（也有230V沉浸式圆筒）。

面板控制着Eberspacher系统的操作，且计时器可以在7天内进行任意设定。

第 7 章　供排水系统

房车有两个独立的水系统：一种是供应净水的供水系统，另一种是从水槽、洗脸盆或淋浴盘排出废水的排水系统。

目录

- 供水系统
- 净水补充和污水处理
- 管道工程
- 水泵
- 更换水泵
- 过滤系统
- 水龙头和淋浴系统

房中的供排水系统各不相同。水泵、水龙头、灌装设施、过滤器系统的类型以及废水处理方式因车而异，甚至是供水和废水收集的程序也会不一样。

供水系统

大部分房车拥有一个固定的水箱，但是有一些房车使用的是便携式容器。

便携式容器

因为安装固定式容器太占用空间，因此没有固定式容器的露营房车并不罕见，微型房车和老版的大众露营房车就是例子。因此，一些便采用英国房车的做法，在房车外的地面上放置装净水和废水的便携式容器。

另一种方法就是在车上安装一个或两个便携式容器，这是由la strada、Middlesex Motorcaravans、Reimo和Wheelhome所完成的改装过程。

使用便携式容器而不是固定的容器在没有完备的房车服务点的地方是有意义的。通常，走到水龙头旁装满一个容器比开着整辆房车要容易得多。

事实上，正是由于许多地方没有完备的房车服务点，许多拥有固定的车载水箱房车的车主不得不携带一段软管、一个塑料容器以及一个用来补充和清空水箱的水桶。

车载水箱

尽管有这些评论，大多数房车在制造时还是采用固定的车载水箱：一个是用于装净水的，另一个是用来装废水的。顺便说一句，这里的"废水"一词是指从水槽

上图：在米德尔塞克斯汽车公司生产的改装版房车中，两个净水容器和一个潜水泵安装在车厢后面。

下面：如果缺少一个房车服务点，那么使用便携式容器处理水问题通常更容易。

下图：这款大众客车改装房车采用了外部废水和生活用水的便携式容器。

第7章 供排水系统

最左图：装备精良的服务区有一个房车服务点，当你需要充满净水或清空废水时，可以方便地停车。

左图：这个解剖图是2012年Bailey展示的净水和废水箱。

左图：在一些房车的车型上，净水箱安装在一个座位下。
注意：为了排空这个水箱，你需要拧下它的红色盖子，然后拉出过流管。

或洗脸盆中排放出来的水，有些人称之为"灰水"。只有美国的大型房车有专门的污水收集水箱，这通常被称为"黑水"。

净水水箱的位置有两种选择，可以安装在地板下面，也可以安装在车内。为了不占用车内的储存空间，一些制造商例如Auto-Sleepers和Bailey motorcaravans会把净水箱和废水箱都安装在地板下。

然而，这种安装有一个缺点。在冬天，外部安装的管道和水箱中的水很快就会结冰，如果你想在一年中最冷的时候使用房车，这就会产生严重的影响。这就是为什么第二种选择经常被采用，大型汽车制造商通常在居住区域内安装一个净水箱。

冬季房车的话题，在本章后面将更详细地讨论。

至于排空问题，废水箱和净水箱中的水位需要不断监测，如第82页所示，在生活区域安装一个显示面板是习惯做法。有时会安装电子深度探头，尽管任何安装在垃圾筒内的设备都可能变得不可靠（因为垃圾桶里面很可能含有水源性食物残渣），或者可以安装一个废料箱，装有传感器钉代替长探头，见所附照片。

如果废水箱没有安装水位指示器，你需要遵守每次给净水水箱加满水时排空的原则。这应该可以防止加水过量。

排空废水时，必须把水排入专用的水沟或监测处理点。把它直接倒在草地上是禁止的。然而，一些场所开始提供专门的位置让房车车主能够直接连接到净水供应源和废水排放点。

水箱和冰冻

当在冬季使用房车时，冰冻的水箱会使生活变得困难。没有多少房车拥有第4章所描述的双层加热系统。然而，如果地板下的净水箱结冰，至少可以用水壶、平底锅、瓶子或便携式容器来盛水。但废水箱和连接它的管道结冰了，事情会变得更糟。如果发生这种情况，废水就不能被排出水槽、脸盆或淋浴盆。

为了避免发生这种情况，请将废水池的排水口永久打开，使排放的水直接通过水箱进入一个便携式容器。容器显然需要定期排空，但至少水箱是不会结冰的。

最左图：一些水箱安装了传感器，可将读数发送到水位显示面板。

左图：在图中这样设备完善的地方有废水处理设施。

右图：这个位于北爱尔兰的营地有好几个为居住者提供净水和废水排放的房车服务点。

考虑到这些困难，制造商们在拉斯特拉达诺瓦车型中安装了两个大约是正常尺寸一半的废水箱，一个装在温暖的室内，另一个装在地板下面。用一个可控制的隔离水龙头将它们连接或分开。这个系统的工作原理如下：

夏天，隔离水龙头一直开着，两个水箱都收集废水。

冬天，隔离水龙头是关闭的。这就意味着废水会流到室内的容器中，这得益于生活空间中的热量，不会结冰。外面的废水箱很可能会被冻结，但仍然是空的。

当内胆需要排空时，其隔离水龙头与主泄水龙头一起打开，水直接通过外面的水箱进入排空设施。

然后再一次关闭隔离水龙头，以确保地板下面的水箱是空的。

Auto-Trail等几家制造商采用的另一种策略是，将外部安装的水箱用银色的"绝缘毯"包裹起来，这将延缓水箱发生冰冻的时间，但在真正寒冷的天气里，这些物质最终会屈服于低温。当外部温度再次上升时，这件"绝缘毯"就会阻碍里面的水流出，这是绝缘毯子的主要缺点。

至于冬季的净水供应策略，一些车主想出了另外一种可选择的方法，就是从临时放置在淋浴盆里的便携式容器中抽取净水。

这个容器中有一个潜水泵，一个新的连接点被用来将水引导到正常的供水管道中。为了帮助车主进行必要的改造，Carver以"冬季套件"形式出售这些部件。遗憾的是，在20世纪90年代末，Carver终止了它在房车制造中的使用，但是房车配件供应商Kenilworth (Caravan Accessories Kenilworth, CAK)可以提供配件来进行这种改装。另外，如果您不喜欢改变内部管道，CAK也销售用于安装在地板下面的水箱内的浸入式电加热器。

废水箱和排水沟的气味

正如很多车主所了解的那样，当居住空间被排水沟的气味困扰时，车内生活就变得难以忍受。当废水通过水槽、洗脸盆或淋浴盆出口进入车内时，就会出现这种情况。这通常是由于设计不良造成的。

毕竟，这种问题不会出现在家里，因为家里的浴缸、水槽、淋浴盆和洗脸盆下面都安装了反水弯。在所有家庭马桶的底部都可以看到一个水封装置。装置里的水会形成一道屏障，阻止下水道的气味进入我们的房子。这是现代管道系统的一个简单但非常重要的特征。

笔者改装的房车里的水槽、洗手盆和淋浴盆也采用了类似的装置。这些排气管也是用30mm的家用排水管建造的，就像家用产品一样。这个措施并不昂贵，在

右图：当我们预料到有严重的霜冻时，房车车主需要把废水箱的下水道打开，用一个水桶来接废水。

最右图：一些经常去寒冷地区旅行的房车车主给水箱安装了浸入式电加热器。

第 7 章　供排水系统

Vanroyce的旅游房车停止生产前几年，这家公司一直在使用这个产品。令人遗憾的是，许多房车制造商不太愿意采用这种做法。

如果设置了这个水封装置，气味就不会不受阻碍地进入生活区域。此外，使用宽口径管道可以确保在安装窄的带肋软管时，从水槽中流出的水要比安装窄的带肋软管快得多。但是这些气味是如何产生的呢？

产生不良气味的一个原因是废水箱设计不良。当一个清空水箱的水龙头打开时，一个设计良好的水箱上的连接可以让每一滴废水和任何食物残渣释放出来。直到最近对水箱造型进行了修改，这个简单的目标才得以实现，在许多容器的底部会有残留的水，还有食物残渣。它们很快就会开始腐烂，从而导致异味顺着废水箱管道溢出，通过水槽或水槽管道排放到生活空间。

当房车安装了廉价的带有模压肋骨的废水管道，这对屏蔽臭味没有任何帮助。这些脊状物经常会把水里的食物残渣拦住，同时在排水时经常会看到水管里的水位有少许上升。

有非常多的办法可以解决这个问题。像前面提到的那样，安装反水弯有助于防止异味飘散到居住空间，但是如果能从源头上防止异味产生就更好了。让我们先来考虑一下反水弯。

反水弯和拦截器

只要反水弯被水填满，它就会阻止气味的传播。显然，在房车行驶过程中，水可能被抖出来。当房车停在路上时，为了恢复水封的状态，简单地倒一杯水给每个排污出口"再充电"，这也可以通过打开水龙头来补充。

在水槽下面安装反水弯的另一个作用是拦截被冲进排污出口的残渣。例如，在一些家庭安装中，可以拆除反水弯，以便清除被拦截的碎片。

在自行改装一辆房车时，通常可以使用或修改一个水槽，这样它能和下水道的大小相适应。然后你可以安装一个标准的家用

在这辆自行改装的房车上，在一个排污出口上安装了一个反水弯，并使用了30mm的PVCu污水管。

许多制造商现在认识到在水槽下面安装反水弯和拦截器的重要性；这一类型安装在Mizar Elite 2008款上。

Auto–Sleepers 2006款是比较早使用DLS塑料安装有反水弯和拦截器的车型。

DLS反水弯带有一个可拆卸的碗套，直接连接到一个28mm的刚性管道；CAK还提供转接口，以配合20mm和25mm的Supaflex软管。

这种CAK反水弯有两种尺寸，分别与20mm和25mm的污水管相连；当清理碎片时，必须把它取下。

有时，在水箱前的管道中会安装一个拦截器；它们经常被安装在Swift Sundance车型上。

深水反水弯，如上一页所示。然而，如果你已经拥有了一辆房车，改变或更换水槽就不是一个切实可行的方案。另一方面，最近制造的微型反水弯也适用于休闲车的管道系统，而且大多数产品都可以进行适用。

看到那些房车制造商意识到这些问题总是很有趣的。从意大利进口的几辆房车安装有带螺旋盖的排污口。在英国，CAK也制造一些紧凑型反水弯，通过它的邮购服务出售。DLS塑料公司正在制造一个小型反水弯，里面有一个可移动的盖子。

除了那些具有双重功能的反水弯，即阻断气味和捕捉碎片，拦截器通常可以安装在进入水箱之前的管道中。拦截砂砾和食物残渣是它们唯一的功能。它们是用一个螺旋盖构造的，所以收集到的污泥可以定期清除。在第131页中显示了一个示例。

不出意外的是，由于废弃管道和软管的多样性，对这些部件进行回顾性的装配比预期想象的要复杂一些。通常需要适配器，但CAK通常能够提供合适的连接器。将塑料管或连接器与软管连接时，在组件上涂上一些硅胶以形成密封，然后用高质量的软管紧密连接。

废水箱的细节

作为一种节约成本的策略，房车制造商经常购买一批相同的废水箱，并在他们不同类型车辆的"生产线"中使用它们。因为所需的排污口位置会因车型而异，它们本身会形成排污口连接。这包括在选定的位置上钻一个孔，并安装一个"点式"连接器，而不是让容器制造商用塑料"焊接"出口喷嘴。这种方法的缺点是，螺纹塑料螺母控制的出口不能安装在接近底部的位置，作为工厂焊接的出口。这意味着当车主以为废水箱处于空的状态时，它实际保留着约25mm高度的污水，这些污水就是下水道气味的形成来源。

为了改变这一状况，CAK进行了一项修改，它允许水箱释放所有残余的污水，这保证了水箱的底部是清洁的。一个带螺纹的盖子通常是红色的，这通常代表废水的最低部分，一旦在盖上形成了一个孔，与CAK提供的配件相连接，这将形成一个新的排污口。显然，这不能在没有清洗端口和盖子的容器上进行，也不能在装有螺纹盖子的容器上进行。

如果无法忍受废水箱一直产生臭味，最现实的解决方案是安装一个设计更好的产品。一个低成本策略是通过在适当的斜坡上停车来定期清空水箱，然后通过使用专用的水箱清洗产品来深度清洁。

在最近的水箱设计中，一个模式化的低的排污口是水箱设计的一部分。这是很大的改进，因为它允许排污软管或管道排出全部的污水，而不是其中一部分的污水。然而，正如上面的插图所揭示的那样，它并不总是符合预期。

下图：以下是 F.L. Hitchman 公司的产品，它用于清洁房车上的水箱和废水管。

右图：为了彻底清空一个废水箱，一些车主通过使用 CAK 组件将红色的螺旋盖转换成一个新的排污口。

右图：最近的水箱设计通常有一个模式化的低水位排污口以释放所有的污水这在 Swift Sundance 车型上有很好的应用。

右图：在 Bessacarr 车型上，水箱太靠近底盘部件，所以低水位排污口根本无法使用。

第 7 章 供排水系统

这个在 2006 款 Swift Sundance 上安装的强力排水水龙头是可以保持清洁的，因为这辆车安装了挡泥板，它也可以连接到加长软管上。

2006 款 TEC Freetec 采用了一种软管和硬质管道相组合的结构，这使得用户能够将水排入难以触及的排水口。

2006 款 Orian Gemini 的塑料排水阀看起来很脆弱，而且它的位置非常接近排气管。

 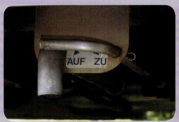 

脆弱而又容易生锈的软管夹和悬挂着的管道，不是 2006 款 Autocruise Starmist 上讨人喜欢的特征。

2005 款 Knaus Sun Ti 有很多优点，但它的排水控制杆在测试时没有释放出任何水。

2006 款 Swift Kon Tiki Vogue 没有安装挡泥板，因此在用户测试时，排水管被塞满泥土也就不足为奇了。

排水水龙头

安装在房车上的排水系统之间差异非常大。有一些排水系统的排水速度让人印象深刻，其他的被封锁，而另一些则因为释放的水龙头被从后轮上抛溅出的灰尘所覆盖。此外，在许多车型上，排空软管的安全性也很差，这对房车用户来说是一个重要的问题，但不幸的是，相应的产品非常糟糕。上面的面板显示了一些对比鲜明的系统。

水箱安装

一个有经验的自建房车爱好者会认为更换水箱是一件特别容易的事。然而，如果你不能安全地升起你的房车，这将是很尴尬的事情。在任何情况下，你都不应该在只有千斤顶或不可靠的车轴支架支撑的车下爬行。如果没有安全的手段，这项工作就应在装备精良的车间进行。

当然，每个水箱的安装都是不同的，有些操作尤其困难。购买形状、容量和深度合适的水箱是非常重要的。如果不仔细检查这些元素，重要的离地间隙数据可能会丢失。Amber Plastics、CAK 和 Fiamma 几个公司都出售水箱。事实上，在 CAK 非常全面的目录中，有超过 150 种不同形状和大小的水箱。所有这些产品都是在沃里克郡工厂生产。

在下订单时，建议指定一个带有螺母的大开口，用于清洗内部。还需要其他一些相关的组件，如出口接头、联轴器、管道、排水管和水平检查设施。所有这些都需要列在给 CAK 的订购邮件中。该制造商将在需要使用塑料"焊缝"操作的地方匹配好相应的入口和出口。

如第 82 页所述，水位显示器由英国制造商提供。此外，Murvi 房车上安装的 LED 指示灯来自德国专业公司 Calira。如前所述，这些设备必须与安装在水箱上的传感器系统相结合，许多自建房车爱好者使用的 CAK 产品已经安装了不锈钢传感器螺柱以记录水位。

作为最后的警告，在处理水箱安装工程之前，需要花时间仔细考虑不同地方的承重程度。水是很重的东西：1L 重 1kg，因此一个不适当的大容器可能会破坏车辆的重量分布和轴限值。还要注意的是，许多房车车主在离开一个地点之前，会把他们的净水箱

133

房车手册

右图：这是肯尼沃斯市 CAK 公司制造的众多水箱套件之一。

最右图：在许多大型露营点，你会发现它能够提供独立的水龙头和排空点。

里装满水，这会影响到车子的净载质量。另一方面，一个没充满的水箱可能会影响制动效果。的确，有些水箱在模型上添加了基本的挡板，但是突然的水涌仍然会阻碍制动效率，尤其是当你需要紧急停车的时候。

净水补充和污水处理

在美国，许多露营地为游客提供了直接连接他们的"旅居车"（RV）与场地排水和供应设施的机会。配备此设备的露营地能够提供净水、废水和污水的连接。

净水补充

在参观露营地时，车主需要确定如何轻松地补充净水箱，并非所有的露营地都有房车服务点，而且把车开到一个标准水龙头附近往往不是特别方便。大多数车主会携带一小段便携式软管，这应该是食品级的质量，这样它就不会污染饮用水。有时也需要漏斗，特别是在使用便携式容器进行补充时。然而，为了避免重型起吊时水溢出，一些车型（例如一些 Swift Kon Tiki 制造商）在房车填充器旁边安装了一个12V电源插座。这需要一个可以放入水中的12V的电泵，如下图所示。这是一个非常有用的设计。

左图：这款 Swift 房车有一个12V 的电源插座，用于运行水泵。

左下图：这里将泵放入便携式水容器中。

下图：将塑料软管插入净水进水口以补充水箱。

在英国，尽管越来越多的露营地为水盆或水箱（不包括厕所）的废水提供了水龙头和排空点，这种水平的配置还是比较少见的。像鲸鱼水资源（Whale Aquasource）这样的产品，可以连接到鲸鱼的主插座（Whale Water-master socket）上，包括一个减压器，这样一个永久的管道连接可以为房车的水龙头上提供水。类似的，还有一条 Truma Waterline，这个可以和 Truma Ultraflow 入口进行连接。然而，房车通常都有内置的净水水箱，如果不修改原始系统，绕开水箱，就不能使用这些直接连接的附件。

对于大多数英国的房车制造商来说，地上的私人供应口可以用来给水箱做补给，而不是创建一个完全填充的配置。给水箱做补给通常需要一根连接软管，用这种方式安装的营地可以避免将车辆开到房车服务点。同样，通常也有可以将连接管安装到废物槽的出口，使废水直接进入排水口。第130页显示了一个转移的示例。

管道工程

房车大多数的管道安排十分令人失望。虽然在过去几年已经取得了一些进步，但是很多车主仍然希望有进一步的改善。早期的排水龙头和连接软管的照片显示，以前的一些产品质量很差。

第 7 章 供排水系统

上图：想让 2006 款 Orian Gemini 水流速度快是不可能的，因为废水管内表面有螺纹，而且在管道中有一个巨大的向上转弯设置。

废水系统

我们经常可以发现，水从房车的水槽或水盆里排空的速度非常慢。排气管狭窄的内径是部分原因，有时会有向上的弯道阻碍流量。

更糟糕的是，一些制造商会安装内外表面带有螺纹的塑料软管。一种更好类型的废水软管内衬要具有光滑的表面，例如 Supaflex 产品，这可以提高流速。

然而，许多制造商坚持使用更便宜的回旋管，这种管子在平缓的坡面上经常阻碍后来会产生异味的食物颗粒。再加上在房车底下反水弯的缺失，你可以知道为什么令人不快的排水异味有时会蔓延到生活空间。下面的组图显示了改善废水系统的一种方法。

下图：这个回旋废水管的内表面有光滑的衬里，以改善水的流动。

储存小技巧

当长时间离开车厢时，请记住将插头插入水槽和水盆出口，这可以防止废水系统中的气味蔓延到生活空间中，同时，应为淋浴盆购买备用插头。

使用家用管道改善废水系统

在车厢中，可以通过安装家用 30mm 的 PVCu 废水管来改善废水系统，该废水管在建筑商和管道商处都有销售。这是我们许多人在家里的水槽和水盆下面安装的塑料废水管类型。注意：在较小的房车中，一些安装人员更喜欢使用 25mm 的 PVCu 管，这种产品通常用于防止家用马桶水箱溢流。

当连接塑料管道时，所有接头都是使用专门的胶焊连接的。使用安装有螺母的刷子能够使涂抹工作变得简单，但准备工作也很重要。每个联轴器的轴环和管道的末端应该是完全干净的。表面用一种轻质级的砂纸擦拭将有助于组件的"组合"成功。

在施工过程中，应该对管路的倾斜程度进行仔细的检查，以确保不论房车以何角度停放，整个系统都能有下倾的角度存在。安装工作需要耐心而不是高水平的技能。当系统完成时，水将以显著的速度沿管道流动。

在一些房车尤其是大型房车中，如果不对家具和配件进行重大改造，就不可能对整个系统进行改装。管道经常被隐藏，并且还存在水槽和水盆上的支物出口太小的问题，无法连接到生活废水管。然而，在笔者的一个改进项目中，大部分系统被转换为 30mm 的 PVCu 管，而原来安装在水槽上的窄回旋管被保留，但在其废物出口下方切割约 300mm 的切口。然后将大约 200mm 的原始管道的"尾部"插入较大的家用管道（垂直安装），从而提供足够的重叠以防止泄漏。最后小心地添加泡沫以密封较细的螺纹管周围的小间隙。

当管道被切割成所需长度时，接触表面必须清洁或用砂布处理。

这种胶焊黏合剂在盖子上有刷子。涂抹两个表面，插入物品，前后扭动，然后擦去多余的胶水。

在之前的房车升级中，它通常有助于在工作台上预先形成整个系统的独立部分。

在一些项目中，水槽已被修改为接受生活垃圾出口。如果做不到这一点，请将 300mm 的原始软管悬垂在新管道内。

右图：非加固软管的缺点是，当发生扭结时，很难纠正。

地扭结，但是当一个部分被压入成一定角度的通道时，其侧壁被支撑。

鲸鱼（Whale）产品还可以分割半刚性管道，该系列产品包括一个管道切割工具，可确保12mm或15mm（外径）管道在切割时保持干净并且切口整齐，这在形成关节时很重要。

供水系统

与排水系统一样，许多净水供应系统也同样令人失望。例如，灵活的"软管和夹子"系统仍然安装在数量惊人的房车内。

非增强性的柔性软管的问题在于长时间使用后经常发生扭结，因此在老车型上，净水的流速缓慢并不罕见。通常情况下，水泵是应该对此负责的，但仔细研究往往会发现其中一个进水管中的收缩处会发生急剧弯曲或靠近锋利的边缘。一旦柔性软管的一部分产生扭结，就很难让它重新恢复以前的形状。

连接点的泄漏也可能是一个问题。在房车中，需要大量的软管夹来连接支管和设备。蜗杆驱动的夹子并不总是没有故障，在颠簸的道路上行驶时，任何一丝弱点都会因振动而加剧。毫无疑问，连接点偶尔会失效，如果出错的节点隐藏在面板后，修理它可能会非常困难。

考虑到这一点，安装带有推入式接头的半刚性管是一个非常不错的做法。这种产品已被证明具有可靠性。例如，它已被用于在俱乐部和酒吧中抽啤酒超过40年。奇怪的是，房车制造商近年来才使用它。

不可否认的是，在拉紧的情况下，使用柔性软管将会更方便，但这并不意味着你需要在整个供水系统中安装柔性软管，因为有适配器可以连接两种类型的管道。

类似地，存在能够使用螺纹连接螺母终止一段半刚性管的接头。将半刚性管连接到隔膜泵时，通常需要使用螺纹。

John Guest系列半刚性管道部件中的一个特别创新的项目是短的塑料通道，其具有90°模制弯曲。这用于必须围绕尖角引导一段半刚性管道的情况。如果没有这个部件，管道将无法修复

软管和夹子管道

- 更换失效的接头时，不要试图重复使用旧的蜗杆传动夹，要购买更换配件。
- 要购买质量好的夹子，即使它们会很贵。质量差的仿制品通常具有脊状齿条，当夹子被紧固时，该齿条很容易变形。
- 在安装新夹子之前，在蜗轮上以及紧固带的脊上涂抹一滴油。
- 确保软管末端整齐。
- 为确保软管具有柔韧性，请将末端浸入非常热的水中几秒钟。如果速度快些，你会发现传动夹会更紧密地嵌入温暖的软管中。
- 某些夹子可能有锋利的边缘，如果拧得过紧，可能会使软管裂开。
- 大多数夹子不会过度压缩，但是如果要连接到部件上的刚性塑料管（例如在线滤水器的耦合喷嘴），千万别将它弄破。

推入式半刚性管道

- 使用推入式接头可以非常轻松地形成连接点。要确保管道干净笔直地切割，

右图：要在软管和夹子系统中形成紧密接头，在安装夹子之前先将软管末端浸入沸水中。

最右图：可以购买适配器接头，以便将柔性软管和半刚性管道的部分组合在一起。

第 7 章　供排水系统

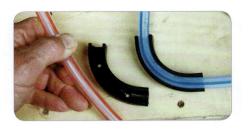

最左图：这个 90 度支撑通道确保半刚性管道在转弯时不会扭结。

左图：为了与半刚性管道形成良好的连接，鲸鱼的这种工具确保了端部能被正确切割干净。

左图：当安装到半刚性管道时，需要始终确保将管道完全推回原位。

然后将部分管道插入联轴器，并将其完全推回原位。一个防水连接就会形成了。要注意的是，有时似乎插入的管道已完全推入联轴器，但仍有一点距离。

- 在每个联轴器内都有一个称为"套筒"的小领子。如果你想看看它的样子，可以将其拿出来，但它通常被留在原位，在形成关节时不应取出。
- 套筒将会抓住管子的外侧，如果试图将接头拉开，则需要用较大的力将套筒推向管道表面。用人力断开几乎是不可能的。
- 尽管通过这些关键部件的相互作用实现了抓握，但是可以通过抓住套筒暴露在外面的部分与连接器的相互作用分开两者。在将套筒推向联轴器的同时，沿相反方向拉动，管道将断开。
- 为确保联轴器不会因夹头外露部分的压力而意外断开，某些系统的盖帽会被推到成品接头上，以防止意外断开。
- 几年前，鲸鱼（Whale）对其推入式产品进行了微小改进，修订后的联轴器并不总是与之前的部件完全匹配。因此，如果要断开组件，有时难以将早期和后期联轴器的混合物拆开。

两种类型净水系统的要求

无论安装在房车中的软管或管道系统是怎样的，都可能需要额外的组件。

止回阀

一旦房车的管道充满了净水，重力导致每次关闭水龙头时，净水会回到水箱或供水容器，这将是一件麻烦事。同样，如果安装了鲸鱼GP74直列式泵（Whale GP74 in-line pump），当发生这种情况时，它的"准备状态"也会丢失。当安装潜水泵时也会出现这种情况。每当潜水泵停止运行时，管道中的水会再次排回水箱，因为它只是通过其运行机制才畅通无阻地运作。为防止这种情况发生，应在主供水管中尽可能靠近水箱的地方安装止回阀。这些设备只允许水沿一个方向流动，所以它不能再通过管道回来。

然而，如果在房车中安装隔膜泵（如后面标题为"水泵"一节所述），其运行机理不允许水在电动机不运转时通过泵室排出，因此在这种情况下就不需要止回阀。

当安装隔膜泵或止回阀时，残余水分在通过这些部件后保留在管道中。在正常的日常使用中，在供水系统中保留水分是有益的。

另一方面，如果房车长时间没有使用，残留的水将不会很新鲜。同样，当预计会出现严寒天气并且您想要排空供水管时，除非在附近安装了排水龙头，否则止回阀会阻止将水流出。在没有水龙头的情况下，排出管道中的水的策略通常是断开隔膜泵输送侧，即"输出"侧的连接器或止回阀。这不是最先进的管道。

注意：软管管道中使用的止回阀粗细大约和铅笔差不多，长度为30mm。它们插在一段软管内，靠近连接点，实现完美的贴合。或者，存在类似尺寸的阀门，其与推入配合管道耦合。由于大多数房车都配有隔膜泵，因此通常不会安装类似的阀门。

放水旋塞

当车辆在极端寒冷的天气下不被使用时，需要将管道内的水排干以防止水结冰进而损坏管道。的确，有些车主从不排空房车的供水系统，而水泵、管道和滤水器需要设法避免损坏。塑料部件的弹性在水结冰膨胀时随压力的增加而变化。地理位置在其中也会起到作用。然而，冒险是愚蠢的，排空热水器里的水是绝对必要的（如第6章所讨论的）。但是，令人失望的是，一些房

137

右图：在鲸鱼的这款产品中，这个排水龙头的设计使它可以很容易地与半刚性管道连接起来。

车制造商没有安装排水管从供水管道中排放水。幸运的是，对于一个有头脑的车主来说，安装一个排水龙头并不是一件困难的事情，即使它应该是在房车最初建造的时候安装的。放水水龙头（或龙头）应位于：

1）容易被排水的地方。
2）在系统的低点。
3）在非止回阀或隔膜泵的一个点"下游"（出口侧）处。

注：水结冰时体积膨胀，换句话说，在供水管道中的水在下降过程中会结冰膨胀并增加管道的压力。有时联轴器或接头的后续故障是由高压引起的，而并非总是由其与膨胀的冰直接接触造成的。在冬季前，水龙头和淋浴喷头必须保持在打开状态，以释放压力。

阻尼器

当安装上隔膜泵时，有时会发现电动机的运行是不规则的脉冲。在管道进口处安装一个"阻尼器"可以解决这个问题。现在有几家房车公司已经将其中一家的方案作为标准。但不要让这种形状使你感到困惑，这不是一种线性滤水器，它有时有相似的尺寸。

注意：有些阻尼器必须垂直安装，其连接点在底部。

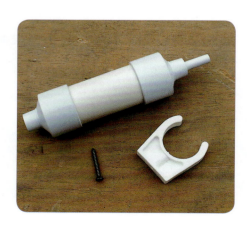

右图：在净水供应系统中安装的阻尼器有助于防止水泵在脉动作用下运行。

水泵

房车的水泵可分为两类：需要起动的和不需要起动的。有些产品在水进入机器外壳后才开始抽吸动作，从而排出空气；这就是"起动"的意思。通常情况下，需要的泵是由一个小叶轮或桨轮组成的，它旋转并推动水通过套管和管道，这被称为离心泵和潜水泵，是用一个小叶轮建造的。但是，这种离心泵的起动过程是很容易的，因为只要把壳放入水中，它就会充满水。

相比之下，自吸泵通常包含在密封室内上下移动的活塞。这种水泵具有在空管内抽水的能力。大多数人的看法是，水泵能够从水箱或便携式容器中"吸"水，而不仅仅是用桨轮推动管道。物理学家可能会指出，这不是吸力的问题，而是真空创造和大气压的问题。当然，这种细微的差别是正确的，但需要说明的是，安装在汽车上的自动起动装置被称为隔膜泵。

两种水泵的例子如下：

- 无起动型电泵——鲸鱼GP74（现在很少见到了），潜水泵（Reich、Truma Ultraflow、鲸鱼High Flow和其他几个品牌）。
- 自吸泵——Fiamma Aqua 8、Shurflo Trailking、鲸鱼Eveafow、鲸鱼Clearsteream、鲸鱼Smartflo、鲸鱼Universal。

本章详细介绍了潜水泵和更昂贵的隔膜泵。然而，在比较这些产品之前还有另一件事要考虑。不管首选的类型是什么，都必须保持做好切换的安排。

泵切换

在电动泵送水之前，必须打开水龙头的出水口，并将12V电动机转换为工作状态，有三种转换方法可供选择。

手动开关

这种一个手指就可以操作的开关，可以安装在厨房里，当水龙头顶部被转动时，就可以起动水泵，或者也可以使用脚踏开关。实际上，这两种类型现在都不适用，尽管如果在其他地方发生故障，它们可以作为临时的补救措施。

微型开关

在房车和汽车旅馆中使用的一种更受欢迎的开关是安装在水龙头内部的一个小装置。这些小巧的"微型开关"在人们转动水龙头时，就会将电动机转换成动作，从而使其起动。阻尼器是微型开关的"敌人"，如果水或冷凝物进入它的外壳，电流就可以通过开关触点之间的小缝隙跟踪。当这种情况发生时，微型开关将需要更换，这个话题稍后将在水龙头和淋浴系统中讨论。

压敏开关

这种类型的开关可以安装：
1）与供水管一致。
2）在隔膜泵内。
3）作为进水口插座的一部分，更适合于房车。

> ### 微型开关识别
> 如果你决定买一辆房车，并且需要确认安装了哪种类型的水泵开关，看看水槽下面或浴室水盆下面。如果你看到线缆从水龙头上下来，那么这些线缆无疑是和一个微型开关相连的。
>
> 在英国，水泵的微型开关控制通常只出现在房车里。然而，德国的房车制造商有时也在水龙头上安装微型开关。例如，一些Arto A型安装有微型开关，Dethleffs Esprit系列也是如此。

2006款Dethleffs Esprit从厨房水龙头上接出的电缆显示，该车型使用了微型开关来控制水泵。

当水龙头顶部转动或操作杆升高时，压敏开关就会作出响应。这个动作会导致一个开口出现在另一个密封的供应系统中，导致供应管道的压力下降。这个下降的压力然后激活控制泵电动机的开关机制。不幸的是，如果任何管道连接处有一个小漏洞，这也可以触发电动机进入生命。事实上，由于耦合问题的原因，在很短的时间内就会听到一个泵的"咔嗒"声。这在夜间可能会分散注意力，所以在12v控制面板上安装了附加的泵隔离开关。事实上，睡觉时关掉水泵已经成为一种习惯。这可以防止恼人的

压敏开关的不同位置

在泵内：在鲸鱼Clearstream泵上的调整点。

在泵内：用硅胶在鲸鱼Evenflow上隐藏的螺钉。

在泵内：Shurflo Trail King上的中心螺钉（五颗）。

在线上：顶部有调节轮的鲸鱼压力开关。

在壁插座：在这个鲸鱼Watermaster的供水主入口有开关。

在壁插座：在鲸鱼Watermaster的供水主入口上设置调整螺钉。

房车手册

确认微型开关是否有故障

如果水泵不工作,这可能是某个微型开关发生故障了。首先确认控制面板上的隔离开关是打开的。然后查看水龙头是否有微型开关,在每个水龙头的安装点下寻找电缆。如果电缆可以与水龙头分离,则将电缆上的一端连在一起。实际上,将电缆连接在一起是就能起到微型开关的作用。如果开关有故障,将该线连接在一起就可以起动泵。如果没有,故障出在系统的其他地方。

如果有微型开关,水泵电动机不能停止运行,确保所有的水龙头都关闭了(顶部关闭得紧紧的或者杠杆降低)。当电动机继续运行时,系统地断开连接到所有水龙头上的微型开关电缆,包括淋浴控制。水泵电动机将继续运行,直到你到达一个其微型开关没有中断电流流动的电动机。当足够多的湿气进入它的外壳,在微型开关和断开触点之间产生持续的能量通道时,就会发生这种故障,即使它们在关闭位置被分开。

在微型开关外壳内,所有的东西都很小,而且大多数外壳都是密封的。因此,您不能清洗肮脏或潮湿的触点,通常的解决办法是购买一个新的开关,价格不贵。

噪声,但如果错误的激活是由一个小的空气泄漏在联轴器上引起的,请立即修复,以防它随后发展成漏水。

如果管道联轴器看上去都是完好的,改变压力开关的灵敏度可以防止许多错误的开关切换。大多数开关可以通过调整螺钉微调其反应,但这些往往很难定位。上一页的面板显示了一些常见的调整位置。

潜水泵

尽管潜水泵是无起动泵的一个例子,但是一旦在一个水容器中浸没,设备就会达到初始状态。水充满了套管,空气被排出,一旦电动机起动,水就被一个叶轮推进到供应管道中。

潜水泵已经安装在小型的房车(例如the Middlesex Motorcaravan's Matrix and Swift Mondial 1990款车型)中。它们有时也被安装在轿车中,例如the Knaus Sport and Sun Ti。

另一个潜水泵的例子是"鲸鱼超级填充80(Whale Superfill 80)",它通常配在从客车改装的大型房车中,从一个便携式容器中把水抽出来,以填充车上的水箱。这种安排在前面的章节净水填充中进行了描述和说明。同样,这种泵也可以用来填充盒式马桶的独立冲洗槽。在这两种情况下,必须将12V连接插座安装在外壁上,如134页所示。

在使用外部水容器的房车改装过程中,必须在车辆侧面安装一个输入插座。这有两个功能:首先,它将供水管道连接到房车系统;其次,连接为潜水泵提供动力的两根电缆。为了确保有良好的电气安全,这些电缆通常通过一段塑料管。

在有动力冲水设施的特福德厕所,也使用潜水泵。

优势
- 设计精良的潜水泵能让水有良好的流速。
- 高质量的车型建造得很坚固。
- 潜水泵比隔膜泵便宜得多。
- 在运行过程中,潜水泵的噪声水平较低。

缺点
- 出现机械故障时,潜水泵无法修复。
- 如果让它在一个空的水箱里运行,电动机很快就会损坏。
- 如果套管破裂,水就会进入。

右图:有些房车装配有潜水泵;2006款Knaus Sport 在水箱里安装了蓝色盖子的Reich泵。

最右图:这是鲸鱼Watermaster潜水泵配上一个Truma Crystal II管道;其他的连接件与Truma Compact和鲸鱼自己的进水口开关。

第7章 供排水系统

- 如果在12V系统中产生短路，泵电路中的熔丝就会熔断，从而确保其他地方不会造成损害。

注意：
1) 最近的鲸鱼潜水泵（Whale submersible pumps）在外壳顶部安装了一个防气封孔，以便更有效地释放其中的气泡。
2) 考虑到价格较低的潜水泵的易耗性，依靠这些设备的供水系统的车主懂得带备用水泵的好处。

隔膜泵

这些精心设计的产品被广泛安装在房车上。它们的结构是精心设计的，只有有经验的车主才应该尝试进行内部维修。如果出现问题，进口商或制造商将提供全面检修和维修服务，其中可能包括更换所有的O形圈。但是，车主应该做一些简单的任务，例如清理过滤器。

隔膜泵可能被沙砾严重损坏，它的过滤器必须保持清洁，如图所示，还可能发

左图：当 Carver 停止生产房车的产品时，Truma 引入了一系列的水系统配件。

潜水泵中的气泡

如果潜水泵在被放入一个水容器后不能输送水，那么可能会在套管中发现气泡。

- 排出气泡，将进水管从房车上断开。将水泵保持在水下，摆动供水管，使装置在容器侧面多次碰撞。这使气泡分离，其中一些气泡可以在水中看到，或者空气通过软管的上端排出。
- 为了减少气泡被吸入泵壳的可能性，最近的产品（如鲸鱼881）在泵壳顶部有一个空气释放孔。

鲸881潜水泵在外壳顶部有一个空气释放孔。

生其他一些故障，这些故障将在相应的面板中进行描述。

隔膜泵可能会出现的问题

1 如果隔膜泵电动机无法工作，请检查靠近泵的管道熔丝座。如果你对现有的熔丝有疑问，可以更换新的熔丝。

2 隔膜泵往往噪声很大，如果安装螺钉过紧就会发生这种情况。橡胶支脚的压缩导致安装板放大声音。

3 一个重要的维护任务是定期检查砂砾过滤器，清洁它并清除任何碎片。这个动作确保过滤器是干净的。

4 如果砂砾进入机械装置，它会破坏隔膜泵。修理水泵是一项复杂的工作。

注意：隔膜泵的主要制造商能提供全面的检修和维修服务。

141

右图：Clearstream 700 泵上的砂砾过滤器位于紧密配合的盖子下方。

优势
- 非常好的输出和流速。
- 是精心设计的产品。
- 强大的抽水能力，例如，鲸鱼Clearstream 700可以将水提升到100cm的高度。

缺点
- 如果出现故障，通常需要将泵送去维修。
- 这些产品比潜水泵贵。
- 有些型号的噪声比较大。

更换水泵

任何自行进行维修的人都会发现Fiamma、Shurflo和鲸鱼的泵都有明确的安装说明。当然，必须考虑泵的切换方式，同时我们也已经讨论过了微型开关或压敏开关的选择。

如果您正在安装隔膜泵，它们通常具有内置压力开关，您只需要将带电和中性电源耦合到设备，但应安装正确规格的电缆。例如，鲸鱼隔膜泵需要横截面积为 $2.5mm^2$ 的电缆，这样才可以实现21.5A的连续电流额定值。第5章讨论了电缆选择，必须遵循制造商的规范以确保泵的有效运行。

另外，请确保不要将设备拧到安装板上太紧。就像前面已经提到过的，如果橡胶支脚过度压缩，电路板就会放大泵的噪声。

关于软管连接点，您可能需要使用适配器以适应电动机箱中安装的管道类型，并检查通常标记在外壳上的流向箭头，以确认入口和出口。

右图：在这个 Shurflo 泵上，将砂砾过滤器拧到进水口上。

最右图：鲸鱼Evenflow过滤器上的纱布过滤器固定在紧密的外壳内。

过滤系统

滤水器有3种类型：

1）砂砾过滤器（例如安装在隔膜上的那些泵）。

2）气味过滤器（例如内联鲸鱼过滤器）。

3）能净化水的过滤器（例如来自General Ecology的Nature-Pure）。

砂砾过滤器

安装隔膜泵时，最重要的是在装置的流入侧安装砂砾过滤器。旁边的照片显示了安装在三个不同泵上的过滤器。这些过滤器可以清洁，Evenflow和Shurflo过滤器可以拆卸，也可以通过在水龙头下反向引导水进行反冲洗。

气味过滤器

这些产品有助于去除水性颗粒，但它们的主要功能是改善水的适口性。类似的木炭过滤器通常用于家中的厨房。虽然它们改善了味道，但它们并不能净化受污染的水。

通常很容易在房车中安装味道过滤

左图：Filtapack 可以提供多种类型的过滤器；这样可以帮助房车车主找到替换的滤芯。

器，这些过滤器通常安装在尽可能靠近饮用水龙头的管道中。来自鲸鱼的直列式过滤器特别紧凑，并且将其中一个安装在水槽或水盆的供应管中对于房车车主来说是一项容易的任务。但不要忘记要频繁更换过滤器。普通用户可以合理地期望过滤器持续一个季节，但是一些车主会让它们保留数年，这将弄巧成拙。除了未能实现其目标之外，旧的味道过滤器可能危害健康。

净水器

每次旅行结束时，很少有房车驾驶人在他们的净水箱中排水，因此安装净水器的好处就很明显了。这就是为什么许多车主、船主都配备了Nature-Pure Ultrafine净水器。这样可以去除水箱的味道，捕获农药和溶剂等化学物质，以及去除疾病细菌、病原性囊肿、疾病毒素和寄生虫等。实际上，这种净水器非常有效，船主甚至可以从运河中取水并将其转化为清洁、清澈的饮用水。

这种美国制造的产品并不便宜，但是如果供应系统具有强

最左图：这个 Aqua Source Clear 的气味过滤器非常细，即使在空间有限的地方也可以安装。

左图：General Ecology 的 Nature-Pure Ultrafine 净水器滤池采用坚固的塑料外壳。

大的隔膜泵，它就可以牢固地安装上并实现其功能。该装置不难安装，它涉及从主供水管取水并将其引导至Nature-Pure过滤器外壳上的入口。然后将来自套管出口的净化水连接到专用的供应龙头，该供应龙头设置在套件中，也可以将其转移到现有的冷水龙头上。另一种替代方案是将净化水引导到混合龙头的冷出口，尽管这不是优选的布置。例如，如果分离（或混合）热水和冷水的混合器机构设计不良，则净化的冷水可能与来自热源的少量残留未处理水混合。净化功能至关重要，例如在欠发达国家旅行的探险车辆，安装套件中最好提供单独的Nature-Pure水龙头。

Nature-Pure Ultrafine值得称赞，但与味道过滤产品一样，必须按照制造商推荐的时间间隔更换高规格的滤芯。

注意：

1）新的过滤系统定期出现在休闲产品市场，制造商采用各种策略来改善水的味道和质量。一些产品涉及向水中添加化学品，而Truma AquaStar系统使用剂量制备的小袋。在过去，伊莱克斯使用一个装在塑化容器中的电子管来净化水。

2）当产品变来变去时，跟踪更换过滤器变得越来越困难。一位经常能够提供帮助的专业公司是Filtapac。除了生产几种适用于过时系统的滤芯产品外，该供应商还销售在房车展览会上展示的可充电包装。

水龙头和淋浴系统

在过去的十年里，水龙头和淋浴喷头的设计发生了巨大的变化。此外，令许多车主失望的是，一些水龙头被证明极不可靠，而且通常是廉价的进口产品。

制造商的回应之一是安装国产的混合水龙头，而这些水龙头通常适合大型的房车。不幸的是，在英国安装的家用水龙头在12V泵的作用下流量有时看起来相当微弱。

如前所述，一些水龙头装有微型开关，可触发泵的起动。这些开关必须是可以接触的，带一个备用开关总是明智的，以防潮湿导致微型开关失效。然而，在一些进口水龙头中，微型开关是不可接触的，因为它是密封在外壳里面。这是一种有争议的销售策略，如果水龙头出现故障，整个部件都必须被扔掉。更重要的是，替代品可能不再可用。

在鲸鱼最近生产的水龙头，如Elegance和Modular的型号，改变一个微型开关是相当容易的，如下图所示。主要问题是在厨房水槽下面找到它们。如果你能用一个备用的龙头来练习操作，这无疑是有益的。

上图：在Ultrafine净水器组件中提供专用的净水龙头。

在鲸鱼水龙头上更换微型开关

1）在水槽下面，找到一个塑料领子夹。

2）将夹子从开关安装点移开。

3）轻轻地把微型开关从两个定位销上拉下来。

4）换一个新的开关，并反向操作上述步骤。

第 7 章 供排水系统

上图：如果您想要安装鲸鱼 Elite 混合水龙头，您需要一个推入式半刚性管道系统，或者您可以使用适配器与柔性软管连接。

水龙头和冬季预防措施

当您在寒冷的天气中闲置一辆房车时，您必须打开所有水龙头和淋浴控制装置。当残留的水冻结时，它会膨胀，这会在管道中产生压力，从而分裂接头。保持所有水龙头都打开，提供了一个减压设施。如果您使用杠杆式水龙头，则必须确保提升的水杠位于其中央位置，以便为热水管和冷水管提供压力释放。鲸鱼现在在Elite杠杆水龙头上贴上警告贴纸，因为当一个提升的杠杆没有集中时，许多车主都经历了霜冻损坏，如下图所示。

上图：鲸鱼现在在杠杆式水龙头和淋浴控制装置上贴上警告贴纸，以确保避免霜冻损坏。

左图：这个淋浴控制器上的杠杆没有被抬起在其中心位置，随后从冷冻水中积聚的压力完全分开其外壳。

在拍摄所附照片时采用了这种方法，以便清晰地突出每一个步骤。在你开始之前，记得完全关掉水龙头，关掉12V电源。

如果房车配备了鲸鱼Elite的混合水龙头，那么更换微型开关无疑会更容易，因为一切都在水槽上方完成。这些型号有两种版本——带或不带微型开关。如果在其安装件下面有电线，则它们内部有一个微型开关，更改该组件的步骤下图所示。但要注意，要牢牢扣住设备，以便在卸下操作杆时机械装置不会意外地弹出。尝试找出所有脱落的组件适合的地方可能非常困难。

注意：Elite混合水龙头的进水口用于接受鲸鱼的推入式半刚性管。如果您想在升级操作中安装这些水龙头，并且您的房车有一个灵活的软管供应系统，请购买带有螺纹软管连接喷嘴的适配器。

更换Elite混合水龙头上的微型开关

在水龙头上方工作，将热/冷插头撬出，露出水龙头连接螺钉。

取下水龙头杆，然后取下开关启动板，仔细注意其位置。

轻轻地将微型开关从其支架位置撬起。

将开关拉出以断开连接端，然后用新的微型开关替换它。

第8章　冰箱

目录

操作

安装

维修

在房中，冰箱是舒适生活最重要的贡献之一。但是，只有在正确安装和维护的情况下才能确保起作用。

安装在房车中的冰箱通过在管道网络中循环的化学物质来工作。这种化学物质被称为"制冷剂"，当它循环时，它的状态会从液体变为气体并再次变回液体。这种状态变化需要吸收热量，这是通过内部银质的散热片，从食物储藏室吸取热量来提供的。这就是冰箱内实现冷却的原理，如果这些散热片被存储在内部的产品阻挡，则该过程的效率会降低。同时，这个过程在高温下也会受到影响。

在家用制冷设备中，制冷剂通过压缩机循环，当恒温器识别出需要进一步冷却时，电动机将恢复使用。该系统运行良好，这些设备的小型版本有时安装在房车中。

尽管压缩机冰箱用于我们的家庭和一些露营房车，但是更常见的类型的冰箱安装在车厢内的冷却装置中，制冷剂通过热交换来循环。这种类型的器具被称为吸收式冰箱，产生循环的热量来自三个来源之一：

- 12V直流加热元件。
- 230V 交流加热元件。
- 燃气燃烧器。

鉴于其替代操作模式，这种类型的冰箱通常被描述为三通式冰箱，其重要特征是其多功能性。相比之下，安装在房车中的压缩机式冰箱只能在12V直流电的情况下运行。这通常由备用蓄电池提供电力，但也可以购买电源整流器，从230V交流电源获取电力。

当然，压缩机式和吸收式冰箱都有各自的优点和缺点，它们各自的适用性与使用房车的方式有关。例如，如果你将房车长时间停在一个未配备电桩的地点，然后用自行车和小型摩托车外出游玩而房车则停在原地不动。在这种情况下，吸收式冰箱无疑是优选的产品。这是因为它可以在燃气上运行，而压缩机制冷机通常从房车的12V备用蓄电池获取电力，如果没有定期充电，它将停止供电。此外，用于休闲目的出售的一些蓄电池需要比预期更频繁地充电。有关蓄电池性能问题，请参阅第5章。那么下面让我们比较这两个产品：

压缩机冰箱

像 Bilbo 这样的露营房车制造商在他们的产品版本中使用压缩机式冰箱。

在 WAECO Coolmatic 型号上，压缩机和制冷组件安装在后部高处。

正如这款大众车型上自建的人员发现的那样，WAECO Coolmatic CR50 非常易于安装且性能良好。

第 8 章　冰箱

> **安全**
>
> 在极端情况下，如果冰箱供气不足，通风不良会对健康造成危害。
> 调整不良的燃烧器可能释放一氧化碳，随后会进入生活区。

机驱动的房车工作台面最高可以容纳140L，容量高达190L的高型号只能在吸收式中使用。注意：旅居车和船只可以使用最大270L的压缩机。

吸收式冰箱
优点
- 制冷系统非常安静，这对于房车中紧凑的生活空间来说是十分重要的。
- 运作模式有选择的空间。在路上行驶时，可以选择12V直流电。在有电源连接的站点停车时，这些设备可以选用230V交流电。在其他站点或者在野外露营时，可以选择使用燃气。
- 如果你想要一台大冰箱，有宽敞的冷却空间和冷冻室，那么这些类型的吸收式电器是不错的选择。

缺点
- 通风器必须安装在房车的外侧壁上，有时候可以安装在地板上。
- 吸收式冰箱未按照说明书安装时，它的效率会比较低。事实上，有几家制造商过去也做过短线削减，尽管这不是设备的错。
- 三种不同的运作系统常常意味着三种设备，这比起压缩式冰箱会昂贵许多。
- 许多制造商指定吸收式冰箱需要每12个月进行维修，在许多较老的房车中，只有将设备转移到工作台上才能完成操作。
- 面对三种运作系统的事实，用户需要熟读吸收式冰箱的使用指南。一些老的Electrolux车型中有一个控制面板，还有一堆的开关。最近的Dometic和Thetford车型就简单多了。
- 吸收式的操作系统要求冰箱处于水平面或接近水平面，这样吸收式冰箱才能工作。然而，当车辆行驶时，这些设备确实能成功地运行，因为总有一段时间会短暂地达到水平位置。

在评价这些冰箱的优点和缺点时，根据房车的类型去考虑它

压缩机式冰箱
优点
- 比起相同规格的吸收式冰箱，压缩机式冰箱价格会便宜一些。
- 不需要空调外机，安装程序较为简单。没有塑料通风设备意味着车辆的外观更美观。
- 通常，压缩机式冰箱不必维修，但应该按照设备操作说明书进行检查。
- 压缩机式冰箱操作起来十分简单。在所有的WAECO型号中，在食物区都有一个温度调节轮，包括一个开关按钮。
- 不像吸收式冰箱，压缩机式冰箱在房车停放在斜坡上时还是能够达到制冷的效果，只要这个斜坡角度不超过30度。

缺点
- 来自压缩机的周期性噪声可能会在狭窄的生活空间中产生不适感。
- 备用蓄电池需要频繁地充电，您需要使用容量更大的蓄电池。
- 如果你想要一台宽敞的休闲冰箱，压缩

三种吸收式冰箱

自从2002年Thetford（赛特福德）冰箱问世以来，一些房车制造商现在正在安装这种冰箱。

来自Thetford的冰箱提供了与Electrolux和Dometic的冰箱类似的存储功能。

这台由Dometic制造的冰箱冷冻机是由Mobilvetta安装在由2006款Top Driver S71改装的房车上。

147

产品身份

多年来，安装在休闲车上的冰箱都是伊莱克斯(Electrolux)生产的。然而，在2001年，伊莱克斯的休闲电器事业部变成了一家独立的公司，更名为Dometic。这是一个在美国使用多年的品牌名称。

2003年，许多家用电器仍然带有Dometic和Electrolux两种产品的标志，这让人很困扰。然而，2004年，伊莱克斯的使用权到期。在这一章中，这两个名字都被使用了，因为成千上万的房车配备了伊莱克斯以前生产的产品。只有2004年之后的车型才会有Dometic标志，该公司的售后服务涵盖了这两种产品。

Waeco也出现了类似的问题。多年来，Waeco一直是备受推崇的房车拖车产品制造商，包括压缩机式冰箱。这一品牌的休闲配件仍在生产中，并继续使用Waeco标志，但它现在是Dometic集团的一部分。

此外，一家名为Norcold的公司生产的吸收式冰箱于2002年作为Thetford系列休闲电器的一部分引入英国。在接下来的十年中，赛特福德在吸收式冰箱休闲行业建立了强大的地位。英国房车商队制造商也在装配这些产品。

们相对的特点是非常重要的。越来越多的房车营地配备了230V连接端口，很多车主也不会在没有电源供应的地方停车。在这种情况下，用燃气运转的冰箱几乎用不到。相反，另外一些房车车主会避开这类停车点去寻求乡村或偏远的场地。这是好的，但是压缩机式冰箱和小容量的没有很多充电机会的蓄电池不能很好地服务于这种生活方式。在这些情况下，三种方式都能运转的冰箱显得更加实用。

考虑个人需求是十分重要的。同时也请注意，有些房车制造商只提供装有一种或另一种冰箱的车型。例如，像Bilbo这样备受尊敬的房车改装商通常只适用于压缩机冰箱。然而，大多数房车制造商都安装了伊莱克斯(Electrolux)、多美达(Dometic)和赛特福德(Thetford)三种方式运行的冰箱。出于这个原因，本章的大部分内容都集中在三种方式运行的冰箱上。

操作

如前所述，压缩机式冰箱的操作只涉及打开、关闭控制轮和选择冷却程度。与之形成鲜明对比的是，吸收式冰箱的操作要复杂得多，所以让我们从考虑它不同的冷却系统开始。

三种方式运行的吸收式制冷机的所有工作模式都能实现高效制冷，但最佳的制冷模式要视情况而定。例如，如果在供电的地点停车，使用230V供电是合理的。或者，在没有安装电源连接的站点上，您可以选择燃气操作模式。12V供电模式只能在车辆行驶时使用，否则蓄电池放电速度会很快。

注意：三种方式运行的冰箱里的12V电源不能驱动压缩机。它通过运行一个被安置在一个大约铅笔粗细的钢管里的加热元

件。该管安装在燃气燃烧器上方的垂直燃烧器内。与12V元件相邻的是使用230V电源的类似外观之一。虽然冰箱在车辆行驶时可以靠汽油驱动，但这是非常危险的。带着运行的燃气器具进入加油站也是完全违法的。冰箱燃烧器的明火不能安装在密封室内，因为它是在空间加热设备中，所以在上路前，关闭气瓶供气，选择12V的工作模式是非常重要的。

有些车主误以为12V供电效率不高。事实并非如此。如果车辆的交流发电机达到良好的输出，并且只要使用合适的量规电缆进行电气连接，冷却是有效的。12V供电的唯一缺点是不能改变冷却的水平；不管你在控制面板上的哪个地方设置了冷却控制，冰箱的工作速度都是稳定的。

更换冰箱操作方式的程序在车主手册中有详细说明。当你频繁使用房车时，更换冰箱的任务就变成了例行公事。然而，如果你很久没有使用房车了，而对复杂的控制面板，忘记操作步骤是很正常的。这就是为什么1995年在英国首次推出的伊莱克斯自动能源选择冰箱有一个明显的优势：它们会自动为你选择最合适的操作模式。

自动选择能源

Dometic Automatic Energy Selection (AES)和Thetford Smart Energy Selection (SES)模型采用了电源选择器。在AES产品中，一旦冰箱打开，大约12s后，设备就会选择最合适的工作模式。选择是根据一个程序优先系统，优先顺序是：

1) 230V电源。
2) 12 V电源。
3) 燃气。

注意：在一些2004年以后的Dometic模型上，有一个设备可以使用从太阳能电池板获取电力的连接来增加12V的供电。

第8章 冰箱

安装了后2000型号的不同的控制选择器

安装在 WAECO 2011 Cool Matic 食品箱内的简单控制轮设定了冷却水平,并充当开关。

Thetford 的高端设备,比如这个智能能源选择模型,使用一个 LCD 面板和三个按钮来访问不同的操作。

旧的控制面板包含了多种控制;柜比之下,Dometic 2009 版操作起来非常简单。

Electrolux AES 2000 冰箱也非常简单。有一个开关、一个冷却水平尺和电子设备来做其余的操作。

例如,如果一台AES或SES冰箱识别出230V电源的可用性,该单元将自动运行在230V电源上,而不是燃气或12V电源。然而,当房车停在一个没有电源连接的地方时,设备将选择它的燃气操作模式(如果气瓶含有气体并且是开着的)。最后,一旦起动发动机,冰箱会自动选择12V的工作模式。

注意:当你的电源连接电缆连接时,不要起动发动机,因为熔丝可能会熔断。

自动电源选择冰箱是非常方便的,虽然当你在行车时,出于安全的原因,你仍然要记得关闭气瓶的气体供应。如果你忘记关燃气,当你起动发动机自动模式仍然会选择12V操作,但是当你关闭发动机时会发生什么呢?

在Dometic AES产品的开发过程中,人们意识到,如果房车忘记关掉气瓶,冰箱就会在发动机熄火时自动恢复工作。

这将是非法和高度危险的。因此,制

安全性

虽然一些美国房车冰箱的设计是在行驶中使用燃气,但强烈建议在上路前关闭。在1992年以前生产的伊莱克斯电冰箱上,燃烧器火焰并不是通过将温度控制到最低来熄灭的。如果你的冰箱是这些早期的电器之一,它会有一个红色点火按钮在筋膜上。只有最近的伊莱克斯冰箱(现在是Dometic)在温度控制设置为0℃时才会启动关闭气阀。这就是为什么早期的型号有时会在12V和燃气供应的同时意外操作。用户错误地认为气体选项将不能工作,因为控制被设置为0℃,也没有记得在起动发动机之前关闭气瓶的气体。除了开车时有明火的危险外,同时使用两种能源对冰箱有害。仅仅把气体控制旋钮调到最低,并不能熄灭早期伊莱克斯型号上的气体火焰。

149

右图：不正确的示例，冰箱可以存放很多东西，但不要把食物塞得太满，以免内部空气无法流通。

造商为自动选择器编程了20min的延迟。然而，这种时间延迟只在从12V转换到燃气操作时生效。切换延迟有效地解决了加油站的问题，假设车辆可以在20min内加油并开走。但如果你总是在开车前关掉气瓶，这个问题就不会出现。

Dometic AES和Thetford SES电器之间有细微的区别，应该参考使用手册以获得更详细的指导。

获得最好的制冷效果

有几种方法可以让你从房车冰箱中获得最好的制冷效果。

在出发前

在离开家之前，下列方法有助于预冷冰箱储物室。可以添加一些不易腐烂的物品，例如一瓶矿泉水和几罐饮料，然后至少操作设备3~4h。如果你能连接到电源供应你将节省汽油，但需要一个适配器连接到家用13A插座。您还应该在插座中安装一个便携式RCD设备，以保护任何在尾随引线附近工作的人。这些组件在第5章中进行了讨论和说明。

还要注意以下5点：
- 在温度下降时才能放入易变质的东西，例如黄油、肉和牛奶。
- 食物不要包装得太紧，空气应能在储藏区内流通。
- 新鲜或刚洗过的莴苣或其他潮湿的蔬菜应该装在保鲜袋里。
- 千万别完全盖住食物储存区域内的银制散热片。当把一包收缩包装的啤酒罐硬贴在食物隔层后面的翅片上时，冷却效率往往会降低。
- 在房车开动之前，一定要记得把冰箱门锁好。

技术技巧

将食品舱后部的一些散热片暴露在外，因为它们是机壳后部的操作系统从食品舱中吸取热量的手段。此外，不要将有时夹在这些散热片上的调温器毛细管移开，这将导致恒温器产生错误的读数，然后在储藏室内会出现过冷食物。

现场使用

点火问题

如果最初点燃燃烧器的尝试失败，那通常是因为在燃气管道中有空气。反复的尝试通常会净化空气。如果问题依然存在，需要对设备进行维修，包括清洗点火电极、检查和校准。这将在冰箱服务期间检查。

通风不畅

确保其外部的通风器不被遮挡。例如，在炎热的天气里，如果一辆房车的门完全打开时盖住了通风口，冰箱的冷却就会受到影响。注：压缩机冰箱没有外壁通风器，不需要维修。

电压损失

在拥挤的场所，特别是在电力标准可能不那么严格的国家，230V的电源连接常常很少，当电压下降到190V时，冷却会受到严重影响。在这种情况下，您应该切换回燃气操作，以实现更好的冷却。如果房车装有AES冰箱，当它的电源模块检测到低电压时，它就会自动转换为燃气模式。

下图：有些冰箱装了一个假的前门，不幸的是，它挡住了控制面板。

第 8 章　冰箱

最左图：Dometic 的吸收式冰箱，建议用户在当外界温度低于 10℃时添加一个冬季护罩，这样它就不会遮住单独的烟道。

左图：在这台伊莱克斯冰箱上，在储存期间，旅行锁销无法保持门半开以使食物隔间通风。

冷却损失

　　打开和关闭冰箱门要快。遗憾的是，一些冰箱安装了一个假的前门，完全挡住了控制面板。不可否认的是，这种外观上的添加使得冰箱与相邻的家具相匹配，但这也意味着冰箱必须打开，以改变冷却控制或能量选择开关，这不可避免地会导致食品隔间冷却空气的流失。

过度冷却

　　如果你在冬天使用你的房车，外面的低温可能会带来一些问题——过度冷却。牛奶、黄瓜和酸奶被冻成固体的现象很常见。实际上，这只可能发生在旧的伊莱克斯型号上，例如RM212、RM4206、RM4230和RM4200。在装有气体恒温器（如RM2260、RM4237、RM4271等）的冰箱上不会出现这种情况。

冬季覆盖

　　因为冰箱在低温下过度冷却，Dometic、Electrolux和Thetford等厂家就生产了一种能夹在通风设备上的"冬季护罩"。这些塑料护罩减少了设备后部的空气流动。

设计的塑料护照在当外界温度低于10℃时安装使用。Thetford建议在温度低于8℃时安装。注：冬季护罩的设计不是为了排除干旱的，尽管它们可能实现这一点。如果风从外面的通风口吹进房车，冰箱的安装就不正确了（请参阅后面关于通风的部分）。注意，盖子不能阻挡从燃气燃烧器排出的废气。由于清除废气有不同的方法，请查阅您的用户手册中关于在您的特定设备上使用冬季护罩的建议。

回家后

　　每次旅行结束后，把食物从冰箱里拿出来，让门部分打开，冰箱通常会装上一个钩子，让门微微半开，这样空气就能流通，防止形成霉菌。在一些车型上，如早期的伊莱克斯Powerfridge的例子和一些早期型号的AES控制制造商显然忽略了这一功能。

　　注意：大多数休闲冰箱的门最后都会被一个强力磁铁吸上，但你需要用一个旅行锁销来增加这个功能，以防止在你开车的时候门突然打开。此外，当空冰箱处于"存储模式"时，需要有一个机制来覆盖

最左图：这扇木门以迅雷不及掩耳之势改进了 Kon Tiki 的时尚造型，但制造商并没有将冰箱门安装在半开的存储位置。

左图：一些 Thetford 型号上安装的简单有效的支柱确保门保持轻微半开，从而使储物室通风。

151

房车手册

右图:伊莱克斯建议用一茶匙小苏打和半升水混合后的混合物来清洁冰箱内部。不建议使用其他清洁剂,因为某些种类的清洁剂会在清洗操作数周后造成橱柜内衬出现裂缝。

右图:Thetford 最初建议使用温和的家用洗涤剂清洗冰箱,现在建议你使用浴室清洁剂。

磁关闭装置。有点令人惊讶的是,制造一个双层安全门是冰箱制造商面临的最大挑战之一。有时会发现一些例子,其中有些是脆弱的,其他的则是不合适的。

在一个季节结束的时候,用小苏打的弱碱性溶液清洗伊莱克斯冰箱的内部,将一茶匙的苏打混合到半升的温水中。

Thetford最初建议使用软布和温和的洗涤剂,但一些车主使用的产品过于激进。在撰写本书时,该公司建议使用Thetford牌浴室清洁剂,这种清洁剂的配方可以清洁马桶产品所使用的类似塑料的表面。

如果你在回家后将你的房车停放一段时间,明智的做法是在下一季开始的年度高峰之前,让一位专业人员为你的冰箱做清洁服务。

安装

以下信息为任何从事房车自建或改装工作的人提供指导。请记住,任何自建装置在投入使用前都必须由合格的技术专家进行检查。这一节还为任何购买房车的人或现有冰箱性能令人失望的车主提供了一个参考点。遗憾的是,一些房车制造商忽视了冰箱制造商安装说明书中的一些要求。

与安装三通式吸收式冰箱有关的许多要求与适用于压缩机式冰箱的要求明显不同。除了下面关于冰箱位置的部分,这些差异足以证明两个单独的描述是正确的。

选择一个位置

冰箱是一种重型设备,尤其是满载时,所以它的位置可能会对悬架产生影响,特别是如果它位于车辆的最后面。虽然高架冰箱或传统冰箱安装在胸部高度特别方便使用,但当车辆转弯时,较高的重心不可避免地会造成车身侧滚。最后,如果把一个三通式冰箱放置在主入口门固定打开位置时,它的通风器被阻塞时,那么它的冷却效率就会降低。注意:冰箱不应该安装在经常使用封闭遮阳棚的地方。

压缩机式冰箱的安装问题

以WAECO Coolmatic CR50为例(包括5L冷冻柜在内的总容量为48L),第一项工作是在厨房橱柜中准备一个位置。在开始工作之前,检查安装手册,因为一些冷却产品,例如MDC型号,应该在套管和安装它的孔径之间有一个小的间隙。例如,在房车后侧应该有一个狭窄的缺口。

压缩机式冰箱也需要小心保管,WAECO型号的冰箱通常在食品箱内有四个安装点,用来固定螺栓。作为一个可选的配件,有两种类型的配件框架来固定冰箱的前部。一个是让冰箱的前部向外突出橱柜,另一个提供了平齐的表面贴合,如图所示。注:关于WAECO制冷产品的技术数据,请访问www.my-caravanning.com或www.waeco.com。

最后,重要的是给压缩机式冰箱供电的12V电缆是否正确。

有些冰箱因为电缆太细而表现不佳,这会导致电压下降,所以要仔细检查安装

去污

有时冰箱部会被污染。例如,打碎的鸡蛋会使蛋黄脱色。同样,饮料罐在旅途中移动会在塑料衬里留下金属痕迹。为了去除冰箱上的顽固污渍,技术人员建议用户使用非常细的钢丝棉垫,充分沾上水,以减少其研磨效果。如果小心使用,这将去除顽固污渍,而不会损坏塑料衬里材料。

152

第8章 冰箱

在房车中安装一台压缩机式冰箱

安装一台压缩机式冰箱时,不需要在侧面开洞通风。

WAECO Coolmatic CR50 提供了一个标准或嵌入式框架作为可选配件,以确保门周围的电器安全。

有了可装配的外壳,并在侧面和背面的地板上安装了定位条,设备安装好后应检查是否合适。

6个螺栓固定嵌入式,不锈钢装饰门面板被保留,而不是增加了单板胶合板。

技术技巧

- 更换零件的标识号经常会改变。一家专门生产备件的供应商是英国休闲服务公司。
- 对于任何在三通式冰箱上从事与气体相关工作的人来说,最低要求是ACOP合格。
- 服务中心的地址一般在冰箱制造商的网站上可以找到。

信息,并使用PVC护套、柔性汽车电缆。如果总长度确实超过3m,则需要更粗的电缆规格(见第5章电缆表和性能,以及冰箱安装说明)。

吸收式冰箱的安装问题

如果设备不平整,冰箱内的制冷剂循环受阻,所以安装人员应首先将房车停放在平整的地面上。应使用水平仪来确认车辆是水平的,并在安装工作中连续使用。

水平测量参考点

在伊莱克斯电冰箱上,用来验证器具是否水平的传统参考点是冷冻室的架子。然而,这在RM123车型上是不可能的,因为RM123是一个倾斜的架子,在这种车型中,水平参考点应该是食物储藏柜的底部。有关其他产品的参考点,请参阅其安装手册。

注意:

1) 自1989年以来,所有更高规格的伊莱克斯型号都被描述为"耐倾斜"。一些车型可在一个3°角倾斜度状态下运行(例如RM122和RM4206),而另一些则可在6°角倾斜度状态下运行(如RM4217、RM4237、RM4271和RM6271),但是要检查应用程序安装手册中给出的信息。

2) 在路上,冰箱很少是处于水平状态的,尤其是在沿着明显倾斜的行车道行驶时。然而,只要一个水平位置是周期性实现的,大多数道路都是如此,工作循环就会发生,冷却就会适时发生。

结构修复

当一辆房车在行驶时,它的设备会受到相当大的振动,尤其是在崎岖不平的乡间小路上。为了克服这种情况,冰箱需要被小心地保护起来。例如,要谨慎地将木条或木块安装在冰箱后面的地板上。通常情况下,只要相邻的厨房单元提供坚固的支撑,

153

右图：最近的伊莱克斯冰箱有一个定位点，塑料盖隐藏了螺钉的头。

就不需要在两侧安装砌块。侧锚过去是通过将螺钉穿过家具面板，直接插入器具的金属外壳来实现的。只要它们渗透不超过12mm，内部塑料衬里不会损坏。事实上，这是一个粗糙的系统，像伊莱克斯RM2260和RM2262这样的模型后来被制造出来，在前端有一个突出的凸缘，以提供替代的固定点。

此外，Dometic冰箱和伊莱克斯冰箱在1994年也纳入了食品隔间的侧面。这意味着长的螺钉可以从内部固定到外部，从而实现从相邻结构（通常是厨房碗柜）锚定。然后，螺钉的头被一个白色的塑料盖子盖住，与食品隔间的内衬相匹配。

无论采用哪种方法，必须实现三个目标：
- 当车辆停放在平地上时，冰箱应处于水平位置。
- 在崎岖不平的路上驾驶时，房车不能摇晃。
- 维修时应易于拆卸。

密封的通风路径

在炎热的夏天和寒冷的冬天，如果房车安装了吸收式冰箱，并且安装不符合制造商指定的通风要求，冰箱运行将会遇到问题。

为了保证高效运行，安装在外壳背面的制冷机组必须保持凉爽。一台维护良好的吸收式冰箱，可以在高达38℃的空气温度下有效运行。然而，如果在炎热、阳光明媚的日子里，房车停在没有遮阳的地方，车内的温度可能会上升到相当高的水平。这就是为什么外壳的后部必须与生活空间完全隔离，在阳光直射时，室内温度将超过38℃。

为了达到冷却的效果，一台三通式冰箱需要一个通风设备，在这个设备中，空气从外面被抽走，经过冷却。

通过对流固定在机壳后部，然后通过上部通风机向外排放的装置。为了便于释放热空气，必须在壳体顶部安装一个倾斜的金属偏转器。

为了帮助安装人员创建一个密封的通风通道，伊莱克斯公司制造了一个铝制屏蔽板，配有倾斜偏转板，用于安装在设备和车辆侧壁之间，这被称为IK1 Kit，或者使用铝板来形成定制的护罩。采用铝板成形，这通常是首选，外壳的形状必须紧密贴合侧壁的弯曲轮廓。如前所述，形成一个与生活区隔绝的通风设施是很重要的。

建立一个密封的通风设施往往是相当复杂的，令人遗憾的是，一些房车制造商无视这一要求，这是没有理由的。

因为在冰箱的安装手册中有明确的规定。虽然吸收式冰箱可能会提供一些冷却，但如果冰箱后部的通风通道没有与生活空间完全分开，就会出现两个问题：

1) 冰箱在高温下不能发挥最大的潜力。
2) 在寒冷的天气里，吹过墙壁通风口的气流会穿透室内。

注意：在安装好的冰箱周围涂上粘合剂密封胶来解决通风问题是错误的，在一些德国和意大利制造的房车中就有这种做法，这使得将设备移出用于日常维修工作变得极为困难。只要不影响排气系统或火焰保护，使用粘附式的防烟条是一个更好的策略，它们还必须是防火、封闭的形式。

如果冰箱的制冷效果没有像你想象的那么好，那么就直接感受一下工作台、排水板或电器上方的架子，如果你感觉冰箱后部的热空气没有通过上部通风器正确地向外对流。另一种确定装置是否符合电器制造商发布的规格的方法就是拆除外壁的上部通风机并向内窥视。如果你能看到生

下图：在这个自建装置中，一个铝制偏转器被螺钉固定在连接冰箱的木条上。

第8章 冰箱

检查通风设备是否与生活区隔离

如果冰箱上的工作台面变热，这是通风设备没有被正确密封的某种迹象。

当这个上部通风机被拆除时，发现安装有一个由制造商指定的偏转挡板。

这辆房车有一块很有用的砧板，但是当你把它拿开时，你可以看到从上面的冰箱里透出的光线。而安装人员无视冰箱制造商的指示。

活空间，说明安装不符合要求。同样地，当你打开厨房的抽屉、橱柜门时，你可以通过上面的通风口直接看到，这是安装人员完全无视冰箱制造商的指示造成的。它不仅不能正常工作，而且站在厨房里肯定会通风。注意：检查安全面板见147页。

通风组件

如果密封通风路径已经正确建造，就不需要电风扇来加速装置后部的空气流动（大型冰箱除外）。尽管如此，经常去温度高的地区的房车经常安装一个12V的小型风扇。这些可以从经销商处获得。如Dometic风扇既可以恒温控制，又易于安装。

通风机的大小也对性能有影响。例如，在容量小于60L的Dometic型号上，通风设备应该至少提供240cm²的新鲜空气空间。容量超过60L的Dometic型号上，通风设备提供至少达到300cm²的新鲜空气空间。不幸的是，如果通风口装有昆虫网，有效面积就会大大减少。

伊莱克斯公司以前生产的A1609和A1620型通风机符合这些要求，但价格相当昂贵。这就是为什么一些制造商安装了更便宜的产品，其中一些并不像伊莱克斯那样防水。此外，一些较便宜通风机不能接受冬天的严寒，就像一些早期的伊莱克斯通风机一样。

如果车主决定升级通风设备，伊莱克斯A1620型结合了烟道出口作为通风单元的一部分，而在旧型号上，烟道有一个单独的配件。为了适应更现代的电器，Dometic提供了LS 100，它有自己的专用烟道出口。在Thetford的上通风机的情况下，从烟道排放的烟雾必须通过通风格栅而不是通过一个单独的出口。

通风机相对于器械的位置也很重要。Dometic指定顶部排气口的位置，以便其下缘与器具的顶部对齐。这确保了上边缘将至少55mm以上的冰箱的安装。

在许多伊莱克斯装置中，下部排气口可以安装在侧壁或地板上。如果采用了后一种方法，排气口应尽可能远离燃烧器，以防

左图：有些人在上通风机上安装冰箱风扇，以加强炎热天气条件下的空气流动。

左图：伊莱克斯公司后来生产的产品将烟道出口安装在上通风机中。

止火焰被气流扑灭。地板下面也应该安装一个挡板,这样当你开车时,路面上的灰尘就不会进入车内。

冰箱烟道

当设备使用燃气时,为了分散燃烧产物,必须提供烟道,这与通风要求无关。烟道出口安装在最新的通风机上纯粹是为了保持整洁。在旧的装置上,插座是完全独立的。

与冰箱一起供应的烟道装配是简单明了的,并且在装配说明中有明确的说明,安装人员应该一丝不苟地遵循这些说明。供应的烟管不能加长,因为这可能导致燃烧器的气体/空气混合物的不平衡。在伊莱克斯和Dometic产品上,连接到燃烧器管的烟道有一个连接接头,称为"惰性T"。在Thetford冰箱上有一个弯曲的偏转器,它将燃烧产物导向通风格栅的中心区域。这在后面关于服务操作的序列中显示。

与Thetford冰箱相似,Dometic的大型冰箱没有单独的烟道出口。相反,上部通风机提供的整个区域用于向外部排放燃烧烟雾。因此,至关重要的是,单元后方的通风设施要有效地与生活空间相隔离。如果密封剂的连续性恶化,燃气燃烧器产生的烟雾有可能渗入生活区。

注意:双门圆顶冰箱必须配备300型通风格栅,而不是配备单独的"胡椒罐"烟道出口。始终遵循安装手册中关于排气要求的说明。

电源连接

和大多数家用电器一样,房车冰箱现在也配备了一个13安培的模制插头,需要连接到电源插座上。典型的是冰箱有一个专用的插座,由一个微型断路器保护,如第5章所述,冰箱的电源插头应该装有一个3A熔丝。

右图:Dometic 冰箱冷冻机没有单独的烟道出口,所有的燃烧废气都通过上部通风机排放。

低电压连接

12V电源操作的一个问题是,如果连接电缆太细太长会造成电压损失。

在大多数冰箱中,操作电源是从基本车辆的起动机蓄电池中获取的,尽管是通过一个继电器,在发动机运转之前阻止电源供应。第二供应操作电子点火器通常采取从备用蓄电池获取。

在使用AES冰箱的情况下,操作电源和电子点火器电源都是从备用蓄电池而不是从起动机蓄电池中获取的,这是有原因的。在2001年推出的伊莱克斯AES型号中,如果当车辆静止时,用户忘记使用开关面板控制关闭电器,冰箱也可以完全断电。即使你关闭了燃气供应,断开了电源供应,发动机没有运行,但是有"控制单元"负责。

自动选择操作模式,如果开关面板保持开启状态,则继续通电。电流的流失是小的,但在很长一段时间后,它可以完全断电。即使冷却系统不再运行,也要通过开关面板控制按钮,关闭AES的电路。

12V电源的关键元件

- 视型号而定,16A或20A熔丝必须安装在靠近电源蓄电池正极的地方。注意:一度指定使用10A熔丝,但由于电力需求增加,此建议已被修订。

- A继电器:这是一个电动开关,以确保发动机运行且蓄电池从交流发电机充电时,冰箱只能在12V电源下运行。这是因为蓄电池的耗电量是相当大的,一台冰箱在12V电压下至少能通过8A的电流。合适的继电器可从房车经销商、拖杆安装工和汽车电工那里获得。

- 电缆的正确规格由冰箱制造商指定。例如,为了防止电流损失,伊莱克斯和现在Dometic指定:①至少2.5mm^{2}规格的连接电缆,其中总电缆长度(带电和中性)不超过10.5m;②至少4.0mm^{2}规格的连接电缆,其中总电缆运行(带

第 8 章 冰箱

电和中性）不超过17m；③部分AES和电冰箱型号，采用60mm²或10mm²规格连接线。

- 连接到设备。中性馈电元件和活性填充材料构成冰箱连接，位置在冰箱控制面板后面。正负极在AES中很重要，但在其他吸收式型号中很少（确认安装说明中的要求）。
- 给燃气燃烧器的电子点火器提供12V电源（安装这种形式的点火装置）。这是一个单独的电源，需要0.5mm²（最小）电缆和1A熔丝，通常取自备用蓄电池。

供气操作
供气要求：

- 在冰箱的供气系统中有一个独立的燃气控制开关，通常位于厨房橱柜处。
- 铜进料管外径通常为8mm，与器具的最终连接不得使用柔性燃气软管。
- 烟道布置：这与前面描述的通风系统完全不同。在车辆的外部，烟道盖板曾经与通风格栅分开。然后在1994年，伊莱克斯公司引进了A1620格栅，它包含了烟道和上部通风出口。这些已经被LS100烤架取代。然而，Dometic冰箱和Thetford冰箱使用整个上部通风口来排放燃烧废气和通风。
- 点火系统：20世纪60年代和70年代初，Morphy Richards等生产商生产的冰箱上的燃气灶必须用火柴点燃。后来，使用压电晶体产生火花的按钮点火器安装好了。然后，在20世纪80年代中期，电子点火技术被引入。为了在燃烧器上产生火花，必须将间隙设置为制造商的规格。例如，在Dometic设备上，它必须设置为3mm，组件必须是干净的，没有烟尘。

> **安全**
>
> 每当冰箱被重新放置或被取出后重新安装时，必须立即进行气体压力检查。

左图：与 12V 电源的连接通常固定在控制面板后面。

- 已经安装老式A1609通风机，必须在地板上形成40mm的低水平"透气"孔，以允许泄漏气体排放到外部。A1609排气口不能作为另一种逃生通道，因为当安装了"冬季防护罩"时，它将被完全阻挡。然而，最近的Dometic通风机只要最低的弯管低于地板，就能提供一个可以接受的气体逸出设备。即使在安装了"冬季保护罩"之后，这些后期排气口的这一部分仍然畅通无阻。
- 多年来，与车辆供气相连接的连接点通常位于控制面板后面。然而，在最近的车型中，它安装在了后方，只需移除一个墙壁通风口就可以轻松够到。

注意：自建爱好者可以处理许多冰箱安装方面的事情。然而，与燃气供应的最终连接应该委托给有能力的燃气安装商。这个连接过去使用的是螺纹连接，但是最近的所有型号都使用带有"橄榄环"的压缩配件。Dometic不推荐使用填缝剂。应该在冰箱的顶部应该留有一段较长的铜管，这样当冰箱需要拆卸或维修时，铜管就可以从外壳中稍微拉出些。

维修

与任何燃气器具一样，定期维修也很重要。这不仅保证了高效的操作，也是一项安全要求。尽管如此，一些房车车主从来没有给冰箱保养过，而且似乎一季又一季地运转良好。但是没有什么比冰箱在假期坏掉更烦人的，尤其是在炎热的天气时。

注意：全面的冰箱服务并不是在标准的居住操作计划内进行的。

标准的服务操作必须确认设备是否足够冷却，并对设备的安装是否安全进行检查，它不包括这里描述的拆卸、清洗和设置操作。全面的冰箱服务是一个独立的操作，应该始终由一名合格的服务技术人员执行。

电器制造商承认，车主使用房车的频率不同，但他们建议维修工作应每12~18个月进行一次。维修工作大约需要1h才能完成，但从房车中取出一件设备并在事后恢复使用可能会很耗时。在某些型号上，这可能需要20min，但在极端情况下，有时需要一整天。

由服务技术人员进行的检查：

1. 2006 款 Dometic 冰箱已被拆除并转移到一个工作台。燃烧器在右下角的屏蔽罩后面，保温垂直燃烧器管在上面，两个加热元件（12V 和 230V）有灰色和红色的电缆。

2. 为了进入燃烧器总成，保护罩从外壳上拆卸下来。如果较低的通风机被放置在房车的外壁上的正确位置（并非总是如此），这可以通过拆卸格栅进入。

3. 这个圆顶冰箱上的燃烧器组件是用螺钉固定在燃烧器管的底部。连接到燃烧器上的细铜连接是火焰失效装置的一部分，黑白护套电缆为火花点火器供电。

4. 2009 款 Thetford 冰箱燃烧器组件在几个方面是不同的。它仍然被固定在一个燃烧管的底部，还可以更清楚地看到火花点火器的角形端和白色套环，不同的是燃烧器本身。

5. 燃烧器管将被涂上炭沉积和铁锈薄片，所以这将稍后被清洁。为了防止这些碎片落在燃烧器上，组件被分离并放到一边。在这里你可以看到 FFD 的末端，它也需要清洗。

6. 在一个伊莱克斯和 Dometic 的燃烧器组件内部，有一种可更换的气体喷射机，每一种设备都需要更换。类似头盔的小洞被制成了一个关键的尺寸。它绝不能被抹去，任何东西都不能放进洞里。

7. Thetford 冰箱上有四种不同类型的燃烧器，没有一种看起来像 Dometic 的配件。火焰从管子的左上方冒出来，在右边有一个低的进气道。在 Thetford 燃烧器中没喷嘴不可更换。

8. 在隔热燃烧器管的上端，伊莱克斯和 Dometic 冰箱有一个可拆卸的连接件，看起来像一个字母"T"，尽管顶部是倾斜的。它是将燃烧器管顶部的出口连接到侧壁的烟道出口。

9. 在 Thetford 冰箱上，燃烧器管的顶部连接到这里显示的组件，该组件将烟道排放到上壁通风机上的百叶上。

10. 当服务技术人员从燃烧器管中拆下烟道接头时，必须拆除这个挡板。它会被碳覆盖，需要清洁。电线把它挂在合适的高度，以保持热量在燃烧器管的下部。

11. 现在可以彻底清洗燃烧器内的窄管。服务技术人员使用特制的长柄钢丝刷。完成这项工作可能有困难，除非器具已经被移到长凳上。

12. 检查面板后的电缆连接。在中心的大型组件有气体控制阀，与它相连的铜管必须检查是否密封，这传导来自 FFD 的电流。

第8章 冰箱

有人声称，一些冰箱可以留在原地维修。这是基于这样一个前提，即许多需要清洗和调整的部件都可以通过拆卸壁面通风机和通过孔来达到。然而，许多服务专家断言，如果冰箱不被移走并转移到工作台上，那么从燃烧器管烟道中去除松散的铁锈和炭沉积是极其困难的。

维修工作必须由一名有能力、有经验且受过训练的冰箱专家来完成，这项工作不应该由一名自建爱好者来完成。另一方面，如果车主能够把冰箱拿出来，那么劳动力成本可能会降低。也可以考虑恢复原状，但只有合格的燃气服务专家才能重新连接气体供应并进行泄漏测试。

为冰箱提供服务的费用通常分为三个独立的部分：

- 工厂为移除和恢复设备而提供的劳动力。
- 维修车间的服务时薪，通常需要约1h。
- 安装新零件的费用。实际上，零件的总成本通常是适中的。

随附的面板显示了服务操作的范围，并突出显示了所涉及的一些任务。从广义上讲，Dometic、Electrolux和Thetford吸收式冰箱的维修操作是相似的。这些照片是在Dometic、Electrolux和Thetford进行的服务培训课程期间拍摄的。

电压下降

冷气不足并不仅仅是吸收式冰箱后部通风设施不佳的结果。如果电源电压下降，它的运行也会受到影响。当馈电电缆的规格不足时，通常会出现这种情况，这种情况通常在服务时变得明显。在冰箱终端使用电压表进行的测试将很快显示12V的电源是否到达了设备。

如果冰箱在230V不能工作，请检查：
- 冰箱的选择开关设置为230V操作。
- 电源接通，消费者单元的ＲＣＤ和ＭＣＢｓ接通。
- 冰箱230V插头在插座里，开关开着。
- 如果安装了13A的插头，熔丝就完好无损。

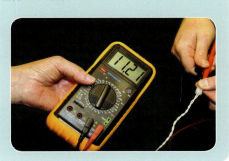

其他冰箱

在非常小的房车里，可能没有足够的空间容纳一台固定的冰箱，所以半便携的冷藏箱经常被安装代替。然而，一些冷藏箱采用了一种不同的冷却方法，用电风扇制作的例子就是所谓的"珀耳帖"效应，另一些则使用本章所述的全部功能。有些采用三通式冷却装置，其他的是压缩驱动的产品。来自WAECO的冷藏箱已经存在多年了。

可携带性当然是优点，一些已经有固定冰箱的房车驾驶人购买了一个凉爽的冷藏箱放在遮阳棚里或带着去海滩。正如笔者所述的，"在一辆房车里，冰箱对舒适的生活做出了最重要的贡献……"

解决问题

如果冰箱不能使用燃气工作，检查以下内容：
- 冰箱的选择开关设置为燃气操作。
- 确认供应气瓶内有燃气，控制开关打开。
- 电器附近的燃气控制阀接通了。
- 这台冰箱最近18个月是否做过保养。

如果冰箱在12V电源时不能工作：
- 确保冰箱的选择开关设置为12V操作。
- 记住，这个选项只有在发动机运行时才有效。
- 检查所有保护12V电源的熔丝。
- 请电工检查一下，12V电源是否到达电冰箱。

注意：请参阅"电压下降"旁边的面板。

火焰失效装置（FFD）

正如第6章所解释的那样，只有当热电耦的顶端加热时，气体才会流向燃烧器。然后，这个装置中的金属就会产生一个小的电流，用来操作位于面板后面的主气体控制装置中的电磁阀。如果火焰熄灭，探头冷却下来，电流失效，电磁阀上的弹簧关闭通道气体，这是一个非常有用的安全要素。

然而，在最初的预热阶段，热量的降低不足以产生足够的电流来启动电磁阀。因此，对于老式冰箱（包括2004年以前的冰箱），你必须手动保持阀门开启，将控制面板上的气体控制旋钮调慢几秒钟。如果在释放控制旋钮时火焰不能保持燃烧状态，这可能是由于热电耦探头上的烟灰过多造成的。或许探测器并没有指向火焰的中心。另一个问题发生在颠簸的驾驶过程中，连接螺母（在维修顺序的最后照片中显示）有时会变松，从而导致一个糟糕的电气连接，这就是为什么在使用过程中要检查密封性。

第 9 章　家具和装修

目录
- 室内清洁
- 改善软体家具
- 家具施工与维修

房车的内部设计对车主来说很重要。它不仅仅只是布局或床位数量的问题，造型也很重要。事实上，家具设计和面料选择只是你进入生活区时注意到的第一件事。

说到室内设计，每个人的品位都是不一样的。拥有一辆房车的理由也是不同的。一些车主十分享受休闲活动，喜欢传统风格的房车、舒适的地毯、优质的窗帘和毛绒面料。然而，"地毯鞋"的舒适不适合所有人，尤其是积极参加户外冒险活动的房车车主，或那些喜欢宠物的房车车主。

过去，只有少数英国制造商认识到房车车主享受骑行、钓鱼、散步或带孩子们去沙滩上玩。现在这种情况已经改变，而且越来越少的房车使用华丽的织物、固定的地毯、昂贵的窗帘和照明灯具、用塑料玻璃门装饰的鸡尾酒柜。

当然，口味和兴趣是不同的，但是下雨的现实和露营地的性质强调了问题被解决的重要性。例如，一个在陈列室里，合身的漂亮地毯看起来不错，但是下雨时鞋子的泥泞和营地的枯草将出现在室内。可移动的乙烯地板部分地毯提供了另一种方式处理这些情况的方式。

这只是一个改变的例子，当你将1994年生产的Auto-Sleeper房车与2004年生产的房车进行对比时，你就会清楚地看到，人们对"舒适小屋"的彻底背离是显而易见的。任何打算购买二手房车的人都应该记住这些要点。

鉴于我们都有不同的生活方式这一事实，本章的其余部分将关注所有权的现实。例如，为了保持室内装潢的清洁，许多车主购买了保护罩。这是经常被那些喜欢宠物的摩托车司机，或者是那些有孩子的父母所采用的。当然，如果饮料洒了，或者什么东西被踩到地毯上，都可能会发生一些小插曲。因此，让我们从清洁操作开始，然后考虑一些升级项目。

室内清洁

除了日常的"房子"维护，你会需要定期进行更彻底的检查清扫工作。当那个时刻到来的时候，通常是这样将座椅及其靠背转移到工作台之外，这样会使得之后的操作更方便。然后您可以使用专用产品，当你擦去清洁剂的时候，一块布会变得多

下图：Auto-Trail Grand Frontier 房车，驾驶室上方有一张下拉式床，提供了引人注目的漂亮内饰，没有 20 世纪 90 年代的装饰和华丽面料。

右下图：在这一想法被英国制造商普遍采用之前，像 Knaus Sport 这样的房车就配备了实用的乙烯基地板覆盖物和成型的地毯覆盖层。

第 9 章　家具和装修

最左图：这辆1994款的房车卧铺，有着华丽的造型、合身的地毯和华丽的面料，可能适合被动的休闲，但不太适合户外运动爱好者。

左图：与之形成鲜明对比的是，这辆2004款自动抛光的房车线条简洁，表面易于清洁，地面铺有乙烯基地板，这正是车主们所需要的。

么脏，这是令人惊讶的。

　　许多家庭清洁剂适用于房车家具，但汽车内饰清洁剂也适用。像Auto Glym Car Interior Shampoo这样的产品适用于大多数的房车面料，包括丝绒面料。该产品的清洗过程包括：
- 直接向织物上喷洒清洁剂。
- 用软毛刷轻轻点画表面以搅动其纤维。
- 用一块干净的布擦拭面料。

注意： 如果你在户外做这项工作，清洁烟雾很容易消散，避免了在车内凝结的问题。等到天气暖和时再清洁通常是明智

的，但如果清洁涉及去除污渍，就不要拖延清洁操作。

　　这个系列的另一款产品是Hi-Foam室内清洁剂，它以气溶胶罐的形式销售。高泡沫塑料被许多房车专家使用，它不仅对清洁织物有效，它还可以用于清洁地毯、乙烯基和塑料，如图所示。

可拆卸的外罩

　　每个人都有偶尔的意外，但是如果经常存在污渍或者损坏的风险，可能是宠物或小孩。那么明智的做法是为选定的座位

使用车内清洁剂

左图：先将清洁剂喷在需要清洁的织物上。

左图：然后用软毛刷在清洁剂上点画，让纤维在清洁剂里搅拌。

下图：最后，用一块干净的布擦拭材料，这样材料上的污垢就会脱落。

使用高泡沫清洁剂

左图：驾驶座上的面料面板喷了高泡沫清洁剂。

左图：当泡沫被移除时，用合成麂皮布来擦掉污垢。

左图：这种泡沫还可以清洁胶合板桌面、茶几正面。

161

右图：许多宽松的面罩都是可机洗的，如果是这样的话，标签上应该注明。

最右图：专业的室内装潢师，他们生产的拉链式面料可以在几秒钟内拆除。

简便提示

如果坐垫套有一个标签，表明它们可以在家里用机器清洗，请记住，它们可能会在干燥时开始收缩，这可能会让它们难以适应。窍门是把它们拖过泡沫填充物，拉上拉链或缝上面罩，而面罩仍然有点湿。如果面罩在干的时候收缩，它会"抓住"泡沫，效果很好。

下图：一个厨房用非常有效的去污剂。

设置防护罩。这些通常是可机洗的，正如标签所标明的那样。顺便说一句，老式的尼龙"伸缩套"与用高规格面料制成的现代"可拆套"有很大不同。

处理污渍

在你的房车里放一个小的通用去污剂容器是很有用的，但要记住，"万能"产品很少能像专门用来处理特定缺陷的清洁剂那样成功。

另外，有一些厨房产品可以用来去除污渍，一套有用的清洁工具以下：

- 吸收剂白布
- 雾化瓶
- 指甲刷
- 柠檬汁
- 白醋
- 生物洗衣粉
- 硼砂
- 尼龙百洁布
- 钝的圆刃桌刀
- 盐
- 白色的甲基化酒精
- 家庭用氨
- 甘油

记住以下12点：

- 在房车里准备一套紧急清洁工具，这样你就可以随时处理问题。
- 立即处理脏污并立即使用除污剂。如果有专门针对污渍的清除方法，而不是一般用途的清洁剂，那就更好了。
- 如果你对织物与清洁剂的反应方式有疑问，请先在一个小角上试用该产品，以检查其兼容性。
- 在清洗整个物品之前，一定要先清除个别污渍。
- 一定要使用干净的白毛巾，例如一块旧床单。如果你使用有颜色或图案的布料，染料会渗入你正在清洗的布料。
- 在使用清洁剂之前，用钝刀刮去任何表面沉积物。
- 当从丝绒织物上去除污渍时，一定要沿着丝绒纤维的方向工作，以避免损坏表面。
- 方法要温和，在可能的情况下使用轻拍动作。如果使用粗糙的摩擦作用，织物纤维会被损坏。
- 使用液体时要节约，并定期涂抹该区域，以免加重污损和避免深入到面料。
- 处理后，尽可能多地清除所用的清洁材料。有些化学药品会留下自己的痕迹。
- 如果在受损区域需要少量的水，雾化瓶是理想的。这种类型的雾化瓶在花园中心出售。
- 为了安全起见，戴上手套，打开窗户释放烟雾，扑灭火焰（有些化学品是可燃物），保持清洁化学品在有标签的容器中，并且永远不要将化学品混合在一起，结果可能发生爆炸。

第 9 章 家具和装修

最左图：如果你用一块布涂抹或除去，它应该是白色的、干净的。如果你犯了这里显示的错误，颜色从布料可以释放到织物。

左图：如果有东西掉到垫子上，立即用一把旧的钝刀去除，然后用去污剂或清洁剂清洗。

处理一些常见污渍

啤酒

用一份白醋加五份冷水的溶液，轻轻擦拭区域。在重复擦拭之前，要把它吸干。自然干燥，不要加热。

血

用盐水浸泡海绵，然后用温和的氨水和水混合。在每个阶段都要吸干，最后用干净的水，不用加热就可以晾干。

口香糖

将冰块放在聚乙烯袋里冷冻，然后用刀柄把易碎的口香糖敲去。或者使用 Scotch 3M Clean Art，这是由文具专业公司提供的，它也可以用来溶解口香糖。

巧克力

轻轻刮去任何残渣。剩下的缺陷应与洗衣粉和水混合成糊状物反应。用清洁工具箱里的刀涂抹，等待 30min，然后小心地刮走。

咖啡污渍

用甘油软化，静置 25min，用清水洗净。

鸡蛋

刮去任何干燥的残渣，涂上一层生物粉和水，静置 30min。在此之前，把它彻底刷掉用清水擦拭，经常吸水。避免使用外部加热，因为这会使污渍永久存在。

草渍

用两份白色甲基化酒精和一份水的混合物去除，喷上水雾，然后晾干。

油脂

去除这种污渍的方法可能会引起变色。一般来说，在洗涤之前，最好先用一种公认的油脂溶剂，例如消毒剂、家里用的地毯和家具去污剂。准备好以后再做同样的清洗，因为油斑有复发的习惯。

墨水

用透明的甲基化酒精或专用墨水去污剂轻拍该区域，在整个处理过程中经常涂抹污渍，以避免污渍扩散，并注意防止织物变色。最后，使用合适的织物清洗剂。

酱和果酱

如果果酱是最近才放在垫子上的，用一把钝刀把它刮下来，然后使用专有的清洁产品。如果它变硬了，用甘油软化并停留 30min，用清水洗净，接着用一份白醋加五份水的溶液吸干。

酱汁和番茄酱

如果硬化，用甘油软化，然后用白醋和水各一半的混合物将多余的部分吸出。生物洗衣粉和水可以帮助清除任何残留的染料痕迹。

焦油

在可能的情况下，在使用甘油软化残留痕迹之前，去除任何表面沉积物。经过大约 1h 后吸干，然后应用一个专有产品解决它。小心不要把焦油进一步打入织物纤维中，用轻柔的抬升动作代替。顺便说一句，传统上用来去除焦油的产品是较轻的液体，但这是高度易燃的。

茶渍

对咖啡的处理通常对茶也有效。另一种方法是，在 0.5L 冷水中加入 1.5mL 硼砂混合物，然后用海绵擦拭。

尿液

这是一个很难成功去除的标记，任何残留的气味可能需要专业的帮助。要使污渍变松，可以使用苏打水，然后彻底地吸干。

呕吐物

向水中滴几滴家用氨水，轻轻地但彻底地擦拭，涂上洗衣粉和水，保持 30min。刷去膏体，然后用清水冲洗并吸干。

酒

用白醋和水溶液去除尽可能多的颜色。如果你没有白醋，用柠檬汁和盐的混合物代替。然后涂上洗衣粉和水，静置 30min 左右。之后把这个擦掉，继续用清水轻拍。工作台面污渍柠檬经常成功去除变色。冰箱内的食物污渍处理见第 8 章。

注意：专业建议可从开通客户帮助热线的专业去污剂制造商获得，必要时检查品牌标签上的联系方式。

右图:当驾驶2006款Swift Sundance进行急转弯时,儿童座椅很有可能离开了坐垫,然后倾斜、歪倒,并以倒立的姿势摆到过道上(这里用了一个洋娃娃来重现这个情景)。

改善软体家具

能够舒适地坐着和躺着很重要,但是在缓冲弹性方面,每个人都有不同的偏好。此外,在旅途中坐着和在站点上停车是不同的。为了解决这个问题,一些房车有双重用途的座椅,并配有安全带。然而,它们可能太软,无法支撑儿童座椅或助推器底座。当与惯性卷轴安全带搭配时,一个底座往往会压下,展开它的安全带和一个孩子的座位,然后倒下。儿童座椅在驾驶室使用时要稳定得多。另一种方法是,儿童座椅应放在侧壁旁边,成人座椅应放在旁边,这降低了它翻倒的可能性。不幸的是,这条建议经常在用户手册中被省略。

泡沫失效

在一些房车里,座椅泡沫会很快地失去弹性。这通常是因为使用了便宜的产品,所以泡沫很快就"触底"了。这意味着当你稳稳地坐着的时候,你会突然触底。幸运的是,装潢专家提供了许多改善方法。这些包括:

充溢泡沫

当最初的泡沫被轻微压缩后,通常会有空间在其盖子内添加一薄层(通常为25mm)的高回弹泡沫。面罩将需要被打开,以便将填充层插入,然后重新缝合。这是用工厂机器做的,成本通常是相当合理的。

泡沫替代

用高弹性的产品代替泡沫塑料显然是最好的解决方案,一些专业公司提供了这项服务。然而,高质量的泡沫是昂贵的,如

果你是邮购的,首先要一些样品先检查它们的特点。

泡沫也有不同的分类。在大多数情况下,这是根据各种规格生产的合成产品。高密度的泡沫保证其形状和舒适性长时间保持不变。合成泡沫有软、中、硬三种等级,与它们提供的支撑量有关。作为一个指导提示如下:

- 软的泡沫适合靠背,但不建议用作座椅或床的基础。
- 中等级硬度的泡沫有时是用来做靠垫的,或者作为一个孩子的床垫,它不太可能为成年人提供足够的舒适和支持。
- 硬的泡沫用来做固定的椅背或扶手通常都太硬了,但对于同样用作床垫的座椅来说,这是最好的选择。这种泡沫既舒适又耐用,也可以结合以上任何一个等级来满足个人的喜好。一名优秀的专业公司能够制造出一种"三明治混合物",例如,一种粘合的三层垫子,中间部分坚硬,两边各有一层柔软的泡沫。
- Dunlopillo使用乳胶,这是橡胶树的汁液。它是天然的阻燃剂,不会引起皮肤过敏。虽然价格昂贵,但Dunlopillo是一种优质泡沫塑料,具有优良的支撑性、长寿命、耐用性和良好的通风性能。它通常用于家庭家具,但很少作为标准安装在房车中。

泡沫的厚度差别很大,使用的材料从50mm到150mm不等。适用于成人睡床的泡沫通常厚度为100mm,尽管一些制造商使用150mm的厚度作为永久的"主床"。在双层床上,泡沫的厚度通常是50~75mm。

如果你正在翻新一辆房车,很高兴知道专业的装潢师能够切割泡沫到你想要的大小。将其他部分连接起来创建特殊形状也很简单。例如,做一个"膝盖骨滚动"(长椅座位的前半部,在膝盖后方提供支撑)也是一个职业室内装潢师的例行任

右图:双层床有时会使用"分夹"装置,将被套布连在一起形成铰链。分夹的泡沫厚度一般为50~75mm。

第 9 章　家具和装修

替代泡沫

供应商可以将室内装饰的泡沫材料切割成任何尺寸、形状以及斜角，这都是可行的。

如果需要额外的部分，这些可以很容易地用特殊的黏合剂粘合在一起。为了减少与泡沫的摩擦，安装面罩，通常加入针织织物。

如果需要，座椅前边沿可以安装一个用于增加舒适性的"膝盖卷"。

提供不同水平弹性的泡沫可以在需要的地方粘结在一起。

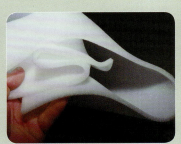

纤维包装或一层薄的、有弹性的泡沫有助于圆滑垫上的尖角。

为了减少与泡沫的摩擦，在安装外罩的时候，通常加入一些针织织物。

安全

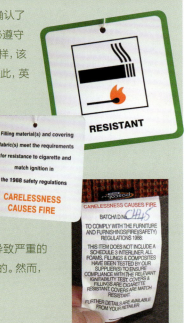

　　1988年版《家具防火条例》将注意力集中在泡沫和织物上。产品的标签上确认了产品满足可燃性测试的能力。请记住，这完全是英国的事情，别国生产的车型不必遵守这些规定。然而，正如1995年版《家具和家具消防安全条例指南》的所指出的那样，该条例适用于从1990年3月1日起在英国生产并销售的新房车提供的软垫家具。为此，英国制造商使用了一种防火产品，称为"燃烧改性"泡沫。

　　奇怪的是，这些规定并不包括房车本身，因为它们属于机动车，因此属于不同的立法范围。在实践中，一些房车制造商自愿决定在他们的房车生活区安装相同的产品，这是房车所必要的。然而，出租车的座椅没有改变。

　　英国进口车型的要求是另一个问题。通常情况下，英国进口商会用符合英国法律的替代品来替代任何不符合英国法律的产品，包括室内装潢和软体家具。然而，私人进口商不太可能做出这些改变。

　　不管制定什么样的标准和规范，从燃烧的室内装饰泡沫中释放的烟雾都会导致严重的呼吸问题，所以车主决定弃用非防火泡沫，用"燃烧改性"产品代替是很有道理的。然而，泡沫填充物并不是唯一的问题。

　　此外，气垫罩必须防止香烟或火柴点燃。

　　新的英国车型还带有验证其合规性的标签。

165

右图：可以邮购这种替换的泡沫，但是模板有助于确保大小正确。

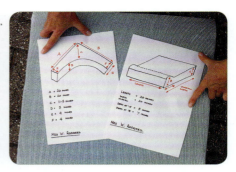

最右图：以邮寄方式订购时，显示不同形状泡沫部分的图表很有帮助。

务。另外要注意的是，通常要添加一种针织表面材料，因为这样可以大大减少表面之间的摩擦。

件订购服务的人可以选择打开一个外罩，填充完泡沫后，再把它缝起来。如果你是邮购泡沫塑料，明智的做法是提供清晰的图纸和纸张模板的垫子形状。

产生多层泡沫

早些时候有人提到，一些专业公司能够将两三层泡沫黏结在一起产生复合泡沫。例如，较硬的泡沫通常作为下面一层的首选，较软的产品粘在顶部。布里斯托尔的房车座椅覆盖中心等专业商家甚至可以设计出一种"他的"和"她的"床垫。在这种床垫中，双人床的两半采用不同弹性的黏合泡沫制成，以满足个人喜好。

如果你决定在你所有的坐垫上都添加新的泡沫填充物，如果最后添加一个"纤维包裹"，完成的工作将会更完美。这是一种白色纤维状合成材料，通常用作夹克的填塞物，并且它具有使块泡沫的拐角变成圆角的效果。另外，有时会用一层较软的泡沫来达到这种效果。

大多数车主更喜欢找专业人士完成泡沫填充作业。然而，邮

弹簧内饰

弹簧内饰已经在更昂贵的房车中使用了好几年，如果你已经完成了重新设计的工作，通常会被特别要求。对于床上的床垫，弹簧内部是一些房车车主的首选。然而，在你旅行时使用的长椅上，弹簧内部的坐垫可以产生弹性乘坐。同样，在某些情况下，这种类型的座椅的前缘倾向于崩溃，从而减少腿部的支持。对旅行座椅的良好支持以及安全带的安全尤其重要。

右图：在某些情况下，需要一个内部有弹簧的产品，这些可以由装潢专业公司提供。

改善褥垫下湿气

如果你在寒冷的冬天使用房车，在床垫下发现潮湿的斑点是很正常的。如果床垫是由桌面或实心合股底座支撑的，这种情况尤其普遍。如本章后面所述，如果床上有板条状的底座，这种情况就很少发生了。为了便于床垫下的空气流动，这有助于防止凝结的积聚，有几种衬垫材料可供

右图：这种橡胶材料可以防止床垫在铺设床层的基础上打滑，但缺乏通风会导致由于凝结而产生的湿斑。

最右图：使用胶合板底座时，使用通风垫是很重要的。

第9章 家具和装修

选择。Natural Mat公司提供一种15mm防滑、涂橡胶的椰壳纤维垫，Hawke House Marine公司销售通风垫，Ship Shape Bedding公司提供干垫，许多海洋用具的销售商也销售这类产品，因为这种问题在船只上尤为普遍。

外罩面料

接下来是外罩面料的选择，改善外观的一种经济有效的方法是使用宽松的遮盖物。这些东西有时是用弹力织物制成，拉链版无疑比系带版好。一些宽松的外罩是可以机洗的，这对带小孩的父母有很大的帮助。然而，松松垮垮的垫子有一个问题，就是它们会在垫子周围打滑，这通常通过安装可拆卸的装饰按钮来解决。

或者，如果你是在翻新一款老款车型，但又不想花很多钱，那么Magnum Caravan Surplus等专业公司会在一款车型即将停产时，出售它们从一流制造商那里购买的坐垫。你还会在户外房车展览会上看到多余的产品。

左图：在垫子中隐藏缝合接头的一种方法是添加细管。

全国各地举办的房车展览也有室内装潢专家参加，他们的展台上陈列着织物、地毯、靠垫和驾驶室座椅等物品。随附的面板显示来自几个供应商的产品。

如果你正在翻新一辆房车，并且准备在装潢上花一笔合理的费用，那么专业地制作新外罩将会实现惊人的转变。房车和游艇室内装潢专家们都配备了特制的坐垫。

如果您预先安排了参观，几名房车装饰专家可以在您在工厂等待时制作和安装护罩。然而，对于一个大型的房车来说，这可能不仅仅是一天的工作。

在预约之前发送面料样品，适用材料的范围很广。不仅有数百种图案，还有花呢、丝绒和印花棉布可供考虑。另外，你需要选择镶边，这些包括：

- 带边——通常是一种廉价的选择，通常用在靠垫的基础上，那里的背织物缝合到三要材料。
- 管系——要么用匹配的材料做，要么用对比色做。

只有少量的织物样品被带到展览会上，但它使参观者能够比较各种不同的材料。

一些参展商会用已生产的座位上来展示他们所生产的产品的质量。

高质量的皮革产品看起来令人印象深刻，但需要你坐在座椅上评估它们的舒适度。

一些生产商还生产松松垮垮的贴边地毯，有很多颜色和等级可供选择。

这家制造商正在展示为各种流行的基础车辆改装的驾驶室地板覆盖物。

完成车辆座椅的覆盖业务需要不同的技能，而在户外展上的几家参展商则可以完成这项工作。

房车手册

- 装饰织带: 提供了漂亮的外观。
- 软线: 在一些最近的车型中使用, 通常在绳索的层中具有螺旋条纹的颜色。
- 剪裁的百褶裙: 蓬松的镶边, 更适合华丽的内饰。

这些边有时被应用在旋转的桌面上, 连接到缝纫机上, 缝纫机将主要织物缝在边缘边饰上, 并在一次操作中将泡沫封装。另一方面, 你可能更喜欢用拉链做成的面罩, 这使得干洗在以后的日子里是一

右图：在这里, 装饰织带是在边缘处缝合的, 但是也有各种可供选择的产品, 包括细管、绳索和胶带。

房车座套中心: 案例历史

当这辆自建的房车接近完工时, 它的建造者把它送到了布里斯托尔一家室内装潢公司的老板那里进行询价。

舒适是很重要的, 而房车座套中心有几十个织物覆盖泡沫样品, 以帮助客户选择正确的产品。

泡沫部分测试一个硬座在陈列室中使用对比密度并排, 做出最终决定可能需要比预期更长的时间。

陈列室里的一个架子展示了大约30种不同的靠垫, 有各种各样的面料、厚度和镶边。

陈列室里有许多布料样品, 其中一些在工厂内部库存, 所以很容易就能清楚地了解外观。

测量和切割是由经验丰富的工作人员进行的, 他们自公司成立以来一直服务于房车座套中心。

一些自建车主试图制造自己的缓冲罩, 但如果没有培训和工业机器, 很难达到类似的效果。

除了装饰织带的例子, 还有关于装饰钮扣的决定。当面罩被取下时, 这些需要重新安装。

有了该公司的一个工具包, 用户可以自己安装按钮。附着在底部的塑料板比T片更容易断开和重新连接。

第9章 家具和装修

个可行的选择。

一些车主坚持自己动手做这种翻新，但如果他们没有工业缝纫机，不是总能成功的。专家还会制作配套的室内装饰按钮，以防止外罩在泡沫周围滑动。用工业针把它们穿过织物和泡沫芯。小心而耐心地使用打开的金属衣架和一些绝缘胶带，也能达到同样的效果。每个按钮后面都有字母"T"这样的标签，但如果你想要去掉防洗罩，就必须剪掉防洗胶带。

驾驶室的座位

几乎所有在英国建造的房车都是基于轻型商用车。与三十多年前或更久以前生产的商用车相比，目前的车型有动力转向和高效加热器等改进，但它们仍主要是为商业用途设计的。在一些地区，它们缺乏适合休闲住宿车辆的完善水平，驾驶室座椅就是一个很好的例子。

旋转座椅

毫无疑问，使用驾驶室来增加生活空间是有意义的。在一些车辆中，这可以通过安装旋转装置到座椅机构来实现。这个想法已经变得非常流行，一些房车制造商把旋转座椅包括在最初的驾驶室选项列表。为了增加个人舒适度，在座位两侧还设置了约束装置和扶手。然后，为了使驾驶室更"普通"，原来的塑料衬里材料用于商业驾驶室的内部门可以很容易地覆盖使用织物，配合其余的生活空间。在1999年菲亚特Ducato房车中可以看出，安装旋转座椅是一项简单的工作，正如所附的照片显示。然而，有两点需要牢记在心。首先，增加一个旋转机构通常会提高座位的高度，对于较高的驾驶人来说，这意味着他们的视线会在靠近风窗玻璃顶部的地方被抬高。这是为了克服这个困难，通过安装较低的座位底座实现的。TEK座椅能够为老的菲亚特Ducato、标致博克和雪铁龙Relay车型提供低调的底座，并可以经常供应。其他车辆也有底座。然而，如果你的房车的备用蓄电池藏在驾驶座下，你需要检查它的尺寸，以确定它是否仍然可以容纳。

第二个潜在的问题是，转向盘有时会限制间隙，并防止驾驶

安装一个低的座椅底座和旋转支架

许多房车座椅专业公司提供了经过测试批准的转盘。

最初的菲亚特座椅被移走了，然后高的支架就从地板上卸下来了。

来自TEK的下部底座是为了适应驾驶室地板的形状，此外还提供交叉支架。

安全带扣最初是安装在滑块上的耳片上，这必须锯掉，然后把带扣安装在旋转支架上。

滑道被锁在了转角上，但在驾驶座上有点不同，因为这个座椅上有上升和下降的机制。

完工的菲亚特驾驶室。现在，人们可以把停好后的前座旋转起来，把它们作为生活区的一部分使用。

右图：对于驾驶室座椅来说，连衫覆盖可能会令人失望，这个覆盖物不适合安装在倾斜控制旋钮上，四个月后，座位旋转处严重磨损。

下图：如果你想改变座椅的风格，TEK这样的厂家能给你提供最新的产品。

右下图：当你参观TEK工厂时，你会经常看到你从最新的房车上认出来的布料。

人的座椅旋转180°。在没有安全气囊保护装置的老旧车辆上，安装可拆卸转向盘有时可以解决这个问题，这也是一种防盗策略。事实上，几年前Auto-Trail使用可拆卸转向盘作为一个选项。如今可拆卸转向盘的安装频率降低了。因此，与TEK这样的专业公司讨论追溯装配座椅旋转装置的可行性。在某些情况下，可能只能旋转乘客座位。

升级的座椅

现在，许多房车都配有配套的布面，只适合标准的商用座椅。这是一个遗憾，因为有时会产生皱褶、打滑和损坏。

在可能的情况下，最好有一套翻新过椅面的原装座椅，这是一份布料修剪工的工作。

另外，如果你更喜欢更换原有的驾驶座，TEK有很多新产品可供选择，其中一些你可以在工厂试着让自己舒服一些，

TEK还进口了一些高质量的产品，例如安装在顶级房车上的Aguti座椅。

多年来，TEK一直为房车制造商提供软垫驾驶室座椅，如今它在货车行业也扮演着重要角色。不用说，当该公司签约为重型商用车提供座位时，私家车则可能需要等上几个星期。然而，任何在季节性高峰行业工作的室内装潢专业公司都会遇到这种情况。

当笔者想要在自己建造的房车中取得引人注目的成就时，这种情况得到了承认，获得TEK的服务意味着需要预订，但这是值得期待的。在旁边的项目中，选择了四个带有扶手的高靠背座椅。其中两辆是菲亚特最初座椅的替代品，额外的座位有特殊的旋转底座和内置的经过碰撞测试的安全带，可以为另外两名成年人提供座位。这些座椅也很容易在特制地板上安装，因为车辆主要是由两个成年人使用。

4个Aguti座椅用浅灰色皮革装饰，深蓝色管道和对比面板使用重型汽车面料。我们还购买了足够的面料，以便在休息室中与分散的坐垫形成配套的长椅座椅。最后，塑料门衬垫同样用这种织物装饰，以掩盖菲亚特基础车的商业起源。不足为奇的是，这些改进是昂贵的，但如果你想在专业的房车中复制完成，好的裁剪和翻新工作是很重要的因素。

任何翻新旧车的人都会考虑像这样的改进。至于最近的房车，许多已经将旋转座椅作为标准配置。此外，新的立法和安

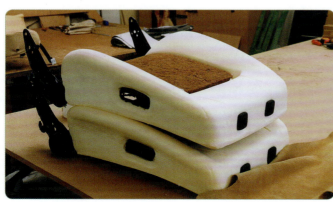

第 9 章　家具和装修

替换为Aguti座椅

装配在高档房车上的 Aguti 座椅可以提供一个完整的旋转系统。

Aguti 座椅可以指定与扶手的高度调整与滚花轮。

在这个项目中，需要两个额外的"偶尔"可移动的座椅，以及这些特色的整体碰撞测试安全带。

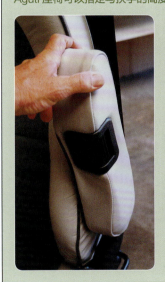

高背、皮边、深色的细管和对比的织物面板，这些特别修整过的 Aguti 座椅是一个显著的进步。

全问题减少了在涉及底座、安全带附件点和安全气囊装置的地方进行重大改装的机会。

然而，对驾驶室修剪的修改，一般来说，仍然是需要的，TEK的工艺在这里显示。

左下图：这辆菲亚特 Ducato 最初的塑料门面板揭示了汽车的商业起源。

下图：在 TEK 公司，门板可以用软垫织物覆盖，该装饰织物粘结到原塑料上并固定在周围。

171

家具施工与维修

在房车里建造和安装家具的橱柜制造商显示出了相当的技巧。必须实现三个目标：
1）结构必须足够坚固，以承受崎岖不平的路面及其带来的问题。
2）整个结构必须是轻量化的。
3）成品看起来应该有吸引力。

产品、供应商和建造技术

毫无疑问，许多有细木工经验的业余改装人员成功地制造出了精巧、坚固的家具，有时候却不能保持结构的轻便。即使只需要额外的搁板，也适合使用重量节省的策略。由于这个原因，装饰单板纤维板和中密度纤维板（MDF）（通常在我们的家庭中使用）都被认为对于房车来说太重了。不幸的是，许多房车改装的轻型但坚固的木材产品、附件和配件通常不能从自助商店、建材店或其他当地供应商处直接购买。这意味着获取后续修复和改进项目所需的材料非常困难。

表面 15mm 厚度，像 Vohringer 的产品一样，经常用于结构组装。

Magnum 有许多 3mm 墙壁、天花板和家具包覆胶合板的图案。

多余的中空桌子、工作台和大型门都是从制造商那里买来的。

Magnum 出售的硬木镶边可以给轻薄的厚板增加坚实的外观。

流行的重量节约策略是在硬木框架内安装薄的匹配层。

Magnum 中吸引人的弯曲空心门最近被使用在很多车型上。

Woolies 提供了各种各样颜色的弹性装饰边。

铰链、支具、吊钩、托架和类似的物品都列在 CAK 目录中。

钢丝篮和储物架是 Woodfit 提供的许多物品的一部分。

第 9 章 家具和装修

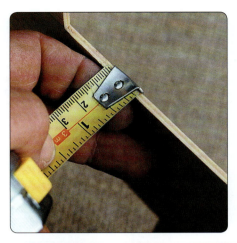

左图：用于房车的印花装饰层仅 3mm 厚。

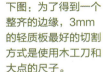

下图：为了得到一个整齐的边缘，3mm 的轻质板最好的切割方式是使用木工刀和大点的尺子。

有时，可从房车拆解厂那里获得材料，但这些物品往往显示出长期使用的痕迹。但是，还有其他需要考虑的来源。在《房车改装快速入门》一书中有一个完整的章节讲述致力于追踪零件，并给想要从房车制造商处购买那些不再生产的零件的内容。每当推出一系列新型号时，就会出现这种情况。

格里姆斯比(Grimsby)的Magnum Mobiles & Caravan Surplus就是一家可以提供相关零部件的专业公司。毛边和镶边条的其他供应商包括Woolies公司，该公司的邮购服务和产品目录被许多房车爱好者所使用。类似的还有Woodfit公司，它多年来也提供类似的自助构造器，包括铰链、锁扣、自组装抽屉、金属丝储物篮和其他物品。关于CAK公司，这家供应商在前面的一章节中也提到过。

如前所述，传统的刨花板和传统的胶合板是沉重的，所以在主要结构的工作方面，房车制造商使用Vohringer 15mm轻量级胶合板，这种胶合板通常用塑料薄片贴面。在其多层结构中，轻木层压板有助于减轻重量。许多经销商在车间使用这种产品，英国各地都有供应商。

除了Vohringer的结构面板外，薄的装饰面胶合板也用于天花板、墙面覆层、家具和架子。这种厚度只有3mm的材料，非常轻。为了获得与你的房车匹配的装饰层，可能需要向制造商售后部门订购类似的产品。然而，在格里姆斯比的Magnum Mobiles&Caravan Surplus公司，有几十种有图案的木板库存。此外，如果你正在翻新一辆Avondale房车，用到的零部件可能是当该公司停止生产车时由Magnum公司购买的。

可以在Magnum的存储设施检查橱柜的天花板、墙壁和木纹板。不过，要记住，它们的木材效果通常是通过在纸上印上假单板并粘在轻型胶合板上来实现的。这个结果看起来很有说服力，但绝对不应

该用砂纸摩擦，因为纸面胶合板会被轻易地磨掉。

硬木饰边通常被用作环绕成型，以实现对饰面胶合板外壳的巧妙处理。这是在减重过程中唯一的让步。除了提供装饰胶合板，Magnum还提供硬木饰边和无数家具，包括轻型橱柜门。当然，很多门都是中空的，它们是用两块3mm厚的板材拼装而成的，由间隔块或瓦楞纸做成的蜂窝隔开。硬木贴边增加了画龙点睛的效果，使整个装置看起来又重又结实。只有当一扇门被打开时，你才会突然意识到这些减重策略的重要性。

一个熟练的木工在得到了3mm厚的胶合板后，无疑可以复制制造商使用的技术。使用钢制刀刃和锋利的木工刀，很容易切割出一个薄层，以达到一个干净的边缘。

房车自建所用的固定方法通常是用一种合适的胶粘剂制成的防锈钉，而不是使用通常由变频器用来提高建造速度的订书钉。然而，如果你买了一把电动射钉枪，你会发现，在组装结构时，它的突然冲击比用锤子反复敲打造成的破坏要小得多。

另一点需要记住的是，从剩余库存中购买的空心门的整体尺寸可能需要改变。这里的照片显示了一个中空的抽屉是如何缩小的，一个插入物插入到核心作为间隔物。在引入间隔片之前，

173

木工技术

当一扇空心门被切下来以减小其尺寸时,就必须用胶粘住空隙。

当木制品胶粘剂固定时,使组件暂时固定在原位。

在手工钻孔中使用细长的单板销在边缘带上准备先导孔。

在这个任务中,一个带槽的压片被用来给 3mm 胶合板的边缘增加强度。

面准备一个凹槽,或者使用开槽平面或组合平面。然而,如果你需要一个中空的工作台面,Magnum公司通常会出售这些(如172页图所示)。

至于家具吊钩、铰链和把手,像CAK和Woodfit这样的专业公司提供了一系列的物品。Woodfit还销售与办公室文件柜抽屉类似的带滚轮导轨的自组装抽屉组件。CAK和Woodfit公司的产品目录都值得获取,而且两家专业公司都提供邮购服务。

改善床架

令人惊讶的是,如此多的床架都是用实心胶合板来支撑床垫或坐垫。前面提到过,如果床垫下没有自由流动的空气,凝结的湿气很快就会出现,尤其是在寒冷的天气时会更严重。

平软木板有助于防止这种情况的发生,但它们缺乏弹性,对舒适性的贡献微乎其微。用实心山毛榉或层压结构制成的板条更好。只要每个板条的末端被保留在套筒内以允许移动,这些产品就会增加床垫的弹性。

然而,如果每个板条都安装在一个软垫的端盖内,灵活性可以进一步提高,如下页图所示。这种安排允许更大的弹性,这种类型的床具可从Natural Mat公司购得。笔者使用其中的两个套件组装了一张双人床,可以说,这种布局提供了令人愉悦的舒适感,即使床垫的厚度只有100mm。

进一步考虑这个想法,一家德国制造

采用了木材胶粘剂(Evo-Stik树脂W),形成了良好的粘结。如上图所示,使总成暂时固定在原地24h,使废木料保护工件表面不受直接压力的影响,并延长受压区。

暴露的边缘最终覆盖在圆形锯桌上的薄唇切口。单板带是一个可接受的选择,但它不抵抗颠簸,因为它太薄。虽然薄唇可以保持与冲击胶粘剂,额外的强度是通过使用单板销。面板销太厚,薄单板销不太显眼。然而,您需要钻先导孔,以防止唇裂和销子弯曲。有些木工会把单板销针脚的尖头削掉,这有助于克服劈裂问题,但最好先钻一个先导孔。

如果你没有修长的麻花钻头,可以使用其中的一个单板销。用钳子切掉头,这样销子就能很好地固定在手持式卡盘上,然后把尖头端向上,让钻头转动得非常快,当它钻到底时就会变热。

另一个建议是,如果你想用3mm厚的厚度来加强一个小的架子,那就用8mm或更厚的硬木拼板,用一个圆形的锯床在上

右图:这张桌子的顶部使用的是Vohringer板层,它的边缘有凹槽,可以接受带有倒钩凸缘的塑料饰条,胶水有助于把它牢牢地粘住。

最右图:为了掩盖胶合板的裸露边缘,以及为了掩盖靠近面板的不规则连接,经常使用这样的柔性边条。

商现在提供了Calypso系统,提供的板条适合双人床的长度。这种长度的板条在中点总是弯曲得太多,但通过Calypso的产品,包括中间的塑料支撑就可以克服这个问题。

在这两种系统中,所有板条的两端都需要用轨道来支撑,但它们是可以灵活安装的,并且没有固定到位。因此,如果需要拆除横梁组件,则可以将其取出。任何想要升级房车用床的人都可以安装这些产品。每个板条的长度需要根据其位置进行裁剪,但其结果是值得付出努力的。

在德国,床上系统的发展更进一步。虽然板条结构的系统工作得很好,但木支柱和配件的组合可能相当重。这导致了Froli和Lattoflex系统的发展,这些系统已经被用于la strada和Knaus制造的房车中。

支撑床垫的Froli组件看起来很像花的头部。它们既可以单独安装在踢脚板上,也可以夹在连在一起的塑料条上。它们还包含一个巧妙的特性,即可以在选定单元的中心添加彩色夹子,以限制"花瓣"的扩散,从而创建一个更牢固的支撑。这意味着,对于任何想在特定地方创造额外支撑的人来说,每个区域都可以得到巩固。

今天,在基本设计上有六种或更多的变体,而且使用Froli组件构建床架是相当容易的。这些组建可以在Froli Kunstoffwerke Fromme GmbH 公司购买到,并且该公司的网页上有更加详细的介绍,Calypso的品牌名称下也有类似的系统出售,主题也有进一步的变化。一种混合的弹簧系统包括弹簧板条,建造者在上面添加Calypso塑料单元来创造更大的弹性。

来自Lattoflex的CarWinx系统使用了其他柔性塑料部件,附图显示了塑料横条及其圆形塑料支架。弹性来自于杆的弯曲和支撑,这个系统非常轻。这张照片是在2001年la strada Nova的固定后床上拍摄的,CarWinx的产品就是这样,也用于同一年Knaus的旅行车型上。如果有一个合适的底座,CarWinx系统也可以追溯安装。Thomas GmbH公司积累了多年经验,这家企业在自己的网页上为您介绍其他的专业产品,例如关于这些产品的信息。

许多房车的床并不总是像它们的主人想象的那么舒适,引进像这里描述的新系统当然是受欢迎的。

不同的床系统

Natural Mat 公司生产的弧面板条安装在端盖上,提供额外的弹性。

Calypso 双人床套件中的超长板条包括在中点安装的柔性支架。

Froli 系统有可移动单元,它也接受彩色夹子插入到床的选定部分。

来自 Lattoflex 的 CarWinx 系统现在正被用于许多德国制造的房车上。

第 10 章　配件与项目

目录

平板电视支撑臂

安装英国530型定向天线

卫星电视设备安装

专为房车设计的地板下储物盒

太阳能电池板的选择和安装

盒式马桶的维护和修理

自行车和摩托车车架

自建工程

根据之前给出的技术指导，这里将对一些畅销产品的安装、操作和维护进行指导。此外，我们亦会提出自行改建或组装项目方面的建议供车主参考。

考虑到在第2章中讨论的重量限制，如果你不知道你的房车目前的重量，安装新组件将会发生超重。每辆房车都有重量限制，一些载重的房车非常接近它们所被允许的极限值，所以就没有太多空间增加更多的配件。超过规定的重量限制不仅是违法的，还可能使房车在道路上行驶不安全。当然，增加一个电视支撑臂并不是对可用有效载荷有多大影响，但定期带一辆车到称重秤来确切知道房车的重量却是一个合理的做法。其他项目，如太阳能电池板，肯定比许多人预期的重。配件安装遇到的问题五花八门，本章关于配件安装的图片介绍，即使没有篇幅限制也很难详尽。因此不管你是亲自安装，还是在改装车间安装，都要对照这些配件的详细说明书。本书也提供给车主一些针对可能遇到问题的处理建议，如底层的Beeny储物盒，我们就不建议车主自己动手安装。

最后，现有车主可能不认同这些项目之前的一些评论。例如，太阳能电池板这样的产品当然是有用的，但一些销售人员似乎暗示，几个电池板就可以照亮一片海滩。所以对于这里提到的所有配件，请您向现有车主寻求进一步的建议。然后，您再决定购买哪种产品。

平板电视支撑臂

为移动休闲用户设计的许多新型便携式平板电视都在机壳背面配备了VESA固定装置，这些配件通常在独立的15英寸和更大的型号中出现。目前安装的两个版本的VESA螺纹联轴器。

有各种不同VESA安装支架可供选择，其中一些可将平板电视直接安装在

墙上或面板上。其他则用单臂或双臂来替代。这些也可以与"快速释放板"一起用，从而使平板电视可以从房车中迅速移走，并重新安装在别的支架上。

如果您购买一个装有VESA的平板电视，许多电工可以提供支撑托架。有没有"快速释放夹"并不影响与平板电视的连接，但螺栓的长度是非常重要的。如果它们太长，它们可能会嵌入套管并造成内部损坏。除此之外，联轴器很容易制作，但是在支架的另一端总有一个不那么容易制作的附件。

房车车架、橱柜和家具通常使用3mm装饰层来打造，在一些附加的厚胶合板上，通过粘合来加强，可为安装支架提供一个更牢固的固定装置。

当开始驾驶时，一辆房车会面临凹凸不平的路面，这可能会对支架的安装点构成挑战。固定装置不仅要承受平板电视偏转的动态重量，延长臂也要充当杠杆，因此增加了负荷。若对固定点的完整性有任何不确定性，明智的做法是在每次旅行前断开电视机设置。

UK530房车供应商的BT75513型支撑臂的规格如下：这可以支撑15kg的最大重量，当然，假定它的固定是安全可靠的。制造商当然急于鼓励谨慎的工艺，并在说明书中指出，如果不正确安装这个支架，可能会导致严重的伤害或死亡，你必须确保它是安全的。

托架安装需要20min，墙壁安装时间会有所不同。

安装英国530型定向天线

虽然定向天线通常比全向天线能获得更好的接收效果，但它必须根据最近发射机的位置进行定向。它还必须正确倾斜，因为发射器发出的信号要么是水平

有几种类型的支架是可供使用的。这种具备双臂倾斜设备的可以使得电视屏幕按所需角度倾斜。

在这台平板电视上，四个VESA联轴器被用来连接一个必须拆卸的承载手柄或支撑底座。

随着后手柄的拆卸，一个快速释放组件可以安装到平板电视上，使用其VESA螺栓连接插座。

好的配件包括图文并茂的装配说明，这一套还包括两个六角形扳手，可用来拧紧固定螺栓。

托架也可以组装，所以平板电视能够通过安装在臂外端的枢轴旋转来调整。

没必要安装这里显示的快速释放夹，但它允许在不使用房车时，不用工具即可拆下平板电视。

偏振，要么是垂直偏振。同样地，每当你搬到一个新地方，电视机通常都要重新调节。

当电视机位于室内且不能通过窗户看到电视时，定位外部天线以获得良好的信号就变得更加困难。两个人之间的交流并不总是很快就能取得好的效果，而且在下雨的时候任务肯定不那么愉快。这些困难促使了天线的发展，尽管天线本身安装在室外，但是天线设备要在室内安装和调整。

当然，在房车在公路上行驶之前，必须先把桅杆放下，而且桅杆越长，越不容易放入室内。为此英国开发530/5型天线以至于这短短485mm桅杆降低时，可以容纳在一个典型的天花板柜中。另外530/10型天线的920mm桅杆通常安装在管状杆中，可以缩短放到衣柜或专门设计的储物柜中。

这两种型号都包括调频无线电天线和功率组件，可以根据需要放大或缩小信号。

在安装车顶的产品之前，必须仔细检查房车车顶的结构，要记住，房车的结构非常多样化。此外，当房车仍然在其保修范围内，安装一个产品需要在其结构上凿孔，这可能会使保险条款无效。在保修期内的房车车主应仔细检查位置。

当笔者被邀请安装第一批530/10型天线，车顶加固和耐候性问题得到了特别的关注。由于这次操作的结果，产品在正式销售之前被厂家稍微修改了一下。现在，在使用10年之后，530/10型天线没有任何问题，也没有证据表明车顶疲劳或进水。

关于这里显示的安装，这显示了短桅杆的530/5型天线，在室内放下时也不那么麻烦。尽管有时天线越高，性能越好，但长杆对车顶的加固需求更大，尤其是在阵风中。这可以通过将一个木块粘在车顶的空隙中来实现，切记，当一小部分天花板落在衣柜或储物柜中时，拆除或修复的效果就不那么明显了。请注意，当这个天线是安装在一辆进口的带有车顶架的房车上。然而，当天线下降时，机架的横梁不会有限制间隙。

根据所需要的车顶加强量，天线安装耗时约一天。

正如这个早期的项目所示，该状态为530/10型提供的桅杆提供了很好的高程，但是当它降低时干扰会更多。

一个又高又窄的碗柜被建造来容纳530/10型天线的桅杆。外壳可容纳其功率放大器。

用烟道作为参考点，在衣柜内测量，以检查杆和托架可能安装的地方。

在车顶上，从烟道出口盖测量，以确定外面没有障碍物。

第 10 章　配件与项目

包括切割和钻孔模板，虽然在这种情况下，定位孔的位置标记了天花板的卡圈本身。

用电钻从里面钻了一个定位孔，然后用一个 45mm 的孔锯从外面把它放大。

外部安装板配置泡沫密封，并使用组件中提供的三个 16mm 螺钉固定。

下一步安装带有中心套筒和耐候性绑腿的安装脚，并用三个 32mm 螺钉。

预连接的同轴电缆和桅杆现在伸入衣柜内部锁定板和卡圈已经安装。

预装在桅杆上的天线现在是从外面安装的，当房水平车停放时，桅杆必须是垂直的。

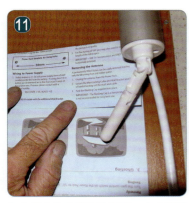

为衣柜内的电源组选择了一个方便的位置，接下来提供了固定孔的模板。

设备上的标记非常清晰，一个带有一根电线的插头可以与 12V 电源相连。

缩短电缆，安装同轴插头，详细说明和警告标签贴在柜壁上。

179

卫星电视设备安装

有了好的卫星电视设备和有利条件，画面质量通常很好。通过数字技术制作的卫星传输的图像轻易不会被干扰。只有在极端天气下，画面才不完美。此外，与地面电视相同的新型电视机也能享受到这些好处，也有机会在免费卫星系统收到超过100个免费频道节目。还要注意的是，卫星系统还提供包括BBC在内的数十个广播电台节目。不可避免的是，用于房车的卫星电视正在快速发展，新设备不断引进。一些供应商发布指导手册来指导和帮助新用户。值得注意的两个信息来源是Maxview的"数字卫星和地面电视"、RoadPro目录上的"电视接收技术提示"。

接收卫星电视需要三个关键部件：具有适当连接的电视、接收器和卫星天线。同时也需要一些配套的配件，如用来确认底盘水平的水平仪。如果是用独立的便携式天线，还需要一个好的三脚架。

你可以从卫星接收电视，而不必订阅像SKY这样的收费服务提供商。多亏了BBC和ITV，大约150个电视和广播电台可以免费接收。这些频道包括英国广播公司（BBC）、英国独立电视台（ITV）、第四频道（Channel 4）和第五频道（Channel 5）。关于这类问题的资料载于卫星设备分销商编制的文献中。

从实际的角度来看，无论何时到达一个新的地点，房车车主都必须扮演一个专业的卫星天线安装员的角色。树木和建筑物可以阻止对准卫星，从而阻碍信号接收。顺便说一句，虽然电视卫星以很高的速度移动，但这个速度与地球的自转速度同步，所以它们在天空中似乎保持固定的位置，然后你必须和你想要的方向对齐。

这里的插图显示了不同类型的设备。请注意，卫星电视频道可以使用不到200英镑的便携式天线接收器，而如果你想让所有东西都自动执行，那么包含卫星定位系统的设备费用就会达到几千英镑。每种产品都有自己的优点，例如，安装在车顶上的永久性装置实际上是一种完全可以忽略的电器，但不要忘记在开车前把碟形卫星天线放低，相反，在每个目的地都必须安装一个三脚架，并在每个目的地手动设置，稍后它将被拆除并储存起来。另一方面，并不是所有的房车车主都想将一个笨重的天线固定在车顶上。你可能更喜欢购买一个迷你接收器，放在室内的桌子上，这样通过窗户也能看见它，而且便携式碟形卫星天线可以一直工作到雨水开始从窗玻璃上流下。下面是产品概述，想要了解更多信息，请联系设备供应商，也可以和其他使用卫星电视系统的制造厂商人员联系，他们的经验将有助于形成你对众多销售产品的看法。

安装这些可能需要一整天的时间，这取决于车顶的结构和隐藏电缆的问题。

固定在车顶上的折叠碟形卫星天线可以在不需要离开你房车的情况下进行安装操作，除了连接主电源电缆。

Kathrein系列在德国制造，包括紧凑的自动"平面型"面板。这个 50cmx 50cm 的产品就像一个 60cmx 60cm 的圆形碟子。

第 10 章　配件与项目

Maxview 公司的一款名为 Omnisat "启动"产品永久安装在车顶上。它从室内上升到一定仰角，然后旋转一个挡板来寻找卫星。

Camos 卫星穹顶具有搜索 10 颗卫星的能力，有静态和动态两种版本。它们的远程操作很容易在室内启动。

像 Maxview Omnisat 66 这样的便携式产品远比车顶安装的产品便宜，重量不足 9kg。在风中，它们只是需要小心地固定住。

Wineguard 三脚架有内置的指南针和水平仪，而且当锚定底脚时，其中心杆可旋转，包括一个接地道钉。

根据房车停车的位置，安装这个支架。该支架允许类似于 Multimo 压紧凑型 40cm 产品的碟子被直接夹紧到车辆的某个位置上。

必须正确安装便携式产品，Maxview 区域地图经常安装在碟子的背面，以帮助启动校准操作。

在便携式产品上，必须手动设置仰角。在伦敦以北 96km 的营地，这个碟子的角度被设置为 23.5°。

许多天线在接收卫星信号的长臂上有一个高频头（LNB, Low Noise Block）。在靠近接收区边缘的地方可以进行微调。

来自 LNB 的信号通过同轴电缆的一个探测器到达房车内的接收器。为避免将电缆穿过窗户，应安装一个防风雨的插座。

探测器已经准备好了，所以它的六盏灯都熄灭了，然后碟子被移动，直到尖叫声达到一个高音调，使尽可能多的灯点亮。

一旦系统登录到卫星上，就可以使用接收器和电视来选择"系统设置菜单"。这将确定接收到的卫星信号强度和质量。

一旦一个满意的信号被注册成功，卫星定位器就会从连接的同轴电缆断开，现在你可以选择你最喜欢的电视频道了。

181

专为房车设计的地板下储物盒

许多房车车主希望他们有更多的存储空间。一个普遍的做法是在车辆的后壁上安装车顶储物箱和一个梯子。然而，这种解决方案并不是没有问题。首先，用笨拙的重型设备来填充一个大的塑料容器是很危险的。当你开车的时候，最不应该在车顶上携带重型装备。其次，车顶上的储物箱会影响车辆的空气动力学性能，燃油经济性差是必然的。

另一个策略是在后壁安装一个大的储物箱。一些制造商提供这些塑料容器，并使用安装自行车架的固定方法安装。从积极的方面来说，这些产品使重量更接近地面，但在后面携带重物带来的风险与携带重型自行车相同，很容易超过房车后轴的最大负载限制，特别是在带有突出的后悬的房车上。

在地板下，滑出式的储物盒显然要好得多。

建造和安装一个地板下的储物盒是不容易的。每辆房车都有所不同，在地板下面总会有一些东西碍事。从排气管到废水箱的任何东西都会给设计师带来问题，并不是说储物盒总是装在房车的侧边裙下，有些也装在后壁下。无论哪种方式，它们都是整洁而结实的，甚至足以携带一两块额外的备用蓄电池。

自从保罗·斯蒂姆森从其同名的发明者那里购买了建造储物盒的专利以来，他在康沃尔郡的坎伯恩工作室就已经设计了数百个一次性的产品。当客户在预订一个或多个盒子时，这项工作就开始了。这是一项劳动密集型业务，但有两件事非常清楚。车辆的外观被巧妙地维护，每一个盒子都是手工制作的，非常用心。这里展示了一些例子，序列照片展示了它们是如何制作的。

每一项工作都不一样，但做这两个盒子要花三天时间。这辆房车在车间前院停了一夜。

Beeny储物盒的例子

右图：这个盒子是在车轮后面的一个空间里建造的，通过仔细的切割，原来的面板被嫁接到盒子的前部，以保持汽车的造型。

下图：这款 Swift Capri 的侧裙是用铝制成的，但这并没有给建造者带来什么问题，他利用了一部分来盖住亚光黑盒子。

下图：这辆房车上的盒子仍然在铝板上有绿色的保护板。请注意原侧裙的部分是如何被重塑的。

下图：不锈钢滑块展示了一个盒子的工作情况，这个主人用这个容器来装一些你不想放在车内的房车物品。

第 10 章　配件与项目

经过彻底的地板下检查和每边需要安装一个盒子之后，部分玻璃钢裙被切掉。

事先的规划确保了每个盒子区域内不会有太大的障碍物。

除抽屉滑轨外，所有像侧支架这样的金属部件都是在 Camborne 车间制作的。

当每个盒子的精确尺寸确定后，材料被切割并折叠成形状。

形成每个盒子的两端是一个严格的任务，用折叠的凸缘连接到主要的结构。

另一个关键的操作是将滑道安装在完全对齐的位置，这样它们就能刚好符合孔径。

当两端铆接到位后，每个滑道的一部分必须固定在盒子本身。

这个盒子现在已被提供，以检查其准确性和操作。后来，它被喷上亚光黑色。

另一项艰苦的工作是把一块玻璃钢侧裙整理好，使其完美地对齐。

铝板的唯一连接点是在两端，但为了确保盒子不漏水，需要使用密封胶。

带锁的转向手柄现在已经安装好了，涂上了一种最新的修饰漆。

六年后，这些盒子的工作状态和当初完成时一样好。

183

太阳能电池板的选择和安装

把购买太阳能电池板仅仅看作是一种省钱的策略是错误的。当一个70W的面板和调节器成本约为450英镑,购买一块85A·h蓄电池需要花费约65英镑,这将需要几年时间来弥补一个太阳能系统的成本。每两年买一个新蓄电池可能会比较便宜,那么为什么太阳能电池板现在很受欢迎呢?

从本质上讲,太阳能系统是一种"便利"产品,因为它们为备用蓄电池提供了有用的涓流充电。当停在没有电源连接的服务点时,这是特别有益的。

房车制造商选择了几种类型的太阳能电池板。正如所附的照片所示,有些人满足于拥有一个便携式产品,而不是一个永久安装在房车上的产品。许多面板也很重,在某些类型的车顶上看起来没有吸引力。例如,那些由铝制框架和重型玻璃保护面板组成的产品,在安装到房车上时,需要一个坚固的支撑系统。幸运的是,安装支架使任务更容易完成。

稍微贵一点的是半柔性的轻型无框面板,由乙烯醋酸乙烯塑料表面保护。

一个灵活的面板,连同一个非常重要的太阳能调节器显示在插图中。和往常一样,最困难的任务是隐藏连接面板和备用蓄电池的电缆通过调节器。

位于南威尔士的GB-SOL生产35W和70W的柔性面板;它们分别重2.0kg和3.0kg。大的版本显示在这里,这是安装使用胶密封胶,没有进一步的固定。在车顶上只需要钻一个孔,就可以穿过电缆。虽然廉价的太阳能调节器可以很好地保护蓄电池,使其不被过度充电,但是Steca的一款产品因为其有用的监测设备而被安装在这里。例如,所选的产品可以保持所产生的所有安培·时的持续总数,并且信息以数字和图表形式显示。它还具有一个内置熔丝。

一旦你知道了如何安全上到房车的车顶以及如何隐藏电缆,这是一个很容易安装的产品。然而,把它移到另一辆房车上可能并不容易。

安装太阳能电池板耗时约8h。

带有玻璃保护的框架板可能相当重,所以很多房车车主使用的是便携板,而不是顶棚板。

为了使产量加倍,一些制造商出售像书本一样开闭的铰链太阳能板,使用可锁的电缆防止盗窃。

在房车的车顶安装一个很重的面板是很困难的,但是这些支架可以帮助安装。

另一种有用的模压塑料支架设计用于支持太阳能电池板的角落。

这种由GB-SOL公司生产的半柔性封装面板有35W和70W两种版本,可以直接安装到车顶上。

在阳光明媚的日子里,一块面板通常会产生大约20V的电量,这会损坏12V的蓄电池,这是安装调节器的原因之一。

第 10 章　配件与项目

在 GB-SOL 面板的前部安装有一个连接坎，它具有足够长的电缆以满足客户的需求。

拆除一些室内灯有助于确认在车顶空隙是否有任何障碍，并确认哪里可以安装电缆。

拆下在胶合板天花板上覆盖接缝的塑胶条，这也揭示了其他潜在的电缆。

面板被暂时放置在适当的位置，并在车顶材料上钻了一个孔，以获取预耦合电缆。

GB-SOL 平板的铝制底座可以弯曲，前提是其曲率在 1m 长度上不超过 40mm。

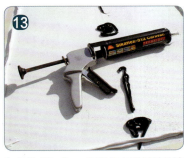

彻底清洁了车顶表面后，面板被放置在预定位置，并用遮蔽胶带确定其周长。

白色的 Sikaflex-512 房车密封胶被涂抹在周边，黑色 512 密封胶的残留物也被使用。

重量盘将面板固定在其弯曲轮廓内，24h 后，在边缘又加了一层密封胶。

然后，从太阳能控制器到备用蓄电池，再加上 2.5 mm^2 的电缆，在运行的两端都安装了内嵌式熔丝。在晴朗的日子里，在强烈的阳光直射下，Steca PR1010 记录略高于 3A。

面板上的电缆被带进了衣橱，Steca PR1010 调节器的连接块位于底部边缘。

一个 9mm 厚的小加强板被粘在衣柜里，给固定螺钉一个安全的安装点。

185

上图：建造于2008年的一些房车配备了这种配件，它能更好地接近内部配件。

盒式马桶的维护和修理

自从20世纪80年代Thetford首次引入固定盒式马桶以来，关于这个基本主题出现了许多变化。第一个冲厕和盒式马桶是便携式的，现在仍在小型房车上使用。便携设备通常被放在储物柜里，因为根本没有空间来创建一个单独的卫生间隔间。

接着介绍了固定安装的凳式产品，并在房车中发现了许多实例。随后是一个旋转马桶的版本，当一个小厕所隔间被设计时，它提供了更多的通用性。许多房车，包括大型房车改装，现在都有旋转马桶装置。在这些发展过程中，暗盒大致相似，随附的维修照片显示较旧的暗盒。2008年，暗盒设计有一个大的可移动的圆形面板，大大提高了对内部组件的接触。

冲洗系统也存在差异。在一些房车里，冲厕水是从它的净水箱中获取的。然而，一些凳式和旋转马桶产品将自己的冲洗水储存箱合并在外壳中。它们有一个装在暗盒回收舱口上方的补充点。这种安排允许使用冲洗水添加剂，但在霜冻天气开始需要排水时，不能忽视供水。

由于固定暗盒式马桶在10种左右的型号中有几种不同的设计，不可能对所有的维修操作进行详细描述。此外，必须在看不见的地方，在废液箱内进行修理。对于未经训练的人来说，这并不是真正可行的项目。如下图所示，服务技术人员学习使用模拟训练项目来执行这些（有时）不愉快的任务。由于车主很少有机会获得这种培训援助，所选的维修工作显示在旁边是比较容易执行的。

耗时不定，但是更换"唇形密封圈"的任务可以在30min内完成。

有用的小技巧

如果电动冲洗不工作，一些产品从备用蓄电池中获取12V电源，另一些则使用可能需要更换的小型蓄电池。

服务技术人员学习如何用这些虚拟训练的方法来学习如何更换废液箱中的部件。

当水箱快满时，会发出信号的一个浮子有一块磁铁来启动仪表。如果你把水用力地旋转，浮子就会断裂。

如果在拆卸水箱时检查关闭叶片操作，在恢复水箱之前，请将旋钮与侧面平行复位。

要点

2006年，Thetford将"塑料清洁剂"的名字改为"浴室清洁剂"。泡沫很容易用，而且会留下光泽。

冲洗水。这里的塞子只是用来去除最后几滴水。

当转向释放位置时，盒上的旋转排水出口可以从容器的主体上拉出。

像安装在盒子上的几个移动组件，旋转出口有一个O形圈，如果泄漏了，这些需要换掉。

更换一个唇形密封圈

注：为了确认马桶的制造日期，你可以看贴在冰箱底部标签上的代码，那个是打印的完成日期（年/月/日）。

一些基本的工具和设备，但要确保是正确的唇形密封圈，2000年6月15日之前制造的马桶与之后制造的不同。

唇形密封装置发生了变化，早期的车型没有滑动条板，但是螺钉易于拆卸。

撬开两侧凸缘，这显示了另外6个十字螺钉要拆除。

把螺钉放在一个安全的地方，然后把塑料支架拿下来，塑料支架可以把唇形密封圈固定在凹槽里。

当你移开唇形密封圈的时候，要仔细观察它。

用Thetford公司的"密封润滑剂"喷上新密封圈，从一开始就应该戴上防护手套。

一条旧毛巾可以方便地清洗安装唇形密封圈的阀座凸缘，也要清洁封闭叶片。

更换刀片控制旋钮上的O形圈

这是一个必须通过在完全打开叶片的情况下将手放在水箱中而单独使用的部件。

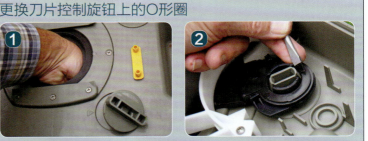

这张模拟训练部件上面的照片显示了用螺钉旋具来压住弹簧上的螺钉，把旋钮固定好。

在叶片和阀座凸缘上涂上更多的密封润滑剂，安装新的唇形密封圈，并恢复整个密封总成。

当旋钮已从壳体中拔出时，可以看到弹簧凸耳。

像大多数附加在废液箱上的部件一样，刀片控制旋钮有一个O形圈，如果液体渗出，就需要更换。

右图：提供牵引杆下压力极限足够时，PWS 制成的摩托车车架设计为连接至凸缘板，该板用于螺栓连接到拖球上。

下图：Thule 的产品现已成为 Dometic Group 配件系列的一部分，这个自行车车架是为直接连接到一个拖球上。

自行车和摩托车车架

很多房车车主在旅途中都会骑自行车、电动自行车和摩托车，最常见的运输方式是放在车尾安装的车架上。这可能给后轴带来很大的负载，特别是在有一个长后悬的房车上。在安装车架之前，有必要检查后轴的初始负载，并获得关于车架及其自行车的重量信息。在一些房车上，想要增加的负载实在是太重了。拿摩托车来说，经常需要对后悬和负重部件进行重大修改，还需要一个新的重量板来验证修改后的装载数据。要注意，在车辆后部携带重物会影响房车在道路上行驶的性能，而且车架的固定点必须合适。据车主反馈，一些车架经销商并没有对车辆的重量限制或超载后车轴的影响给出任何建议。

有些房车以工厂装配为标准。其他车型，如 Laika 系列的车型都有改良过的底盘，包括一个滑盖式摩托车车架和一个车牌号或照明板。同样值得注意的是来自 AL-KO Kober 的摩托车车架，它是为建造在 AL-KO 底盘上的房车而设计的（第4章）。Thule 系列的自行车车架和 PWS 特制的摩托车车架是为连接到拖杆总成而设计的。在这种情况下，房车车主必须确定牵引杆允许的承重能力是否允许增加一个车架及其允许的负载量。

连接到牵引杆或 AL-KO 底盘的产品可能在 1~2h 内完成。能否把一个车架安全地安装在一辆房车上取决于这辆房车。在一些车型中，甚至可能需要 4~5h 来固定螺栓连接的附件和恢复固定在后车壁上的家具。

这辆 Swift Lifestyle 的后悬可能太长，无法承载一辆重型摩托车，更适合安装一个轻型踏板自行车车架。

螺栓需要穿过后壁才能达到牢固的安装点，这根管子被切割成一定长度并插入壁内以提供四个垫片。

Fiamma Carry-Bike 的范围涉及大约 40 种产品，每个车架的重量、最大重量和负载在 Fiamma 目录中给出。

虽然这个车架是设计来承载两辆自行车，但房车的后轴是否可以应付，只有在过秤检查后才能确定。

第 10 章 配件与项目

自建工程

当最近对目前正在销售的专业建造的房车进行统计时，发现总共有超过750个款车型。进一步分析发现，这些车型中约260款来自英国制造商，420款来自欧洲大陆，85款来自美国。坦率地说，这个选择范围是巨大的，这还没有考虑到现在作为二手车出售的早期车型。

既然目前有大量可供选择的车型，为什么那么多潜在的车主会忽视现有的产品，而开始自己建造一辆房车呢？像这样的问题没有简单的答案，每个人的理由都不一样。

在建造了两辆客车改装房车和一辆货车改装后，笔者可以分享一些心得。第一个项目被称为"装备"，一辆房车在资金短缺的情况下完成。当时，这辆新的房车给人们带来了愉快的假期，建造一辆房车的想法似乎也在发生。然而，在这个项目上花了两年时间，有快乐和痛苦的时刻。在这个过程中我们学到了很多东西，这辆房车在使用了十年之后才勉强被卖掉。

下一个项目是完全不同，一个主要的区别是，它是在一个全新的菲亚特Ducato Maxi底盘驾驶舱上建造的，并且使用了一个作为废品出售的玻璃钢外壳，笔者在这个场合的目标是建造一种与市场上其他任

何房车都不一样的个性化房车。例如，它必须提供住宿以支持家庭的户外活动。它必须拖曳一艘船或一辆支援车，它需要一个内部系统来运送皮划艇和储存攀岩、滑雪和步行装备，舒适和洗个热水澡也很重要。这些功能在专业制造的房车车型中并不多见，自从12年前底盘首次交付以来，它一直按照预期运行。

第三个项目是装备一辆2006款大众T5运输车。与早期的自建项目和与同事一起工作相比，这种改装非常简单。优秀的房车自建者不会试图自己去做所有的事情。我们都有不同的技能，有时需要专业的帮助。在这个例子中，一个上升的车顶被专业地安装在大众面包车上。

毫无疑问，每个自建者都能认识到他或她的个人限制，并寻求他人的帮助。例如，等者建造的所有房车在驾驶区域看起来都很壮观。感谢专业装配师和装潢师的技能，笔者的技术和家用缝纫机的质量都不能生产所需要的成品。

上图：经过定期的磅秤检查后，这辆房车终于在工程完成后被检查完。

左图：自建项目必须满足房车车主的要求，因为很少有车型提供掀背式储物柜，或在后面放下的高级床。

189

不用说，关于自助改装房车有很多东西要写，这个话题很容易就能写成一本书。正如在《房车手册》中提到的，一些房车自助改装者甚至更进一步，成为备受尊敬的专业制造商。"Auto-Sleepers、"Elddis以及数十家小规模制造商的诞生，都是始于一位热心的自助改装者建造了一辆房车。自强不息的精神是一种值得注意的力量。

上图：在这个不同寻常的项目中，舒适性是非常重要的，它被设计成可以承载2、3或4个系带座椅，每个座椅都被专业包覆。

右图：大众汽车的现代复制品是在巴西制造的，这位自建者想要改装其中一辆进口汽车，以回忆他年轻时的时光。

右图：这辆 Optare 公交车是由自建房车俱乐部的一位会员以极低的价格购买的，你可以通过该网站查看类似的车辆。

第 10 章 配件与项目

左图：从外观上看，公交车的特征是难以掩饰的，但当这对坚定的夫妇改变了它的内部结构后，结果是令人印象深刻的。

左图：没有多少自建者能解决可拆卸吊舱，但这是一个煞费苦心的安装，它的主人自己动手创造了一个引人注意的成品。

最左图：刚开始，在一辆几乎全新的厢式车的侧面切割开孔会让人望而生畏，但 Seitz 框架窗很容易安装，而且说明也很清楚。

左图：木工技能在这次改装中得到了很好的应用，一扇窗户的内嵌板经过是精心制作的。

191

附录 A　生活区保养

所有的房车车主都意识到需要为公路上行驶的车辆提供服务，而对改装车辆的服务却常常被忽视。为了避免混淆，改装和生活区相关的工作被称为"居住服务"，而不是"车辆服务"。车辆服务专家通常会把这个问题留给房车经销商，不过也有例外。一些房车服务中心有合格的工作人员和设备来应对这两项业务。

忽略改装前的检查和在你的生活区域维修电器是非常不明智的，人身安全可能会受到威胁。例如，一个合格的技术人员对你的供气系统进行例行的完整性测试是很重要的。如果在居住服务中发现泄漏，有问题的连接器应立即由合格人员进行修复。即使是很少的燃气泄漏也可能导致火灾。类似地，一个不能正常工作的燃气器具会释放一氧化碳，虽然死亡病例很少，但已经发生了。毫无疑问，如果维修工作按照设备制造商的指示进行，此类事故发生的概率要小得多。

手册的建议

一本房车手册，通常也被称为车主手册，应该提供详细的建议，关于哪些项目需要检查和服务，但这种信息是可变的——无论是质量还是细节。在某些情况下，来自小公司的房车甚至没有提供车主手册。取而代之的是，购买者只会收到来自电器制造商的少量传单，这是最令人失望的。几年前，汽车制造商和商人协会（SMMT）和英国国家房车委员会（NCC）决定调查居住检查和服务工作的整个主题。

SMMT/NCC年度居住检查

在SMMT和NCC的共同努力下，出版了一本名为《推荐年度居住服务检查》的小册子。其目标是确定与改装元件和相关供应系统有关的注意领域，这些系统应包括在房车居住服务中。这本小册子努力促进所有英国经销商服务中心工作的一致性。

该指南指出了需要注意的11个领域：
- 车身安装点的完整性。
- 车窗。
- 车门。
- 底盘附件。
- 车身外部附件。
- 内部组件。
- 上升车顶机构（如果安装）。
- 燃气系统。
- 供水系统。
- 电气系统。
- 通风规定。

服务计划

虽然SMMT和NCC小册子指出了关注的领域，但许多培训班继续采用它们自己编制的工作清单和服务方式。还有一些情况是，车主去取他们保养过的房车，但没有收到说明进行了哪些保养项目的文件。由于整个操作过程的不确定性，一些车主根本就不需要为居住服务操心了。

为了改善这种情况，笔者参加了一些行业专家举办的培训班，其中包括底盘制造商、车身修理专家以及冰箱、炊具、热水器和空间加热器等电器制造商。其他的调查工作包括参观水系统制造商，英国国家认可的修理专业公司（包括Crossley Coachcraft公司）和一些"服务车间"。并

上图：一些车队中心能够同时提供车辆和居住服务。

右图：通风机出口不能被遮挡，特别是当它们作为泄漏气体的逸出点时。

附录 A 生活区保养

这些课程中获得的信息，编制了服务时间表。这些建议的服务时间表的公布引起了广泛的兴趣，NCC办公室的技术人员询问是否可以用作讨论文件。

此外，笔者还被邀请加入一个小型工作组，目的是创建正式批准的可在英国范围内使用的居住服务计划。在举行了建设性会议后，制定了适合于房车的服务时间表。

潮湿测试

虽然潮湿测试是居住服务的一部分，但通常可以将其中一项作为单独的操作进行。令人失望的是，由于水的损坏和外壳的任何薄弱点需要尽早被发现，如果你在任何时候怀疑有泄漏，请立即行动，不要等到下一次维修操作。

燃气设备维修

第6章讨论了燃气火焰的形状和颜色。如果燃气和空气混合不正确，就会释放出一氧化碳。

三通式冰箱是一种需要日常保养的燃气驱动电器。例如，Dometic公司曾表示，冰箱应该每年检修一次。这方面的内容见第9章。

尽管制造商们表示他们的冰箱每年需要维修一次，但是标准的居住服务通常只会检查冰箱是否达到冷却效果，这被称为"操作检查"。经销商将"冰箱服务"视为一项完全独立的工作，这需要额外收费，所以不要误以为在居住服务期间进行的操作检查构成了"冰箱服务"。不幸的是，许多车主都不知道这一点，如果他们的冰箱在一次居住服务后不久就坏了，他们常常痛苦地抱怨说："冰箱才保养了一个月。"然而，当投诉被跟进时，通常情况下，房车只预订了三个小时的居住服务，而没有要求为其设备提供额外服务，所以冰箱并没有像车主说的那样得到保养。也许这件事需要在服务台澄清一下。

这种情况与取暖设备类似。在标准居住服务期间的操作检查确认设备是否正确"启动"并产生热量。

不幸的是，如果长时间不使用，燃气加热设备有时表现很差。如第6章所述，尘埃积聚是效率低下的一个原因，蜘蛛和昆虫也会造成问题。因此，燃气专家需要定期清洗大多数类型的加热器具。此外，点火元件可能需要重新调整。

然而，如果燃烧器具需要大量的拆卸工作，以便能够使用其燃烧器组件，这种工作通常不会在标准居住服务期间进行。正如上文在冰箱方面所解释的那样，一些燃烧器具可能需要拆除并转移到一个工作台。除此之外，可能还需要进行大量的拆除工作。这通常会带来额外的费用，取决于执行制造商的推荐计划所需的时间。

左图：一位受过训练的服务专家知道如何使用专业的湿度计，并且能够在房车建造方法的背景下解释结果。

最左图：燃烧器可能需要清洗和重新调整点火器火花间隙，但这些任务并不总是在居住服务中完成。

最右图：测试供气系统是否没有泄漏的方法之一是使用特制的气泵。

右图：这家车间专为房车提供维修设施，它也是 AL-KO 认证的服务中心。

自助服务

当最近购买的房车仍在保修期内时，居住维修工作必须由授权车间进行，按照规定的时间间隔服务。一旦房车超出保修期，一些车主更喜欢自己做维修工作。

毫无疑问，具有实际经验、技术知识和适当能力水平的汽车驾驶人将能够完成随附的服务时间表所列的一些任务。检查窗钩、润滑门铰链，拧紧卷帘上的弹簧机构并不费力。

与此同时，还有其他操作，例如燃气系统的压力测试，这只能由合格的专家进行。

同样，230V电源供应系统的安全测试也需要由一位熟悉房车安装规范的合格电工进行。有时，这些项目可以由合格人员作为"独立"检查项目进行，检查后会签发一份注明日期和签名的证书。当然，有公司名称的书面证明很重要，能够传递服务记录和注明日期的安全证书，总是有助于出售房车的。

认证车间计划

除了制定居住服务时间表，英国国家房车委员会联合房车俱乐部发起了一个补充倡议。其目的是建立一个英国全国性的"认证房车车间"链。其服务水平和工艺标准将符合高水平的能力和行为准则。符合该计划评估标准和经过批准的房车车间于1999年开始运营。不久，又引入一项平行的计划，将重点放在房车居住服务上。这是在2003年实施的，当时参与的经销商服务部门被重新命名为"认证车间"。

至于是否接受该计划，NCC发表的一份文件上说："认证车间必须通过由独立评审小组进行的年检，并符合相关规定和严格的标准。为了确保评估机制的执行具有计划文件中暗示的严谨性，笔者对其中一次检查进行了跟踪"。

这次深入的评审不仅提供了信息，它非常彻底，花了四个小时才完成。甚至零部件也经过仔细检查，以确认维修部件的型号和质量得到认可，认证当然不容易实现。

当服务中心达到认证车间状态时，它必须：

最右图：一名独立的评估员在拜访一家认证车间状态的经销商，并检查服务记录。

右图：所有认证车间成员均须展示服务工作的价格。注：这些是2007年时的费用。

附录 A　生活区保养

- 显示工价，即指定人工费率标准。
- 提供额外的服务或维修工作估计超过150英镑。
- 估计完成的时间。
- 在可能的情况使用原装零件。
- 确保所有的工作都是用技巧、细心和专业的判断来完成的。
- 没有客户的明确授权，就不能开始工作。
- 如果发现有额外的工作，请联系客户以获得继续工作的授权。
- 对于尚未维修的故障，以书面形式通知客户，并诚实地评估维修的紧迫性。

该计划的每个车间都有一个简单明了的投诉程序，如果投诉没有取得令人满意的结果，则将独立调查投诉。

关于这个计划的最新信息可以在www.approvedworkshops.co.uk上找到，这里有一个搜索工具，你可以找到最近的车间。传单也可以通过访问www.thecaravan.net获得。

城市和行业协会的考试

除了有与燃气设施和电力供应等关注领域相关的资格证书外，还有一个英国国家资格证书，名为"城市和行业协会房车工程考试"。在这个多部分测试的实际工作中，考生必须使用详细的服务时间表在考官面前进行全面的服务。在此之前，学员将通过《房车行业培训组织工程师手册》接受大量培训。该组织，通常被称为CITO，与NCC合作编写了这本全面的手册，详细解释了服务操作。

该文件还指出，房车服务需要4个小时才能完成，而房车居住服务通常需要3个小时。灯光照明、制动系统、悬架、联轴器和轮胎必须包括在居住服务的"保护伞"之下。相比之下，这些要素被覆盖在房车的基本车辆服务（必要时），因此只有3个小时来完成居住服务。

毫无疑问，CITO的工作进一步提高了服务业务的标准。令人高兴的是，城市和行业协会的考试既包含了经验或知识的测试，也包含了在经过批准的研讨会上对"现实生活"服务中具有挑战性的实践评估。

问题和约束

在很多情况下，房车的底盘和传动装置是由商用车专业公司负责的。当然，例如，菲亚特基础车型的车主可能更倾向于使用菲亚特专业公司。然而，只有当车间足够大，能容纳一辆房车时，这才有可能。一些特许经销商既没有足够大的坡道，也没有足够的通道来容纳大型的房车。此外，车主还需要认识到另一个问题。

上图：CITO 手册规定所有储物柜必须是空的，门必须打开，以保持室内温度稳定，然后再进行潮湿的测试。

下图：在城市和行业协会的实践考试中，应试者会被一名考官跟踪，以确保在服务操作中采用良好的做法。

这辆房车的车主发现，基础车辆的保养工作必须在一个装有重型举升设备的货车维修中心进行。

服务车间

被认证的车间数目不断增加，不过应当指出的是，一些参加的公司专门从事房车旅游行业，也有一些移动出行公司获得了认证车间地位。

不可否认，一些非认证的车间也能为车主提供专业及高标准的服务。

同样，认为认证的车间不会出现问题也是完全不现实的。这个计划很好，但是NCC的工作人员一直在寻找改进的方法。

例如在认证以外的车间安排居住服务，在检查过程中如发现有问题，应询问采取了什么程序。例如，在一些车间里，在规定的时间内完成一些小的工作，如修理有故障的室内灯。当然，配件要单独收费。

检查车间程序，如果一个昂贵的零件需要更换安装。尽管在那里进行修理通常是有意义的，但坚持在任何重大工作开始前都要咨询你，并留下详细的联系方式。

服务收费在一定程度上取决于经销商的劳动时薪。当然，零件是分开收费的。虽然认证车间必须在服务接待处展示价格和人工费率，但在其他地方并不总是遵循这一程序。

如果一辆房车是使用其基础车辆的原始底盘和悬架建造的，在特许经销商处提供服务的汽车技术人员将对这些要素进行适当的工作。然而，一些房车建造是在一个AL－KO AMC结构和悬架上改装的。

正如第4章所指出的，AL-KO后轴管有重要的润滑点，以保持其扭力杆悬架系统润滑。显然，菲亚特（或其他汽车）训练有素的服务专家如果没有接触过AL-KO AMC的产品，可能会忽略一个重要的操作，例如给扭力杆上润滑油。无论这项工作是在车辆维修过程中进行的，还是作为居住服务的一部分，车主都需要进行检查。

今天，房车维修的整个系统得到了很大的改进，车主们被建议在适当的间隔内同时进行基础车辆保养和居住服务工作。正在不断审查程序，并经常作出改进。关于这个话题的最新信息，主要的俱乐部和房车协会都可以给你提供信息。

附录 B 长期停放前的工作

如果你几个月都不打算使用你的房车,一些长期停放前的工作必须进行。当在冬天停驶房车更要如此。

户外的工作

选择一个不会被树木、掉落的树枝或屋顶瓦片损坏的停车位。

存放单独的遮阳棚

在打包之前,一定要确定遮阳棚是干的。刷去鸟粪,必要时清洗塑料布。如果遮阳棚很脏,或者已经在树下使用过,散发出黏性物质,那么就需要注意了。通常最好把它重新竖立起来进行清洁,产品可以是从Camco购得。

检查百叶窗

安装一个壁挂式百叶窗,确保它绝对干燥,然后把它收回盒中。

考虑用楔子垫住车轮

只要你的车被垫住了,并且停在一个水平的场地上,就不要使用驻车制动器,特别是如果你上次旅行是在潮湿的天气时,这可以防止它在长时间的停放期间制动器卡住。

机械安全装置

为了防止被盗,考虑安装一个坚固的车轮夹具,强烈推荐达到安全标准认证的产品。

拆卸燃气瓶

将燃气瓶转移到安全、通风良好、有盖的室外储藏。如果你把钢瓶放在房车的储物柜里,它们可能会被偷,并可能引发火灾。永远不要把钢瓶储存在地窖里。应确保钢瓶保持在直立状态。

让蓄电池保持良好的充电状态

蓄电池如果处于放电状态将会逐渐损坏。把一块备用蓄电池转移到车库或工棚里,在那里你可以监测它的状态,并在必要时充电。不间断充电可用来使蓄电池保持良好的状态,其中许多蓄电池可以放在一起。

确保净水箱和废水箱都是空的

把水箱排干,让水龙头开着,但装上一个透气的塞子。这是因为蜘蛛和其他昆虫经常在一个敞开的管子里爬来爬去并可能筑巢。

在罩住房车之前要做好准备

确保你的房车是干净的,没有污垢和表面灰尘。这对于丙烯酸玻璃来说尤其重要,但千万不要用保鲜膜覆盖,这种做法可能会导致裂纹出现。将保护件放在尖角上,这样在刮风的天气里,摩擦孔不会在织物上形成。使用透气的车罩,仔细检查一下看它是否安全。

车内的工作

把热水器的水排掉

修理被霜冻损坏的热水器是很昂贵的,所以遵循电器用户手册中所有重要的排水程序。

净水管

考虑从供水管道中去除残留的水,要认识到许多供水系统在入口附近都有一个止回阀,详见第7章。

水龙头和淋浴控制器

如第7章所述,如果管道中残留的水开始结冰,打开水龙头就会释放压力。要实现这一点,使用杠杆混合器水龙头和淋浴控制器,确保其杠杆被提起和留在中间位置。

更换了一个净水过滤器

盒式过滤器中残留的水会冻结并分裂外壳。可以把它拿掉,换个新的。

堵塞废水出口

在水槽、洗脸盆和淋浴盘上插上塞子,防止废水箱的气味传入起居室。第7章解释了排水管产生异味的原因。

淋浴喷头和潜水泵

确保淋浴喷头里没有剩余的水。如果你有一个便携式潜水泵,同样应检查外壳里有没有水。

冰箱保养

应让冰箱门半开着,如果你完全关上门,里面可能会开始发臭。请参阅第8章中的早期清洁建议。

清洁炊具

用专用清洁剂去除烤箱和燃气灶上的油污,用硬毛刷清除燃烧器上的灰尘。

清理马桶

如果你的盒式马桶有独立的冲洗水箱,要把它排掉。使用制造商推荐的产品清洁暗盒内部。在储存期间,让暗盒上的释放开关完全打开。根据制造商的建议,在橡胶密封上涂上处理润滑剂。具体步骤见第10章。

家具护理

污渍应该尽快清除。如果时间过长,它们就会变成永久性的。请参阅第9章关于污渍清除和清洁的指导。理想情况下,把床垫转移到室内,这样床垫就不会受潮。

百叶窗

这里有一个两难的问题。许多车主会关上所有百叶窗,以隐藏内部和保护室内装潢免受阳光的影响,这是有道理的,但百叶窗制造商指出,弹簧机构在长期的拉力作用下会出现"疲劳",其反冲行动随后变得迟缓。

制作一份需要修理的提醒清单

如果你需要任何零件,在旺季结束时订购,冬天交货更快。

准备使用之前的任务

在很长一段时间后,尤其是在冬天,在准备使用房车之前通常需要做一些准备工作。以下是一些常见的提示。

检查轮胎

检查轮胎压力,包括备用轮胎压力,并对其侧壁进行视觉检查,仔细观察两侧,确认没有开裂或过早失效的迹象。第一次旅行后,再做一次轮胎检查。

检查一下驻车制动手柄

通过多次拉动/松开手柄,确保制动动作自如。

移回软体家具

将一些沙发和靠垫等重新移回房车中。

服务

执行所有的服务。把一个气瓶装起来,确保燃气用具工作正常。注意,从供应管道中净化空气可能需要几分钟。恢复备用蓄电池——如果你有电压表,用电压表记录读数,以确保它达到12.7V或以上。第5章和第6章提供了更详细的信息。

更换净水过滤器

如果系统安装了一个过滤器,而你在上一季末没有更换,那么就需要安装一个新的。

供水系统消毒

一些车主在一个新的季节开始前会进行一次消毒操作,像Milton这样的产品经常被使用,在任何好的化学品商店都可以买到。

清洁房

用刷子清除门和储物柜周围的蜘蛛网、昆虫和灰尘。车顶上可能已经形成了绿藻和树胶,特别是当车辆停在树附近时,第3章给出了具体的清洁建议。

维修

如果你没有完成上一季的居住服务,请及时安排。在春季和初夏,服务车间都可能会被订满了。还要检查基础车辆的维修记录,然后就可以在即将到来的季节去享受舒适和安全房车生活了!

译者后记

首先感谢合作伙伴路程网 CEO 丁红波先生给予的指导和支持，并与我一起完成《房车手册》的翻译工作。

当最终完成《房车手册》翻译工作时，深感其中的难度和艰辛。在接受译书任务的时候，其实心里很有顾虑。顾虑的主要原因在于《房车手册》介绍的都是房车制造、改装和维护的"硬"知识和技术，我过去的积累都是宏观和学术方面的知识。但我还是接下了这个任务，能够让我鼓起勇气的最主要原因是，作为拥有一辆小拖挂房车的车主，我深知车友们对了解一些房车选择、使用和维护方面实用的知识和技术的渴望。

《房车手册》是英国海恩斯出版社出版的非常实用的房车改装和使用手册，自 1998 年出版以来很受英国车友、俱乐部和厂家的好评，至今连续改版三次。实用性是《房车手册》的最重要的特点，书中大量的案例和零配件知识，能够帮助我们了解英国房车改装的基本情况，将帮助我国车主、俱乐部和改装厂家在吸收消化先进经验的基础上，提升本土化创新水平。

也正因如此，我们急于向国内读者介绍国外的情况。虽然翻译水平有限，时间也很仓促，我们还是尽快完成任务，促成了本书的出版。本书如有不妥之处，希望读者和专家能不吝赐教；更希望本书能抛砖引玉，带动更多更好的著作和译著面世。

最后，要感谢我的研究生林茜茜同学的辛苦付出。她不仅承担了本书部分章节的翻译工作，还帮我做了很多事务性工作。此外，我的研究生潘志远、匡翠翠，还有本科生张玮毅也参加了部分章节的整理工作，在此一并感谢。

符全胜

2020 年 3 月于上海临港新城